精神科医が実践する

マインドフルネストレーニング

習慣を変えるための3つのギア

ジャドソン・ブルワー 著
井上大剛 訳

UNWINDING ANXIETY

New Science Shows How to Break the Cycles of Worry and Fear to Heal Your Mind

by Judson Brewer, MD, PhD

アマゾン中毒者に捧ぐ――

UNWINDING ANXIETY
by
Judson A. Brewer

This edition published by arrangement with Avery,
an imprint of Penguin Publishing Group,
a division of Penguin Random House LLC
through Tuttle-Mori Agency, Inc., Tokyo

プロローグ　脳科学と瞑想で不安を断つ

「不安」という現代の流行病

不安はいたるところにある。これまでもずっとそうだった。だがここ数年、おそらくはいままでにないような形で、私たちの生活を支配するようになった。

私自身について言えば、不安とのつきあいはさらに長い。私は医師――正確に言えば精神科医だ。不安を克服しようとする患者たちを助けようと苦労しながら、その治療には何か大切なものが欠けていると感じていた。

何年にもわたって悩んだ末に、不安と習慣に関する神経科学の研究という点と、私自身のパニック発作という点がつながって線になりはじめた。すると、すべてが変わった。多くの人が自分の抱える不安を自覚していない理由の1つが、不安が悪い習慣のなかに隠れているからだと気づいたのだ。現代では多くの人が、悪癖を克服しようとしているかどうかはさておき、自分の中の不安を意識していると思う。

私が精神科医になった理由

もともと私は精神科医になるつもりはなかった。メディカルスクールに入学したとき、何科の医者になりたいかは考えていなかった。人間の生理機能や認知機能の複雑さや美しさに魅了され、それがどのように機能するのかを学びたいと思っていただけだった。ただ科学が好きで、それを人を救うために使いたいと思っていたのだ。

私が入ったMD－PhDプログラム（医学修士と医学博士を一気に取得する過程）では、最初の数年はメディカルスクールで知識や概念を学習し、そのあとの博士課程で特定の分野に焦点をあて、研究方法を学ぶ。さらにその後、病院に戻ってメディカルスクールの最後の2年間の仕上げをし、特定の医学分野の研修医となる。

通常、メディカルスクールの最初の2年間で、自分が進みたい専門分野が見えてくる。3年目と4年目に病院の各科をまわりながら、自分の選択が正しかったかどうかを確認する。私の場合は、修士課程と博士課程を合わせると8年ほどあったので、自分のやりたいことを見極める時間は十分にあると考え、とにかく学べるかぎりすべてを学ぶことにした。

だが、博士課程の4年間で、メディカルスクールの最初の2年間に学んだことをほとんど忘れてしまった。

そこでメディカルスクールに戻った私は、ローテーションの最初に精神科を選び、忘れてしまった診察法の知識を学びなおした。その段階でも、精神科医になりたいと思っていたわけではない。映画などでは概していいイメージで描かれていなかったし、メディカルスクールでは「精神医学は怠け者とバカのもの」というジョークすらあったからだ。

だが、精神科での研修ローテーションで私は〝開眼〟した。あとになってみれば、まさに思いもかけぬものに、絶妙のタイミングで出会ったものだと感じる。私は病院にいるのが好きで、頑張っている精神科の患者たちと強くつながっていたいという気持ちが自分のなかにあることに気づいたのだ。

彼らの気持ちを理解して、それぞれが抱えている問題に効果的に対処する手助けができれば、きっと幸せだろうと思うようになった。他の科のローテーションも嫌いではなかったが、精神医学ほど惹きつけられるものはなかった。こうして私の専門分野が決まった。

瞑想とパニック体験

メディカルスクールを卒業してイェール大学で研修をはじめると、精神医学が肌に合っているのを実感しただけでなく、依存症に苦しむ患者たちと深い関係を築くこともできた。一方、メディカルスクールに入学したときからはじめた瞑想は、8年間のMD‐PhDプログラムのあいだも毎日のように続けていた。患者の苦しみを知れば知るほど、彼らの語る苦悩が、私が瞑想をするなかで感じたもの――すなわち、何かに対する渇望や執着、貪欲が入り混じった感情――と同じだということに気づいた。自分が患者たちと同じ言葉を使って話し、同じ苦悩を共有していることに驚いた。

研修医時代は、私自身のパニック発作がはじまった時期でもあった。原因は、睡眠不足や、自分は何も知らないという気持ち。つねに待機状態にあり、夜中にいつ呼び出しのベルが鳴るのかわからないことによる緊張。ナースステーションに電話をするとき、電話の向こうでどんな惨状が起きているのかわからないという不安だった。

こうしたすべてが私の心にのしかかった。患者の不安に共感できるのも当然だ。ただ幸いなことに、ここで瞑想の訓練が役に立った。マインドフルネスの技術を使って、夜中に目が覚めてしまうような本格的なパニック発作を乗り越えることができたのだ。

さらに当時は気づいていなかったが、この技術は症状の悪化を防ぐ働きもしていた。不安やパニックと折り合いをつけ、また発作が起こることを恐れて取り乱すということはなかった。そのおかげで不安を食い止めることができ、本物のパニック障害にならずにすんだ。

さらに言えば、不快な感情から反射的に目をそむけようとするのではなく、逆に意識するよう患者にアドバイスできるようになった。たんに薬を処方するのではなく、そうした感情と折り合いをつける方法を教えられる医師になったのだ。

研修も終わりに近づいた頃、瞑想を科学的に研究している人がいないのに気づいた。瞑想には極度の不安から私を救ってくれた（そして患者たちにとっても助けになる）宝物が眠っているのに、誰もその原理や効果について研究していなかったのだ。

そこで私は、そこから10年をかけて、悪い習慣――不安と強く結びついて生じ、不安によってさらに悪化するような習慣――の克服を支援するプログラムをつくることに注力した。

何かを過度に心配するというのは、それ自体が悪い習慣の1つであるうえに、いまや不安は現代の伝染病だ。本書はその悪癖に対処するための研究結果の集大成だ。

科学的に考える

映画「オデッセイ」では、マット・デイモン演じる主人公が、火星に取り残されたことに気づいて愕然とする。猛烈な嵐に襲われて宇宙船に逃げ込んだクルーは、彼の救出を断念して出発してしまう。NASAのパーカーを身にまとい、火星の小さな仮設基地に座り込んだ彼は、こう言って自分を鼓舞する。「状況は圧倒的に不利だ。選択肢は1つしかない。できるかぎり科学的に考えることだ」

マット・デイモンに倣って、本書では不安についてできるかぎり科学的に考えることにしよう。

このテーマについてはすでに山のように多くの本が出ている。薄いものから分厚いもの、目を引くタイトルのものもあれば、夢のような物語や秘密の方法、成功のハックなどなど。だが、そのすべてに脳科学の知見が詰まっているわけではない。

本書には、十分に科学が盛り込まれていることを約束しよう。私自身がイェール大学とブラウン大学の研究室で長年おこなってきた、被験者のいる研究結果にもとづく本物の科学だ。私が書いた論文をもとに他の研究者たちが書いた本が存在することも、本書の科学的信頼性を裏づけている。

不安は「習慣」のなかに隠れている

私は数十年にわたって研究を続けてきた。新しいことを学んで発見するのが大好きだ。そのなかでも、もっとも興味深く、かつ重要な発見は、不安と習慣はつながっているという発見だ。私たちはなぜ不安になり、それが習慣として定着してしまうのか。このつながりがはっきり見えたことで、そもそも人はなぜ不安を抱くのかという問いへの答えが得られ、私は科学的な好奇心を満たすことができた。だがもっと重要だったのは、患者たちに自らの不安を自覚させ、それに対処する手助けをするにあたって、この理解が決定的な役割を果たしたことだ。

不安は私たち人間の習慣のなかに隠れている。なぜなら、私たちはさまざまな行動のさなかに、悪い感情を体から切り離して、なるべく感じないようにするすべを体得しているからだ。不安と習慣のつながりがわかったおかげで、私はいまでは患者に、たとえば過度な飲酒ややけ食い、先延ばしなどの習慣は、不安に対処するために自分自身がつくりだしてきたものだということを理解してもらえるようになった。

そして、なぜこんなにも苦しみ、不安やその他の悪い習慣を乗り越えられずにいるのかも、自覚してもらえるようになった。要は、不安を抱くことで他の悪癖が強化され、それがさらに不安を強めるという悪循環がとめられなくなったために、彼らは私の診察室を訪れることになったわけだ。

私がこれまでに学んだ大きなことの1つは、精神医学では「無知であるほど、多くを語る」

という格言があてはまることだ。これは要は、あるテーマや状況について理解が不足している医師は、その隙間を言葉で埋めようとする、という意味だ。医師の言葉は患者に対する理解や洞察のかわりにはならない。むしろ、わかっていないことを語れば語るほど、深い穴にはまっていく。もしそうなったときには、いったん立ち止まるべきだ。

そして認めたくはなかったが、この格言は、他の医師だけでなく、自分にもあてはまることに私は気づいた。考えてみれば、自分だけが例外であろうはずがない。私は話せば話すほど患者の役に立つとでも言わんばかりに、くだらない話を延々と続けていた。だが、いかにも精神科医らしく見せかける問診などやめて、それとはまったく逆の態度で――すなわち、口を閉じ、禅における「初心」のような心持ちで――問題がはっきり見えるまで待つことができれば、本当の意味で患者を助けることができることに気づいたのだ。

臨床試験で裏づけられたシンプルな理論

「無知であるほど、多くを語る」という格言は、精神医学以外の領域――たとえば科学にもあてはまる。私は話す量を減らし、聞く量を増やすことで、自分の考えていた「習慣の変え方」というコンセプトがどんどん凝縮され、シンプルになっていくのがわかった。

ただ、科学者として、自説を過信しないよう注意しなければならなかったのも事実だ。たしかにコンセプトはシンプルになったかもしれないが、それは本当に役に立つのだろうか？　自分の診察室での外来以外の環境でも、ちゃんと機能するのか？

そこで2011年に、私は禁煙に関する大規模な臨床試験を初めて実施した。この独自のプログラムは大きな成果を挙げ、既存の標準的治療法の5倍もの患者にタバコをやめさせることができた。それをきっかけに、私は〝大量破壊兵器〟たるスマートフォンを使って、世にはびこる悪癖の数々を断ち切る方法を探りはじめた。

科学的見地から徹底的に検証した結果、臨床実験で並外れた結果を出すに至った。一例としては、肥満や太りすぎの患者の「むちゃ食い」を40％、全般性不安障害（あるいは精神科医の診察が有効と思われるレベルに近い不安障害）の患者の不安症状を63％減らすことができた（付章参照）。また、アプリ（193ページ参照）を併用したトレーニングによって、喫煙習慣に関連する脳のネットワークに働きかけることができるという結果も示せた。そう、たかがアプリである。

本書は、そうした私の精神科医としての臨床経験や、研究、コンセプトのエッセンスを詰め込んだものだ。きっと、あなたが自身の抱える不安に対する認識を変え、それとうまくつきあえるようになるための、実践的なガイドになると思う。さらに、望ましくない習慣や、何かに対する依存を断ち切るのにも有効なはずだ。

本書の構成

なぜこの本が「PART1」ではなく「PART0」からはじまるのか、不思議に思われる方も多いだろう。それは、PART1というのは、何が起きているかを理解した〝あとに〟はじまるものだからだ。PART0では、あなたが不安を察知する〝前に〟起きることを扱う。

以下に本書の概略を示すので、それを念頭に置いて読み進めてほしい。

PART0では、心理学と神経科学の知見にもとづいて、人間の心に不安が生じる理由を説明し、不安に対処する方法を論じるPART1以降の議論の前提を提供する。

PART1では、「不安のトリガー（きっかけ）」を特定する方法とトリガー自体の性質について説明する。

PART2では、私たちはなぜ不安や恐れのサイクルにはまってしまうのかを解説し、脳の神経ネットワークを更新することで不毛なサイクルから抜け出す方法を紹介する。

PART3では、学習を司る脳の領域が持つ力を引き出し、不安や恐れ、その他の悪癖のサイクルを打ち破るのに役立つ、シンプルな方法を紹介する。

CONTENTS

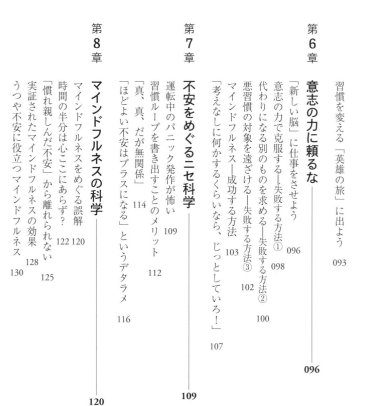

＊本文行間の数字は巻末の原注に対応
＊本文中の（　）内は著者による注記
＊本文中の〔　〕内は訳者による注記

Understanding Your Mind

PART 0 脳の仕組みを理解する

どんな問題も、それをつくりだしたのと同じ意識では解決できない。
――――アルバート・アインシュタイン

第1章 不安が蔓延する時代

私を悩ませた原因不明の身体不調

不安は、ある意味でポルノグラフィのようなものだ。定義するのは難しいが、見ればそれとすぐにわかる。

ただ、当たり前だが、見えない場合は話が別だ。

大学生時代、私はチャレンジ精神旺盛な、やる気満々の人間だった。母はシングルマザー、4人きょうだいの1人としてインディアナ州で生まれ育った私は、大学入試ではプリンストン大学に出願することにした。進路カウンセラーに絶対受からないと言われたからだ。

合格して初めて大学のキャンパスに足を踏み入れたときの気分は、まるでお菓子屋さんに連れてこられた子どものようだった。与えられた多くのチャンスに興奮し、なんでもやってみようと思った。アカペラグループへの加入を試み（断られた）、ボート競技のチームに入り（1学期だけ）、オーケストラで演奏をし（これは長続きして4年目には幹部になった）、アウトドアのプログラムではバックパック旅行を指揮し、サイクリングのチームにも所属し（これもすぐに終わった）、ロッククライミングを習い（週に数回、クライミングウォールに向き合った）、「ハッシュ・ハウス・ハリヤー」という風変わりなランニングサークルに参加した。本当にいろいろなことにチャレンジした。

大学で過ごす時間が大好きだったので、夏休みも毎年キャンパスに残り、ラボで研究の仕方を学んだ。化学の学位だけでなく、音楽のコースの修了証ももらって学びを充実させた。あっという間の4年間だった。

だが、4年目も終わりに近づき、メディカルスクールへの入学準備をしていた頃、私は大学の保健センターの診察を予約していた。精力的な活動とは裏腹に、あきらかに体調がおかしくなっていたからだ。ひどくお腹が張って、胃は痙攣し、それまでに経験したことのない急な便意をもよおしてトイレに駆け込むような状態が続いていた。日課のランニングでは、いつでもトイレに行けるコースを選んでいたほどだ。

症状を医師に説明すると（まだグーグルはなかったので、診察前にこっそり自己診断をすることはできなかった）、ストレスや不安を感じているのではないかと繰り返し訊かれた。毎日運動をし、食事もしっかりとっていて、バイオリンも弾いているし、ほかにもいろいろやっているのだからそれはありえない、という主旨のことを私はまくしたてた。

医師が黙って聞いてくれるのをいいことに、不安を打ち消したかったのか、ありえない理屈もひねり出した。最近のバックパック旅行中に、きちんと浄水できていない水を飲んでしまったに違いない、と（その点には気を配っていたし、ほかの参加者は誰一人として体調不良にならなかった）。「きっとジアルジア症です」と、もっともらしく訴えた。生水を浄水せずに飲むことでかかることのある、重度の下痢を特徴とするアメーバ感染症だ。医師はその病気について知っていたが（専門外だったが医者だけのことはある）、私の症状はそれには当てはまらないと考えたようだ。

私は自分の目の前にある事実を認めたくなかった。つまり、強いストレスのせいで不安が体にも影響しているが、心はそれを無視（あるいは完全に否定）しているということを。不安だって？　自分に限ってそんなことはありえない、と心の中で否定した。

10分間にわたって、自分は不安を感じていないし、過敏性腸症候群でもない（まさにいま説明したような症状があてはまる病気なのだが）と語った私に対して、医師は肩をすくめつつ、ジアルジア症に効く抗生物質を処方してくれた。

当然だが、症状はその後も続いた。それがおさまったのは、ずいぶんあとになって、不安というものがさまざまな形をとることを理解してからだった。不安は、テスト前のちょっとした緊張から本格的なパニック発作、あるいはプリンストンの街にあるトイレの場所を全部頭に入れておかねばならないほどのひどい下痢まで、さまざまな症状となって表れる。

あらゆることが不安の対象となる

あるオンライン辞書には、不安とは「心配や緊張、恐れの感情であり、概して差し迫った出来事や、結果のわからないものに対して抱く感情」とある。この定義に従えば、ほとんどすべてのことが不安の対象になる。これから起こる出来事はすべて「差し迫った」ものであり、「結果がどうなるのかわからない」のだから。そのため、不安は場所、状況、タイミングを問わずありとあらゆる場面で生じうることになる。

たとえば、同僚が会議で会社の四半期決算についてのスライドを映し出したときにふと不安が頭をよぎる。決算報告に続いて「数週間以内に人員整理がおこなわれるだろう。解雇人数は未定」などと発表されたりすれば、不安は一気に爆発する。

朝、起きた瞬間から気分が落ち着かない人もいる。空腹を抱えた猫のように緊張し、コーヒーも飲んでいないのに目が冴え、原因不明の不安を感じる。それが一日中続き、夜になっても「なぜ眠れないのだろう」という思いで心が休まらない。これが私が診ている全般性不安障害の患者たちの症状だ。

また、突然パニック発作を起こしたり、夜中に目を覚ましたりする人もいる（私自身がそうだった）。あるいは、特定の出来事やテーマについては気を揉むのに、それ以外のことは——はた目にはむしろそっちを心配すべきではないかと思えるものでも——奇妙なほど気にしないという人もいる。

病名をつけることに意味はあるのか

不安障害と呼ばれるものはたくさんの病名に分かれていて、それに言及しなければ精神科医らしくないのはわかっている。だが、私は医学の訓練を受けているが、そうしたことに特定の病気や疾患というレッテルを貼るのにはためらいがある。

なぜなら、症状の多くは、脳の自然な（そして概して有益な）プロセスの1つが、すこしずれただけで生じうるからだ。よって、そうしたレッテル貼りは、〝人間であること〟自体を病気だと言うようなものだ。

私に言わせれば、こうした状態になるのは、バイオリンの弦のように、脳や心のチューニングがすこしおかしくなっているからにすぎない。欠陥品と決めつけて捨ててしまうのではなく、音色に耳を傾けて問題のある箇所を見つけ出し、弦を締めたり緩めたりすれば、ふたたび正しい音楽を奏でることができる。だが、それでは診断にならないし、医療費請求事務も滞るので、不安障害には、特定の恐怖症（クモ恐怖症など）から、強迫性障害（つねにばい菌が気になり、手を洗いつづけるなど）、全般性不安障害（その名の通り、日常的な事柄全般について異常に心配する）まで、さまざまな名前がつけられることになる。

ちなみに、何が「問題と言えない普通の不安」と「障害」を分けるのかについては、かなりの程度、診断する医師の判断にゆだねられている。たとえば、全般性不安障害の診断基準は、「さまざまな話題、出来事、活動」に対して「過度な不安や心配」があり、それが「すくなくとも6カ月のあいだ頻繁に起き、かつあきらかにひどい状態である」というものである。

最後の「あきらかにひどい状態」という部分には思わず笑ってしまう。メディカルスクールでは、不安が「さほど問題のない状態」から「あきらかにひどい状態」になる瞬間を見分け、薬を出すタイミングを判断する方法を伝授してくれるとでも言うのだろうか？　もしそうなら、私はたぶん居眠りして聞き逃してしまったのだろう。

不安を感じたからといって、頭が腫れたりはしない。不安は基本的に、頭の中にあるものだ。そのため医師は、患者に多くの質問をして、不安がどのように表れるのかを確認する必要がある。私自身、大学生時代は、ランニングコースの途中につねにトイレがあるか気にしていたことと内心の不安を結びつけるまで、自分が不安にとらわれているのに気づかなかった。

医療マニュアルには、不安の典型的な症状として、イライラする、落ち着かない、疲れやすい、集中力が落ちる、怒りっぽくなる、筋肉痛がひどくなる、眠れない、などが挙げられている。ただ、こうした症状だけでは、不安症だと断定することはできない。

大学生のとき、私は自分が不安症であることを認めようとしなかった。つまり、大切なのは、患者たちがこうした症状と頭の中で起きていることを自ら結びつける手助けをするということだ。まず本人がそれを認めなければ、症状は改善しようがない。

計画を立てずにいられないという不安

不安が人生において、いかに異なる形で表れるかを説明するため、活動的で優秀な2人の女性を紹介しよう。

1人目は、私の妻であるマリ。彼女は学生に慕われ、研究実績でも国際的に知られている40歳の大学教授だ。だが、気づけばかなり前から大きな不安を抱えるようになっていた。

大学院に入学したあと、そのことについて姉妹やいとこと話したときにはじめて、家族が持つ特有の癖が不安の表れなのだと気づいた。それまでに経験した、個々別々のものと思える出来事に、全体として驚くほどはっきりしたパターンがあるのが突如見えてきたのである。「不安はとても微妙なものなので、家族のなかにそれがあるとはっきり示されるまでは認識できなかった」と妻は言う。

彼女は、祖母も母も叔母も、みなが同じように不安を感じていて、それが物心ついたときからずっと続いていたことに気づいた。たとえば子どもの頃、母親は、マリをとりまく状況をコントロールしようとして、過剰とも思える計画を立てた。とくに旅行に行くときに顕著だったため、マリは旅の準備をするのが嫌だったという。母親の不安は、マリだけでなく父や姉妹に対して〝キレる〟という形で表れたからだ。

彼女は、家族が抱えている不安を見つけてはじめて、自分自身も不安を抱えていることに気づいた。わが家での朝食の前になにげなく話を振ってみたところ、彼女は自身が感じていた不安を次のように振り返った。

「それ自体は何の目的もない質《たち》の悪い感情だけど、個別の状況や考えにしつこくくっついてくる。まるで私の心が何か心配事を探しているみたいにね。以前はそれを、ある種の出来事に対する緊張だと捉えて、人生からは切り離すのが難しいものだと考えていた。まっとうな人生の変化や境遇につきものの感情だから仕方ない、って」

そう、これこそが全般性不安の大きな特徴だ。私たちの心は何の変哲もない出来事について、突然心配をはじめる。多くの人にとって、不安は野火のようなもので、マッチ1本で火がつく。日常の出来事で燃え広がり、時間とともに燃え盛り、強さを増していく。

マリはこうつけくわえて話を締めくくった。

「私のことをよく知らない人は、私がいつもこんな問題に悩んでるなんて思わないでしょうね」

猫を被っているのかどうかはともかく、マリが同僚や学生たちのあいだで冷静な人として通っているのは間違いない。それでも妻は、自分が不安を感じはじめたと気づく瞬間がある（それは私にもわかる）。

その兆候はたいてい、これからすることについて考え、計画を立てはじめるという形で表れる。形の見えない不確実なイベントや時間（たとえば「週末」など）を見つけると、それだけで脳が高速で回転をはじめ、何度も頭の中でシミュレーションをして、その〝粘土〟を馴染みのある形に固めてしまおうとするかのように。

芸術家にとって粘土の塊は可能性を意味する。旅人にとって週末は冒険を与えてくれるものだ。だが、神経が高ぶっている人にとって、形がないということは不安の原因になる。私が妻によく言うジョークは、「今日の朝、昼、晩の計画はもうできてるかい？」というものだ。

優秀な弁護士を襲ったパニック障害

全般性不安は概してじわじわと感じるものだが、突如パニックにおちいる人もいる。2人目は、妻の大学時代のルームメイトであり、私とも親しいエミリーだ（ちなみに彼女の夫は、私のメディカルスクール時代の親友で、その縁がもとで私はエミリーと知り合った)。

彼女は弁護士として、国際交渉を含む高度な政治問題に取り組んでいるが、ロースクールに通っていた頃から、パニック発作を起こすようになった。それがどのようなものか説明してほしいと頼んだところ、彼女から次のようなメールが届いた。


ロースクールの2年目と3年目の夏、私は運良く大手法律事務所のサマーアソシエイト(夏休み限定のインターン)として採用された。それで何度か事務所のパートナー弁護士の家に招かれて、彼らの家族や他のサマーアソシエイト、それとフルタイムで働いているアソシエイト弁護士たちとディナーをともにすることがあった。これは交流の機会でもあるし、学生たちにその事務所で働いている人たちの生活ぶりを見せるためでもあるみたい。

7月、そんなディナーの時間を楽しく過ごしたあと、自宅に帰ってベッドに入った私は、すぐに眠りについた。でも、2時間くらいで突然目が覚めたの。心臓がバクバクして、汗が出て、息が切れていた。悪夢を見たおぼえもなかったし、なぜそんなことになったのかわからなかった。

すぐにベッドから起きて、歩きまわってなんとか落ち着こうとしたわ。でもあまりに不安だったから、病院の救急センターで夜勤をしていた夫に電話して、帰ってきてもらったの。なんとか症状はおさまって、命が助かったことはわかった。でも、何が起きたのかぜんぜんわからなかった。

インターンが終わって授業が再開したロースクール最後の秋、その法律事務所からフルタイムのポジションのオファーをもらった。そのときにはリラックスしていて、覚えているかぎりあの夜みたいなことはもうなかった。

ところがその翌年の夏、パニック発作がまたはじまったの。前のときと同じように、ほとんど毎晩、眠りにはすぐつけるのに、数時間経つと突然目が覚めるようになった。

そのときは司法試験の勉強中で大変だったうえに、私が知るかぎり30年間幸せな夫婦だった両親が急に離婚するって言い出したの。それに、法律事務所で働きはじめたばかりで、労働時間はとても長かった。隣の部屋にいる年上のアソシエイト弁護士は、私をこき使うと決めたらしく、まるで自分の持ち物みたいに扱った。きみの人生はきみのものじゃない、きみは事務所の所有物みたいなものだ、機会を与えられたことを感謝しなくちゃいけないよ、ってね。

そんなひどい出来事や状況が積み重なって、私は自分の人生をコントロールできなくなった。それから半年間、パニック発作が続いたの。何度かセラピストに診てもらって、自分でも調べて、何が起きているのかやっと把握した。その正体がパニック発作だとわかってからは、前よりもコントロールできる気がした。

よく、自分に言い聞かせていたの。「死んでしまうかもと思っているかもしれないけど、死なない。これは私の脳が私をからかっているだけ。次に何が起きるのかは自分次第」って。深呼吸をして発作をおさめて、心を落ち着かせることに集中する方法を学んだのよ。

不安はすべての人の人生の一部

さて、ここでエミリーはスタートレックのミスター・スポックばりの理性と集中力を発揮して自分の陥った状況を観察しているが、それは誰もが可能なわけではない。それはさておき、いまの話で、マリのじわじわと忍び寄るような全般性不安もあれば、急速に熱を帯びて（おもに夜中に）突然爆発するエミリーのような不安もあることがおわかりいただけたと思う。

両者に共通する重要なポイントは、自分の不安に名前をつけることができたとき、はじめてそれに対処できるようになったということだ。

だが、正式な医師であれ、ネットのメンタル診断であれ、不安を診断するのは難しい。それに不安は人生の一部であり、人間誰しも不安になることはある。

だから、名前をつけることより、どう対処するかが重要だ。不安がどのように表れるのか、なぜ起こるのかを知らなければ、一時的な気晴らしやその場しのぎの対策に頼って、かえって悪い習慣をつくってしまう（あなたもストレスを感じたときにアイスクリームやクッキーに手を伸ばしたことがあるだろう）。あるいは、次々と襲ってくる不安への対処に追われて一生を費やすはめになりかねない（「なぜ、原因をつきとめて、それを取り除くことができないのだろうか」という思いのなかで）。本書は、まさにこうした問題に悩む人のための本だ。

あわせて、不安がいかにして私たちの脳の基本的な生存本能から生まれてきたのか、いかにして自己増殖的な習慣になりえるのか、そして、つきあい方を変えて不安が自然と解消されるようにするにはどうすればいいのかも探っていく。その過程で、不安がいかに他の習慣を引き起こすのか（そしてそれにどう対処すればいいのか）も学ぶことになるだろう。

豊かになっても不安はなくならない

不安は現代に特有のものではない。1816年、第3代アメリカ大統領トーマス・ジェファーソンは、前任のジョン・アダムズに宛てた手紙で次のように書いている。

たしかに、自分は病気だと思い込む陰気な人はいる。健康上の問題を抱え、現実にうんざりして、将来に絶望し、その可能性があるというだけで最悪の事態を心配するような人だ。そんな人たちには、起こりもしなかった悪によって、我々がいったいどれほどの痛みを味わわされたかと問いたい。[1]

私は歴史には詳しくないが、新しい国の建設に尽力しながら、奴隷制に対して言行不一致の行動を取りつづけなければならなかったジェファーソンが、相当なストレスを抱えていたであろうことは想像に難くない（彼は「すべての人間は平等」であり、奴隷制は新国家アメリカの存続にとって大きな障害となる「道徳的堕落」あるいは「ひどい汚点」だとしながらも、自身は生涯で600人以上の奴隷を使役した）[2]。

アメリカは建国から250年ちかく経ち、いまでは技術の進歩によって食料の安定供給が可能となった。心配しなくてはならないことは以前より減ったと思うかもしれないが、コロナウイルスが蔓延する前ですら、アメリカ不安鬱協会は全世界で2億6400万人が不安障害を抱えていると推計していた。[3]

アメリカ国立精神衛生研究所は、2001年から03年（大昔のように感じられる）にかけて集めたデータをもとに、アメリカの成人の31％が人生のどこかで不安障害を経験し、19％が過去1年以内に不安障害を発症したと発表した。[4]

それから20年、状況は悪くなる一方だ。2018年、アメリカ心理学会は、数千人のアメリカの成人を対象に、不安の原因とその程度を調査した。すると39％もの人が前年の17年より強い不安を感じていると回答した。不安の度合いは横ばいと答えた人も、たまたまだが同じ39％に上った。[5]合計すると8割近いことになる。

こうした不安はどこから来るのだろう？　この調査では回答者の68％が健康や安全について「やや不安」あるいは「非常に不安」と答えた。「お金」が不安の原因だと答えたのはおよそ67％。「政治」が56％、「人間関係」が48％と続く。

同じくアメリカ心理学会が2017年におこなった「アメリカのストレス」と題する調査では、アメリカ人の63％が「国の未来」を大きな不安材料と感じており、「いまのアメリカは自分が覚えているかぎり最低の状態にある」という項目に59％がチェックを入れるという結果となった。[6]繰り返すがこの調査が実施されたのは2017年——つまりコロナウイルスが蔓延する3年前のことである。

アメリカ国内では、社会経済的状態が悪い地域で、心の病が多い傾向があることが観察されている。そのため、貧しい国では不安障害の発生率が高いという予測があった。安定した食料供給や、きれいな水、治安といった基本的ニーズが満たされず、それが大きなストレス要因になるのだろう、と。

その予測の妥当性を検証すべく、世界各国の全般性不安障害の発生率を調査した結果が、2017年に『JAMA精神医学《サイカイアトゥリ》』誌に掲載された。[7]

さて、結果はどうだったか? 一生のうちにこの症状を抱える人の割合は高所得国でもっとも高い5%、中所得国ではそれよりも低い2.8%、低所得国がもっとも低い1.6%であった。論文の著者たちは、高所得国のように比較的豊かで安定した環境のほうが、不安の感じ方に個人差があり、それがこのような数字になった理由ではないかと述べている。

この意外な結末の理由については諸説ある。生存のための基本的ニーズが満たされたことで、生き残るのに必死だった脳に余裕ができ、脅威や不安を探しはじめるというのもそのひとつだ。健康なのに病気ではないかと気にするそのような傾向には、「健康維持過敏症」という名前がつけられている。

だが、全般性不安障害の人は、実際に健康、健全とはほど遠い。『JAMA精神医学』に掲載された研究でも、半数の人が生活の1つ以上の分野で大きな困難が生じていると報告している。私は、全般性不安障害の患者たちは、〝不安という名の耐久スポーツ〟のオリンピック選手のようなものだと思っている。地球上の誰よりも長くて辛い不安に耐えていることが多いからだ。

大規模災害と不安

コロナウイルスのパンデミック発生を受けておこなわれた初期の推計では、驚くほど不安レベルが急上昇した。2020年2月に中国人全体を対象にして実施された調査では、全般性不安障害を持っている人が全体の35・2％となった。[8] しかもこれはこのパンデミックが大きく広がる前の、比較的初期のデータだ。

同年4月下旬のイギリスの調査でも、コロナ以前と比較して「精神衛生が悪化」する傾向にあるとされた。[9] さらに同年4月のアメリカでの調査では、回答者の13・6％がひどい心理的苦痛を感じていると答えた。[10] 2018年にこのレベルの辛さを訴えたの3・9％なので、じつに250％もの増加となる。

あなたの実感やSNSの書き込みからも、これらの数字が妥当だと感じられるのではないだろうか。コロナウイルス・パンデミックのような大規模な災害が起きると、ほぼ間違いなく、薬物乱用や不安症を含むさまざまな精神疾患が増加する。

たとえば、2001年に9・11のテロがあったあと、ニューヨークの住民のほぼ4人に1人が、アルコール摂取量が増えたと言っているし、[11] 2016年にフォートマクマレーの山火事（カナダ史上、最大の被害額となった災害）が起きた半年後の調査では、全般性不安障害を持つ地元住民の数が全体の19・8％に急増した。[12]

不安は単独で生じるのではなく、〝友達〟を連れてくる傾向がある。前述の2017年にJA

MAに載った研究では、全般性不安障害の人の8割が、それとは別に慢性的な精神疾患を経験していることがわかった（もっとも多かったのはうつ病）。私が最近おこなった研究でも、全般性不安障害の患者の84％がほかの症状も併発しているという結果が出ている。

不安は何もないところから突然出てくるものではない。それは〝生みだされる〟ものなのだ。

第2章 脳の学習メカニズム

学習のためのシンプルな3ステップ

不安というのは不思議な生き物だ。

私は精神科医として、不安とその親戚であるパニックは恐怖から生まれることを学んだ。また行動神経科学者として、人間が恐怖を感じるメカニズムは、人類の進化の過程で、われわれの生存を助けるために発達したことも知っている。恐怖は人間に備わった生存のための最古のメカニズムであり、「負の強化」と呼ばれる脳のプロセスを通じて、将来起こるかもしれない危険（負の状況）を避けるための行動を促す（強化する）よう私たちを導いてくれる。

たとえば、交通の激しい道路を横断しようとしたとき、車がすぐそこまで来ているのがわかったら、私たちは反射的に安全な歩道に飛び退く。この恐怖に対する反応のおかげで、「道路は危険であり、歩くときは注意しなければならない」ということを学習できる。

進化によってこの仕組みはシンプルになり、人間は次の3つの要素があれば学習できるようになった。

- 環境信号
- 行動
- 結果

道路横断のケースでは次のことが起こっている。交通の激しい道路に近づいたときに（環境信号）、左右を確認してから道を渡ったら（行動）、ケガせず無事に道路を渡れた（結果）。やれやれよかった。じゃあ、これからも同じやり方を繰り返そう。

この生存のための仕組みはすべての動物に共通している。知られているかぎり、神経系がもっとも原始的であるとされるウミウシでさえ（人間の脳のニューロンがおよそ1000億あるのに対して、たった2万しかない）、この学習メカニズムを使っている。

「原始的な脳」の上に進化した「前頭前皮質」

人類は100万年の歴史のなかで、サバイバルのために働く原始的な脳の上に、新たな層を進化させた。神経科学者たちはこの層を前頭前皮質（PFC：prefrontal cortex）と呼んでいる（解剖学的に見ると、この新しい脳の領域は目と額の裏側に位置する）。創造や計画に関わる前頭前皮質は、私たちが将来について考え、計画を立てるのに役立つ。要は、人間はこの部位を使って、過去の経験にもとづき、この先なにが起きるのかを予測するのである。

ここで重要なのは、正確な予測をするには正確な情報が必要だということだ。情報が足りない場合、前頭前皮質は、それでもなんとか最善の選択をするために、起こりうるさまざまな可能性に思いを巡らせる。過去の経験からもっとも現状に近いものを選び、それをもとにシミュレーションをはじめるのだ。たとえば、トラックやバスのことを知らなくても、乗用車とよく似ているので、「タイプに関係なく乗り物が行き来していたら、はねられないために左右を確認する」と考える。

だが、ここで不安がちょっかいを出す。

不安は、前頭前皮質が未来を正確に予想するのに十分な情報を持っていないときに生まれる。2020年初頭にコロナウイルスが世界に爆発的に広まったとき、私たちはまさにこの状況に直面した。新種のウイルスや病原菌が見つかったときの常として、科学者たちは適切な対策をとるために、感染力や毒性の強さなど、コロナウイルスの特徴を急いで調べた。それでも発見当初は、わからないことが多かった。

正確な情報が足りない場合、私たちの脳は最近聞いたり読んだりした報道をもとに、いとも簡単に最悪のシナリオを想像する。

さらに、報道が危機感や恐怖心を煽る衝撃的な内容であればあるほど、それを記憶にとどめる傾向にある。そこに家族の病気や死への不安、失業の可能性、子どもを学校に通わせるかどうかの選択、安全に経済活動を再開するにはどうすればいいかといった、さらなる恐怖や不確定要素がくわわることで、脳が整理しなければならない不吉な要素は山のように積み上がる。

「恐怖」と「不安」のタイムスパン

ここで注意してほしいのは、恐怖（fear）と不安（anxiety）はイコールではないということだ。恐怖はサバイバルに役立つ適応的な学習メカニズムだが、不安はそうではない。情報不足のせいで、思考と計画のために働くはずの脳が暴走してしまうのが不安である。

両者の違いは、危険に対する反応の速さの違いにも表れる。交通の激しい道路を横断しようとしたときに車が迫ってきたら、私たちは反射的に歩道に飛び退く。何かを考えている暇はない。車の速度や進路といった情報を前頭前皮質で処理するには時間がかかるし、「後戻りしようか、それとも車がこちらを避けてくれるだろうか?」などと考えて行動を決めるにはさらに時間がかかる。

道路を横断するとき、私たちの頭の中では、「反射」と「学習」と「不安」という3つのことが、3つの異なる時間枠のなかで起こっている。

●反射――即時（ミリ秒）
●学習――急性（数秒から数分）
●不安――慢性（月・年）

リアルタイムの「反射」

即時の「反射」は、生きるか死ぬかのレベルで起きる。この時点では、私たちは何かを学んだわけではない。たんに危険を避けるための行動が反射であり、素早く本能的になされる必要がある。自分が歩道に飛び退くのはとっさの動きなので、何が起きたのかはあとになって気づく。

これは脳の原始的な部分にある自律神経系によって起こる。自律神経系は素早い反応ができる回路だ。心臓が送り出す血液の量を決めたり、状況に応じて消化器より筋肉に多く血流をまわすなど、意識的には制御できないあらゆる機能を司っている。

「反射」が生存にとって重要なのは、脅威が迫っている状況では考えている暇はなく、反射的に行動する必要があるからだ。考えるのには時間がかかる。反射的な「闘争《ファイト》・逃走《フライト》・凍結《フリーズ》反応」によって死を避けられるからこそ、人間は次の段階に進んで何かを学べるのだと言える。

直後に生じる「学習」

危険な状況から脱することができたら、人間はアドレナリンが放出されているのを感じつつ、何が起きたのかを整理しはじめる。それが急性学習だ。「もうすこしで死ぬところだった」という思いが、道を渡ることと危険を結びつける（学習する）。

親の教えが頭に浮かんだり、左右を確認せずに道を渡りかけて叱られた記憶が蘇ったりするかもしれない。恐怖による生理的不快感が、道を渡る前には携帯電話をしまって、左右を確認すべきだということを教えてくれる。

ここでは、学習が迅速に起きていることに注目してほしい。何カ月もセラピーを受けて、希死念慮があるかとか、子どものときの反抗心が問題なのかといったことを探る必要はない。たんに、これからは危険な状況に注意しようと痛感させられるというシンプルな話だ。

交通の激しい道路と車に轢かれかけたという事実が結びつけば、親に何度言われても頭に入らなかった忠告が、たちどころに理解できる。言われたことから推測するよりも、経験から学ぶほうがはるかに効果的だ。脳はそのほうが得意なのだ。

ここでは、「死にかけた」ことによるアドレナリンの急上昇で生じた余分なエネルギーを、安全に放出する方法を知っておくことも大事だ。動物も過緊張を引き起こす状況を生き延びると、シマウマなら飛び跳ねるように後脚を蹴り上げたり、犬ならブルブルッと体を震わせたりする。人間もその種の効果のある行動をとれば、ＰＴＳＤ（心的外傷後ストレス障害）や慢性的な不安におちいらずにすむ。誰かにその出来事を話すだけでは十分な効果はない。叫んだり、震えたり、ダンスしたり、何かしらの形で体を動かす必要がある。[1]

原始的な脳と新しい脳は、互いに協力して人間のサバイバルのために働く。古い脳のおかげで本能的に体が動き（車道から飛びのき）、新しい脳のおかげでその状況から学ぶことで（次回は左右を確認してから道を渡る）、未来について考えられる（自分の子どもにも道路を横断することの危険を教える）くらい長生きができる。このつながりをうまく機能させるのが前頭前皮質の真骨頂だ。

前頭前皮質は過去の経験から得た情報を未来に投影し、何が起こるかをモデル化して予測する。それによって、ただ目の前で起きていることに反応するのではなく、次に起こることに対処する計画が立てられる。必要な情報が手に入るかぎりにおいて、この仕組みは見事に機能する。これから起きることを確信できれば、正確な予測と計画ができる。

慢性化する「不安」

種《たね》が畑に蒔かれて作物が実るように、恐怖は原始的なサバイバル脳という土壌に蒔かれて、考える脳の中に不安を芽生えさせる（慢性的不安）。それが不安のメカニズムだ。図式的に言えば、次の関係が成り立つ。

恐怖＋不確実性＝不安

たとえば、わが子が初めて学校や友達の家まで1人で行くことになったら、親は何を思うだろう？　横断歩道の安全な渡り方や、見知らぬ人に気をつけることなどは教えたとしても、子どもの姿が見えなくなると、つい最悪の事態を想像してしまうのではないだろうか。

未経験の状況や、情報がない状況では、心配を振り払って冷静に考えるのは難しい。考える脳には、情報が少ないときはスイッチを切って、しっかりした情報が手に入るまでスリープ状態にしておくという機能がついていないからだ。

実際はその逆で、情報不足で不安を感じると、脳は人間を行動に駆り立てる。「早く情報を集めてこい！」と耳元でがなりたてる。気がついたら、親はスパイ映画のように子どものあとをこっそりついていき、目的地に無事たどり着くのを見届けようとする。

過剰な情報がもたらす不安

では、情報は多ければ多いほどいいのだろうか？　一見そう思える。情報は力なのだから、あればあるほど状況をコントロールしやすくなるはずだ。だが、インターネットの出現によって、情報が手に入らないという事態はほとんどなくなったが、逆に情報量が多すぎて正確な情報が見分けづらくなった。

ネットには誰でも好きなことを投稿できる。正確さよりも、笑えること、ショッキングなことが重視され拡散される（フェイクニュースは本物の6倍の速さで拡散されると言われる）。ウェブは情報で溢れかえり、すべてに目を通すことは事実上不可能となる。これでは事態をコントロールするどころか、手がつけられないという気分になってしまう。

計画を立てるにあたって、選択すべき情報が多すぎることによる影響を科学の用語で「選択の過負荷」と呼ぶ。ノースウエスタン大学ケロッグ経営大学院のアレクサンダー・チェルネフ教授と同僚たちは、脳の選択能力を著しく低下させる3つの要因を挙げている。[2]

● タスクの難しさ
● 選択肢の多さ（複雑さ）
● 不確実性の高さ

24時間365日、つねに情報が入ってくる現代では、量だけでも状況は十分複雑だ。一度グーグルで検索しただけで、とてつもない数の記事がヒットするのは、まるでビーチにつま先を浸した瞬間、ふと見ると目の前に津波が押し寄せてくるようなものだ。世界中で起きていることをいつでも知ることができるため、かえって「新しい情報の流れについていけない」という気持ちになる。それにソーシャルメディアの話題についていけないというのも、喉が乾いたのでコップの水を飲み干そうとするが、実はそれが無限に湧いてくることに気づいていないようなものだ。

情報が多すぎると、ただ量に圧倒されるだけでなく、矛盾した情報の存在によって不確かさも不安も増す。なかには、わざと間違ったことを吹き込もうとする情報もある。辻褄の合わない話というのは、まさに不確実性の典型であり、脳がそれを嫌うのは言うまでもない（そのことの進化論的起源については4章で詳しく論じる）。残念なことに、ディープフェイクの広がりからもうかがえるように、情報操作のテクニックはどんどん高度化しており、その点でも複雑性と不確実性は増す一方だ。

不正確な情報がもたらす不安

不確かな情報に接すると、自分なりに納得できる解釈をするために、さらに多くの情報を取り込もうとする。前頭前皮質が加速的に回転しはじめ、持てるリソースを総動員してさまざまなシナリオを描き、そうなったらどうしよう、とあなたに考えさせる。それは計画などと呼べる代物ではないが、脳はそれ以外のやり方を知らない。

前頭前皮質が取り込んだ情報が不正確であればあるほど、結果は悪くなる。そして、想定したそのシナリオがあまりにひどいと（不安のせいで前頭前皮質が正しく機能しなくなると悲観的なシナリオを描きやすい）、闘争・逃走・凍結反応のトリガーが引かれ、（実際にはまず起こりえない）悲惨な将来のことを想像するだけで、本当に危険が迫っているような気がしてしまう。頭で想像した危険が実際に不安を生むのだ。

さきほどはじめてひとり旅の冒険に出かける子どもの話をしたが、携帯電話がなかった時代の親は、子どもを〝荒野〟に送り出したあとは無事の帰還をただ待つしかなかった（友達の家から無事についたと電話をかけてくるぐらいのことはあったが）。いまでは、ありとあらゆる追跡装置があるので、親はつねに子どもの居場所を知ることができる。だが、何もかもわかるというのは、つねに気を揉むことにもつながる（「あの子が止まった。なぜ？　誰かと話している？　靴紐を結んでいるだけ？」）。

そうして不確実な情報を得るたびに、脳は〝もしも〟のシナリオに思いを巡らせる。なにかと計画を立てたがる脳が、あなたを助けるため、不測の事態に備えてあらゆる可能性を検討しようとしているのだ。だが、それが子どもの安全確保に役立っているかと言えば、おそらくそうではないだろう。ふくらんだ不安と天秤にかければ、メリットはあってもごくわずかなものだ。

つまるところ、不安とは進化の過程であとから加わったものだ。恐怖ベースの学習に不確実性が組み合わさると、前頭前皮質はそれ以上の材料（たとえば追加的情報）を集めようとせず、いまあるものを「心配」と混ぜ合わせてひとかたまりにし、アドレナリンのオーブンで焼いて、頼んでもいない不安の塊というパンを焼き上げる。

パンを焼く過程で、あなたの脳には今後使える心配の〝パン種〟がすこしずつためこまれる。そして、次に何か計画するとき、脳は心の食料庫から、まるで必須の材料とでも言わんばかりに心配のパン種をひっぱりだし、理性や忍耐、追加情報を得るための行動を押しつぶすまで生地に練り込みつづける。

不安は伝染する

コロナウイルスと同じで、不安も伝染する。心理学では、人から人へと感情が広がることを「社会的伝染」と呼んでいる。そのため、なんらかの不安を抱えている人と話をするだけで、自分も不安を誘発される可能性がある。恐怖を運ぶ言葉は、目の前でくしゃみをされたように、それを聞いた私たちの脳を直撃し、前頭前皮質を動揺させる。すると私たちは、家族が病気になるのではないか、これから自分の仕事はどうなるのかなど、あらゆることを心配してうろたえてしまうのである。

社会的伝染の好例がウォール街だ。株価の急騰や暴落は、人々の不安がいかに集合的に動くかを物語っている。ウォール街には株価の変動率を示すヴィックス指数というものがある。〝恐怖指数〟とも呼ばれている。世界が未曾有の混乱に突入しつつあることに投資家が気づきはじめた2020年3月に、この指標が過去10年で最高の値を記録したのもなんら不思議はない。

不安をコントロールできなくなると感情が高ぶってパニックになる。「パニック」をネットで調べたら「抑えられないほどの恐怖や不安が突然わきあがること。しばしば後先を考えない無謀な行動を伴う」と書かれていた。このとき、不確定な未来への不安に押しつぶされて、合理的な思考を司る前頭前皮質は機能を停止してしまう。

理屈のうえではトイレットペーパーを半年分もためこむ必要などないとわかっていても、スーパーで誰かがカートに積み上げているのを見ると、不安が伝染し、脳がサバイバルモードに入り、後先を考えずに自分も買ってしまう。精算が終わって、さて大量のトイレットペーパーをどうやって家まで運ぼうかと考えるときになって、前頭前皮質が復旧する。

報酬の大きい行動が増え、報酬の小さい行動が減る

先行き不透明なこの時代に、パニックを避け、つねに前頭前皮質をオンライン状態に保つにはどうすればいいのだろう？　私は患者たちが、理性で不安を抑え、意志の力で克服しようと

する姿を何度も見てきた。だが残念ながら、理性も意志も前頭前皮質の働きなので、肝心なときにそれがオフになっている以上、不安克服の役には立たない。

そこで私は、患者にまず脳の仕組みを教え、不確実性がストレスに対処する脳の能力を弱め、恐怖が襲ってきたときに不安を呼び起こすということを理解してもらっている。不確実性が不安のトリガーを引き、それがパニックにつながることを知っていれば、あらかじめ警戒することができるし、パニックはサバイバルのための脳が情報不足によってすこし見当外れな動きをしているだけだと理解できれば、多少なりとも気分が軽くなる。

もちろん、これは最初の一歩に過ぎない。われわれの脳はつねに〝もしも〟を考えて不安を先取りする。ソーシャルメディアを開けば、そこにあるのは憶測と不安の声ばかりだ。社会的伝染には物理的な境界がなく、世界のどこからでも拡散しうる。そんななかで、やみくもに情報を追い求めても不安が解消されるはずがない。それよりも、感情をコントロールするのに役立つ信頼できる何かが必要だ。

逆説的だが、パニックを鎮める方法の鍵は私たちの生存本能、すなわち、そもそも心配や不安を引き起こした脳のメカニズムを活用することにある。そのために脳をハックして不安のループから抜け出すには、次の2つのことが必要だ。

- **自分が不安を感じ、パニックにおちいっていることを自覚する**
- **その不安やパニックによって何が起きるかを把握する**

これができれば、自分の行動がサバイバルの役に立っているのか、その逆なのかがわかる。パニックは危険な衝動的行動を誘発し、不安は精神や肉体をいじめ、長期的な健康被害を引き起こす。そうした有害な影響を自覚できれば、脳はさまざまな行動の相対的価値を学習し、今後の行動パターンを次のように変えていく。

- 価値が高い（報酬が多い）行動は、報酬価値を記憶する脳の階層の上位に置かれ、今後も繰り返されやすくなる。
- 価値が低い（報酬が少ない）行動は、下位に後退していく。

この脳の仕組みについては、特に10章で詳しく解説する。

古い習慣を新しい習慣で置き換える

不安が割に合わないことをいったん理解してしまえば、なんでも心配するという古い習慣を、もっとよい報酬をもたらす、脳にとっても気分のよい行動に置き換える可能性が開ける（なぜなら脳は「その方が気分がいいから」という理由で、自然と見返りの多い行動をとるようになるからだ。これについては15章で詳しく論じる）。

たとえば、コロナウイルスが広がりはじめた当初、公衆衛生当局は手で顔を触るのを控えるよう注意を促した。ドアノブやテーブルなどに触れた手で顔を触ると、ウイルスに感染する可能性が高まるからだ。[3] そう聞くと、顔を触る癖がある人は、そのたびに危険を意識するかもしれない。それが高じれば心配癖になる（「また顔を触ってしまった。感染してしまったかも」）。

だが、そこでパニックになるのではなく、一呼吸入れて、「最後に手を洗ったのはいつだった？」と自分に尋ねるのだ。ほんの一瞬それを自問自答することで前頭前皮質にスイッチが入り、本来の機能を取り戻す。つまり、「大丈夫。手は洗ったばかりだ」という思考回路が働き、手はたったいま洗ったばかり、外出もしていない、よって感染する可能性はきわめて低い、と合理的に考えることができるのだ。

このように自分の行動を意識すれば、学習が強化され、衛生習慣が身につく。手を洗う習慣がある人は、手を洗うことがもっと気持ちよくなるし、うっかり顔を触ってしまっても心を騒がせずにすむ。手を洗う習慣のない人も、自分の不安を意識することで、普段からちゃんと手を洗おう、すくなくとも外から帰ってきたら洗おうと考え、まっとうな感染予防の意識が行動を促してくれる。

衛生習慣を守ることで得られるポジティブな感覚や効果を、心配や不安から生じるネガティブな感覚よりはっきり感じられるようになれば、脳は自然と前者に傾いていく。脳は気持ちのいいことを求めるからだ。

このシンプルな学習メカニズムが理解できれば、不確実な状況に直面しても、不安やパニックにおちいることなく、「平静を保ち、普段の生活を続ける」ことができる（第2次世界大戦で空襲が続くなか、ロンドン市民は政府のこの呼びかけに応えて不安に対処した)。

心配事で頭がいっぱいになってしまったら、前頭前皮質が復旧するまで深呼吸してみよう。脳のこの部分が動きだしさえすれば、不安にとらわれた状態と冷静な状態を比較でき、明晰に考えられるようになる。それは脳にとって難しいことではない。

さらに重要なのは、脳の力に働きかけて不安を克服できるようになったら、同じやり方を、不安以外の悪癖に対しても使えるようにすることだ。すこし訓練すれば、不安もその他の悪癖も克服して、もっとよいものをもたらしてくれる行動を新たな習慣にすることができる。

不安は恐怖から生まれるが、大きく育つには養分が必要だ。何が不安の〝餌〟になるのかを見分けるには、まず習慣がどのようにつくられるのかを知り、心の働きを理解する必要がある。

第3章 現代の依存症

誰もが何かに依存している

言いにくいことだが、あなたも間違いなく何かに依存している。

「依存」という言葉を聞くとアルコール、あるいはヘロインやオピオイドなどの違法薬物が思い浮かぶ人が多いかもしれない。自分とは無縁の問題だと感じるかもしれないし、依存症に苦しんでいる友達、家族、同僚の顔を思い浮かべて、自らの境遇と比べてみるかもしれない。

いずれにせよ、「私が依存症だなんてありえない。ちょっとやっかいな癖があって、それが続いているだけだ」とあなたが言ったとしても、私は驚かない。「あなたも何かに依存している」と言われたときの、おおかたの反応はそんなところだろう。なにせ私自身、長いあいだそう思っていたのだから。自分は〝普通のなかの普通〟であるインディアナ州で育った、それこそごく普通の男だと。母は私に野菜を食べさせ、教育を受けさせ、ドラッグに手を出さないよう見守ってくれた。母の教えはしっかりと胸に刻まれた。おそらく、ちょっといきすぎと言えるほどに。いま、40代になった私は、ベジタリアンで、学位も十分に持っている（修士号と博士号）。母を喜ばせるために息子ができることはすべてやったわけだ。だがそれでも、依存症については何もわかっていなかった。

私が依存症について本当の意味で学んだのは、イェール大学で精神医学の研修を受けたときが最初だった。そこで覚醒剤、コカイン、ヘロイン、アルコール、タバコをはじめとするありとあらゆる種類の依存症患者を見た。彼らの多くは同時に複数の薬物に依存しており、リハビリ施設に出たり入ったりを繰り返していた。

そのほとんどはごく普通の聡明な人たちであり、薬物への依存が、自分の健康や人間関係を含む人生全体に深刻な悪影響を及ぼすことを理解していた。それでもなお、自分をコントロールできなかったのだ。当惑させられる悲しい現実だった。

あらゆるものが依存の対象になる

依存は「有害な結果が起きているにもかかわらずやりつづけること」と定義される。私は患者たちの体験を間近に見てはじめて、この味気ない定義を実感を持って理解した。

依存はニコチン、アルコール、ヘロインといった化学物質の使用だけに限らない。この定義があてはまる範囲は、コカインやタバコ、それにこれまで私が避けてきた〝悪いもの〟全般よりもはるかに広い。しっかり確認しておくためにもう一度繰り返すが、「有害な結果が起きているにもかかわらずやりつづけること」という依存の定義は、「やりつづけ」ていることであれば何にでもあてはまる。

そう気づいたとき、私ははたと立ち止まった。ひどく有害な薬物を使ったせいで人生をめちゃくちゃにしてしまった患者たちの治療をしながら、頭の中にはつねにひとつの疑問があった。「依存の根っこは薬物そのものではなく、もっと深い部分にあるのではないだろうか？　依存の本当の原因は何なのか？」

もしかしたら不安は習慣であり、依存の一種なのではないか？　だとすれば、不安にはどんな明らかな害があるのだろう？　私たちは心配するという行為に依存することがあるのだろうか？

一見すると、不安が役に立っていることもあるように思える。不安だからこそ準備し、仕事を終わらせ、子どもを危険から守れているのだという気もする。だが、そこに科学的な裏づけはあるのだろうか？

心理学の研究《リサーチ》は心理学者の自己探求《ミー・サーチ》だ、というジョークがある。広い対象について何かを言うために、自分の癖や欠点、病的側面（意識的か無意識かを問わず）を掘り下げようとすることを自虐的に表現した言葉だ。私も自分の内面に目を向けてみた。友達や同僚にも、彼ら自身の癖について質問をしてみた。

すると結論から言えば、いたるところに依存が見つかった。ろくなものではないとわかっているのに買物がやめられない。実るはずもないのに誰かに恋心を抱きつづける。やめなければと思いつつゲームを続けてしまう。食べるのがとまらない。妄想がやめられない。ソーシャルメディアをチェックしつづけてしまう。考えすぎだと思いつつ心配がとまらない（あとで説明するが、心配癖はきわめて悪い結果につながる）。要するに、依存症は、いわゆる薬物や中毒性のある物質に限ったことではなく、どこにでもあるものなのだ。では、依存は現代に特有の新しい病なのだろうか？　それとも昔からあったのだろうか？

依存は古くもあり、新しくもある、というのが答えだ。まずは新しいほうから見ていこう。

昔の靴といまの靴

ここ20年で世の中は、過去200年の歴史をはるかに上回るペースで変化している。私たちの脳と体は、その変化についていけずすっかり消耗しきっている。

私の故郷である、アメリカ中西部の真ん中、〝普通のなかの普通〟であるインディアナ州のインディアナポリスを例にとろう。もし私が、19世紀の初頭に、大草原の農場に住んでいたらどうだろう。当時は新しい靴を手に入れたいと思ったら、まず馬車で街に行き、雑貨屋の店員に、サイズを含めてどんな靴が欲しいのかを細かく伝えなければならなかった。家に帰って、職人が靴をつくるのを何週間も待ち、ふたたび馬を駆って街に戻り、代金を工面して支払い、手縫いの靴を家に持ち帰ったはずだ。

それがいまやどうだろう。車が渋滞に巻き込まれてイライラしている私は、メールで届いた広告をクリックする（グーグルは私が靴を買うのが好きなことを知っている）。すると翌日か翌々日には、アマゾンプライムのおかげで、完璧に足にあった靴が玄関先に届く。

2カ月待たされるより、たった2分、2回のクリックで手に入るほうが、その後も靴を買いつづける可能性が高いことは、依存症専門の精神科医でなくてもわかるはずだ。

利便性と効率の名のもとに、現代社会はますます依存症を生みだすように設計されつつある。靴や食べ物などの〝モノ〟だけでなく、テレビを見たりソーシャルメディアをチェックしたりゲームをしたりといった〝コト〟にもあてはまる。

さらには、政治や恋愛、あるいは「最新のニュースについていかなければ」という気持ちにすら、依存症は潜んでいる。出会い系アプリには感覚を刺激するような機能が実装され、ニュースフィードには扇情的なタイトルが踊っている。

毎日決まった時間に新聞が配達され、どの記事を読むのかを自分で選んでいた日々は過ぎ、いまでは巨大なメディア・コングロマリットかスタートアップ企業が、どの情報を、どのタイミングであなたに送るかを決める。

そうした企業は、あなたが検索やクリックをするたびにそれをトラッキングし、どの記事があなたのニーズを満たし、ページに長くとどまらせるかを把握している。それをもとに、もっとクリックされやすく、長時間読んでもらえるように、ニュースの内容を書き換えることさえできる。10年前に比べると、記事のタイトルも、疑問形や結論をすべて明かさないような形になっていることが増えた。

そのうえいままでは、テレビやパソコン、スマートフォンなどを通じて、あらゆるものがただちに入手できる。企業は私たちが退屈、いらだち、怒り、孤独、空腹などのせいで弱ったときを狙って、感情に訴える簡単な解決策を提示して（「これを買おう、これを食べよう、このニュースをチェックしよう」）、弱みにつけこんでくる。そうして依存症は具体的な行動に姿を変え、習慣となって定着する。すると私たちは、それを依存とは考えず、自分を形づくるものと考えるようになる。

なぜ、こんなことになってしまったのだろうか？

脳は「報酬ベースの学習」をする

この問いに答えるには、『大草原の小さな家』よりもはるかに前の、われわれの脳が学習能力を発達させた太古の昔までさかのぼる必要がある。

脳には古い部分と新しい部分がある。新しい部分が思考や創造、意思決定などを支えるのに対し、その内側にある古い部分は私たちが生き延びるために進化してきた。「闘争・逃走・凍結反応」は古い脳の機能の一例だ。

古い脳のもう1つの特徴が「報酬ベースの学習システム」である。これは正の強化と負の強化にもとづく学習で、簡単に言えば、気持ちいいと感じる行動をふやし（正の強化）、気持ち悪いと感じることを減らそうとする（負の強化）学習のことだ。

この能力はとても重要なうえに、はるか昔に発達したものなので、ウミウシ（前にも述べたが、神経系全体でたった2万個しかニューロンを持たない生物）にも備わっている。それは神経学者のエリック・カンデルがノーベル賞を受賞したほどの大発見だ。考えてもみてほしい。たった2万個である。自動車から部品をどんどんそぎ落とし、まっすぐ走るのに必要な部分だけを残したような生き物なのだ。

人間がまだ洞窟に住んでいた頃、報酬ベースの学習はとても役に立った。食べ物にありつくのは難しかったので、たまに獲物を見つけると、毛むくじゃらのご先祖様たちの動きの鈍い小さな脳の中では、「カロリーだ……これで生き延びられる!」とブザーが鳴った。首尾よく食べ物を確保できたらそれを味わう——美味い! そうして彼らは生き延びる。

体が糖質や脂肪を取り込むと、脳は栄養と生存の結びつきを理解するだけでなく、ドーパミンという化学物質を分泌する。ドーパミンは、場所と行動の組み合わせを学習するのに必要不可欠な神経伝達物質だ。いわば原始時代のホワイトボードのようなもので、そこには『いま自分が何を食べているか、それをどこで見つけて、どう獲得したか」が記録された。原始人は状況依存の記憶をそこに蓄積し、何万年ものあいだ何度もそれを繰り返すことで学習したのだ。食べ物を見つけ(トリガー)、食べ(行動)、生き延びる(報酬)。もちろん、それは気持ちがいいことなので彼らは何度もそれを繰り返した。

「生存のためのトリガー」と「死に至る習慣のトリガー」

話を現代に戻そう。昨日の夜、あなたは気分がすぐれなかった。職場で嫌なことがあったからかもしれないし、パートナーの言葉に傷ついたのかもしれない。父が母を捨ててほかの女性に走ったことを思い出したからかもしれない。

そこでふと、冷蔵庫のなかにリンツの高級チョコレートバーがあったのを思い出す。現代の私たちにとって、食べ物を確保するのは大昔の先祖ほど難しくない。そのため、すくなくとも先進国（過度に発展した工業国の別名）では、食べ物はいまでは違う役割を担っている。

現代人の脳は、「おい、ドーパミンは食べ物の場所を記憶する以外のことにも使えるぞ。気分が落ち込んだとき、おいしいものを食べれば元気になれるぞ」とささやく。私たちはすばらしいアイディアをくれた脳に感謝し、腹が立ったり悲しくなったりしたときはチョコレートやアイスクリームを食べれば気分が良くなることを学ぶ。

これは原始人が使ったのとまったく同じ学習プロセスだが、食べたいという衝動のトリガーが異なっている。原始人のトリガーは空腹だったが、現代人のトリガーは、悲しい、腹が立つ、傷ついた、寂しいといった感情的なシグナルである。

10代の頃を思い出してほしい。タバコを吸っている不良少年がいたはずだ。それを見たあなたは、自分もカッコよくなりたいと思ってタバコを吸いはじめた。マルボロの広告に出てくるカウボーイはかっこよかった。広告主の計算通りだ。自分もかっこよくなりたい。そのためにタバコを吸う。すると気分が良くなる。それを繰り返す。トリガー、行動、報酬のループが形成され、タバコを吸うたびにループが強化され、喫煙が習慣になる。

そして気づかないうちに――なぜならこれは意識的行動ではない――自分の感情に対処し、ストレスを和らげるためにタバコを吸うという行動が習慣となって定着する。

ここが決定的な瞬間だ。噛みしめながら読んでほしい。名前すらなかった原始人のサバイバルに役立っていた脳のメカニズムによって、高度な知性を持つはずの現代人が自らを死に至らしめかねない習慣にはまり込んでいるのである。

しかもここ20年で、その状況は急速に悪化している。肥満と喫煙が、先進国では病気と死の主要原因になっているし、現代の発達した医療を持ってしても、精神疾患のなかで不安障害がもっとも多いのが現状だ。

不安の無限ループ

現代人は多くの時間をネットに費やし、あちこちクリックし、「いいね！」をしたりされたりするたびにちょっとずつドーパミンを出している。そのような状況や習慣は、現代人のサバイバルを助けようとして古い脳が働いた結果生まれたものだ。

だが、今日の環境では、それはうまく機能していない。

たんにストレスや過食、無駄な買い物、不健全な人間関係、ネット依存、あるいはだれもが抱えているであろう漠然とした不安がある、と言っているのではない。

これまでに「不安の習慣ループ」におちいった経験がある人なら、私の言っている意味がわかるはずだ。不安の習慣ループとは——

トリガー　思考や感情
行動　それについて心配する
結果・報酬　回避、過剰な計画や準備など

要は、思考や感情がトリガーとなり、脳が心配という行動を開始し、その結果、ネガティブな考えや感情を回避でき、もとの思考や感情よりはましな気分になれるというわけだ。

ここまでの話を整理しておこう。

脳は私たちが生き延びるのを助けるために進化してきた。空腹を抱えていた原始人の頃は、報酬ベースの学習プロセスは、どうすれば食べ物を確保できるかを学ぶうえで役立った。だが、いまではその学習プロセスは、不健全な欲求や感情、悪習慣、強迫的行動、依存などを生みだす方向にも作用する。

企業は昔からこのことを理解していた。たとえば食品業界は、巨額の資金を投じて、最適な塩分や糖分のバランスや食感をつくりあげ、思わず手が伸びてしまう商品を開発している。

ソーシャルメディアの企業は、何千時間もかけてアルゴリズムを調整して、利用者の好みに完璧に合致した写真、動画、投稿を表示して画面をスクロールさせつづけ、スポンサー企業の広告が表示される回数を増やそうとしている。

ニュースサイトはクリック数を増やすことに特化したタイトルをつけている。オンラインの

小売店は、ウェブサイトに「これとあわせて買われていることの多い商品」などのメッセージを表示させることで、とにかく何か買うまで検索を続けさせようとしている。

こうしたやり方はいたるところに見つかるし、今後はもっと激しく大規模な形でおこなわれていくだろう。

飢餓感をあおる間欠強化

なお悪いことに、現代社会にはさらに「依存を最大化させる仕組み」がある。

その筆頭が、強化学習のなかでも、もっとも飢餓感を煽る「間欠強化」と呼ばれるものだ。動物に報酬を与えるとき、規則的にではなく、ランダムだと感じられるタイミング（間欠的）で与えることで、脳内のドーパミン神経細胞が通常より活発化する。友だちが開いてくれたサプライズ・パーティーやプレゼントのことは間違いなく記憶に残る。予想外の報酬は、予期していた報酬より、はるかに多くのドーパミンを脳内で分泌させるからだ。

この仕組みを商売に活用しているのがカジノだ。間欠強化を意識し、スロットマシンで当たりが出る確率を計算式やアルゴリズムを使って巧みに調節している。それによって、平均すれば結局損をするのに、客は長時間ゲームを続ける。それがカジノ経営者の勝利の方程式だ。

シリコンバレーもこれをうまく利用している。間欠強化は、新しいものに注意を向けさせようとすることなら、何にでも使える。

古い脳は、変化の速い、すべてがつながったいまの世界でなんとか生き延びようと、備わっている唯一の機能をフル回転させている。しかし古い脳には、サーベルタイガーと上司からのメールの違いがわからない。昔懐かしい「メールが届きました《ユー・ガット・メール》」という着信音にも、ＳＮＳの投稿に「いいね！」が付いたことを知らせるビープ音にも、反応してしまう。

メール、ツイッター、フェイスブック、インスタグラム、スナップチャット、ワッツアップ、さらには「ベッドルーム３部屋、シャワー付きバスルーム２つ、御影石のキッチンカウンター」という条件に設定してある住宅用不動産サイトなど、世の中とのつながりを助けると謳っているものすべてが、依存性を高めるように設計されている。

ツイートやメール、あるいはメッセージが届いたことを知らせるさまざまな音が、一定の間隔ではなく間欠的に鳴ることが、私たちの飢餓感を煽っている。

何でもすぐ手に入ることの問題

現代に生きるわれわれが何かの依存におちいりやすい２つ目の理由は、何でもすぐに手に入ることだ。19世紀に靴を手に入れるのは大変だったという話をしたが、そこにはいい面もあった。南北戦争が終わったお祝いに新しい靴が欲しくなったとしても、翌日、自宅の倉庫に届くことを期待してその場で注文するというわけにはいかなかった。入手するには手間も時間もかかるので、支払うコストと得られるメリットをよく考える必要があった。いま履いている靴は本当にもうダメになったのか？　もうしばらく使えないだろうか？

時間がかかるということは、「この新しい靴は最高だ！」という興奮を鎮め、冷静になるうえでとても大切だ。ちょっと立ち止まってみることで、心は落ち着き、瞬間的に盛り上がった気持ちは、それは本当に必要なのかという現実の前に消えていく。

だが現代では、足りないものや欲しいものがあれば、すぐそれを手に入れることができてしまう。ストレスを感じた？　問題ない。そこにカップケーキがある。退屈した？　インスタグラムの投稿をチェックしてみよう。不安になった？　ユーチューブで子犬の動画を見よう。友だちが履いているかわいい靴が欲しくなった？　アマゾンで検索すればいい。

これもまた言いにくいことだが、スマートフォンはポケットのなかの広告掲示板にほかならない。そして、つねに送りつけられる広告にお金を払っているのは、あなただ。

古い脳に備わった報酬ベースの学習能力に、間欠強化のメカニズムが加わり、さらになんでもすぐに手に入るという条件が加わることで、現代に生きる私たちは、悪習慣と依存を生む危険な公式をつくりだした。それは薬物依存などに代表されるこれまでの依存症をはるかに超える。

私は何もあなたを脅そうと思ってこんな話をしているのではない。心の働きを理解したうえで、現代社会がいかに依存的な行動を生みだして、それを利用しているかを知ってほしいのだ。自分の心とうまくつきあうには、まずはそれがどのように働いているかを知る必要がある。仕組みがわからなければ、正しく使うことはできない。

以上で、心がどのように習慣を形づくるか理解できたはずだ。これで次のステップ――心のマッピング（PART1）――に進むことができる。

先に進む前に軽くまとめると「不安はほかの習慣に比べてすこしやっかいであり、それに対処するにはより簡単な習慣への取り組みで助走をつける必要がある」ということになる。

そこで、まず簡単なことからはじめよう。あなたが日ごろ問題だと感じている悪習慣や依存のうち、大きいものを3つ挙げてほしい。いいことはないとわかっているのに、やめられない悪癖や意味のない行動はいったい何だろうか？

第4章 不安は習慣化する

脳は不確実性を嫌う

「繰り返される習慣（習慣のループ）」をテーマにセミナーをしたり、インタビューを受けたりすると、不安もループにはまる場合があるという事実を理解している人がとても少ないのに気づく。その理由を説明するため、もう一度古い脳に話を戻そう。

私たちの祖先がサバンナで暮らしていた頃、その原始的な脳はおそらく2つのことに集中していたはずだ。すなわち、「食料を探すこと」と「誰かの食料にされないこと」。

農耕がはじまる前の彼らは、知らない土地を探検して、食料となる獲物を探さなければならなかった。知らない場所に移動するとき、そこが安全かどうかわからないため、脳は厳戒態勢に入る。新しい土地の地形や環境を探るあいだ、緊張は続く。さらに歩を進めて、危険な出来事がなければ、じょじょに安全を感じはじめる。

自覚はなかったはずだが、そのとき彼らは、現代の科学実験と同じことをしていたことになる。新天地が安全であることを示すデータが多く集まれば、脳の中の警戒を解いて、リラックスできる。現代では、科学者は実験を何度も繰り返し、同じ結果が出るほどにその実験が有効で、結論が確かなものであるという確信を深める。[1]

原始人も現代の科学者も、人間の脳は不確実性を嫌う。不確実性は恐怖を呼び起こし、将来何が起きるのか予想するのを難しくする。「ライオンに食べられてしまうのではないか」という不安も、「自分の科学理論は本当に正しいのだろうか」という不安も、おおむね同じような形で脳にインプットされ、「すぐ行動しなければならない」という感情につながる。

不安に感じる脅威の大きさに応じて、私たちの心は不確実性による〝むずがゆさ〟を感じはじめ、「もっと情報が必要だ。早く集めてこい」と耳元でささやく脳の声を聞く。潜在的な危険性が大きかったり、脅威が差し迫っていたりすると、そのかゆみはがまんできないほど大きくなり、居ても立ってもいられないほどになる。

服の中に虫が入ったような感覚が原始人の生存脳を刺激して眠りから醒まさせ、怪しい物音の正体を確認してこいと促す。そのおかげで、彼らは捕食動物の餌食にならずにすんだのである。

繰り返すが、不安は「差し迫った出来事や、結果のわからないものに対して感じる、心配や緊張や恐れ」と定義される。不確実なことが多いと、私たちは不安になり、「何かをしなければ」と訴える心のむずがゆさを掻きはじめる。ストレスや不安が、原始人の脳に、洞穴から出て何をすべきか考えろと促すトリガーとなる。行動の結果、何らかの答えが得られたら（たとえば、とくに危険なものは見当たらない、など）、「不安が和らぐ」という報酬を受け取ることになる。ここで起こっていることは次のようなことだ。

トリガー　ストレスや不安
行動　原因を探るために洞窟から外に出る
結果　答えを見つけて不安が和らぐ（ときもある）

不安はこうして習慣になる

しかしこれでは、カジノのスロットマシンでまた遊ぼうという気になる程度に勝っているのと変わらない。

むしろ、不安が負の強化によって固定され、習慣化してしまうケースがあることを多くの研究が示している。ペンシルベニア州立大学の研究者であるＴ・Ｄ・ボルコヴェッツは、過去数十年にわたって、心配がさらなる不安を呼ぶことを示す論文を多数執筆している。

１９８３年の時点で、ボルコヴェッツは同僚たちとともに、心配という行為を「ネガティブな感覚で満たされた、コントロールの難しい思考やイメージの連鎖」と表現し、何かを心配するという行動を、結果が定かではない問題を精神的《メンタル》に解決しようとする試みであるとした。

ネガティブな感情（恐れなど）がトリガーとなって心配という行動が誘発されると、その心配は、トリガーとなった最初の不快な感情を回避するための手段として強化される場合がある。

トリガー　ネガティブな感情や思考
行動　心配する
結果　精神的な回避。気晴らし

辞書には、「心配」は名詞としても（「私には心配（事）がない」）、動詞としても（「私は子供のことが心配だ」）載っている。心配するという行為には、不安（あるいは緊張や困惑）を生む作用がある。するとその不安がトリガーになって、さらに心配するという行為が生まれる。こうして不安と心配の悪循環がはじまるのである。

トリガー　不安
行動　心配する
結果　もっと不安を感じる

不安がトリガーになって心配するという連携が数回繰り返されれば、不安を感じたら心配するというパターンが脳の習慣となって定着する。だが、心配したところで問題がなくなるわけではないし、創造的思考や問題解決の助けになるわけでもない。むしろ、心配することでパニックのスイッチが入り、不安を打ち消してくれそうなものを手当たり次第に試すはめになる。

スマートフォンでニュースをチェックしたり、メールに返信したりすれば、不安は一時的に和らぐかもしれない。だがそれでは、何か別のことをして気をそらすという新たな習慣をつくるだけだ。不安が消えなければ、さらにほかの解決策を探さなければならない。するとそれ自体が心配になり、不安のもととなる。これでは行動の「報酬」とは言えない。

しかも、ここには意外な落とし穴がある。心配しても意味がないときにも、古い脳は心配しつづけるということだ。

そもそも古い脳の仕事は、人間が生き延びるのを助けることであり、心配することで問題解決につながる行動を促してきたので、大昔のある時点で、心配こそが最善の方法だという認識を刻み込んでしまった。そのせいで、問題の解決策という〝大当たり〟が出ることを期待して、多くの人が、いまでも心配のスロットマシンのレバーを引きつづけている。

理由のない不安

いま見たように、「心配する」という心の行動は、不安という不快な感情の回避や、不安をコントロールできているという感覚をもたらす。心配というのは、理屈のうえでは問題解決に取り組んでいることにほかならないからだ。

実際には問題は何も解決しておらず、心配することでさらに制御不能におちいっているにすぎないとしても、とにかく何かをしているだけで自己満足という報酬を得られることがある。

心配するというのもある種の行動であり、手足は動かしていないが何かをしていることには変わりない。メンタルな行動も行動であり、目に見える結果をもたらすこともある（左図参照）。

ただ、心配という行動には2つの大きな欠点がある。

- 心配しても解決策が見つからなければ不安になって、それがさらなる心配を誘発する。
- 不安がトリガーとなって誘発された心配は、心配すべき具体的な原因がない可能性がある。

実際、私は患者の訴えから、2番目の問題を感じることが多い。朝起きると、彼らは、特にその日に心配すべきことがあるわけでもないのに漠然とした不安を覚えるというのだ。われわれが実施している不安解消プログラムの参加者の1人は、「とくに早朝に激しい不安に悩まされ、そのせいで飛び起きる」と言った。何が心配なんだろうと考えているうちに、不安が激しくなっていき、それでも具体的な心配事が見つからないために、将来起こりうるささいなことを――考慮に値するかどうかとは無関係に――心配する癖がついてしまうのだ。

これこそが全般性不安障害の根底をなすものであり、『精神疾患の診断・統計マニュアル』（精神科医が精神疾患を診断する際のバイブル）では、「さまざまなテーマや出来事、活動について不安や心配があり、それが〝あきらかに過剰〟である」と説明されている症状である（この主観的な基準には、またしても苦笑を禁じ得ないが）。同書にはさらに「心配な気持ちは制御するのが

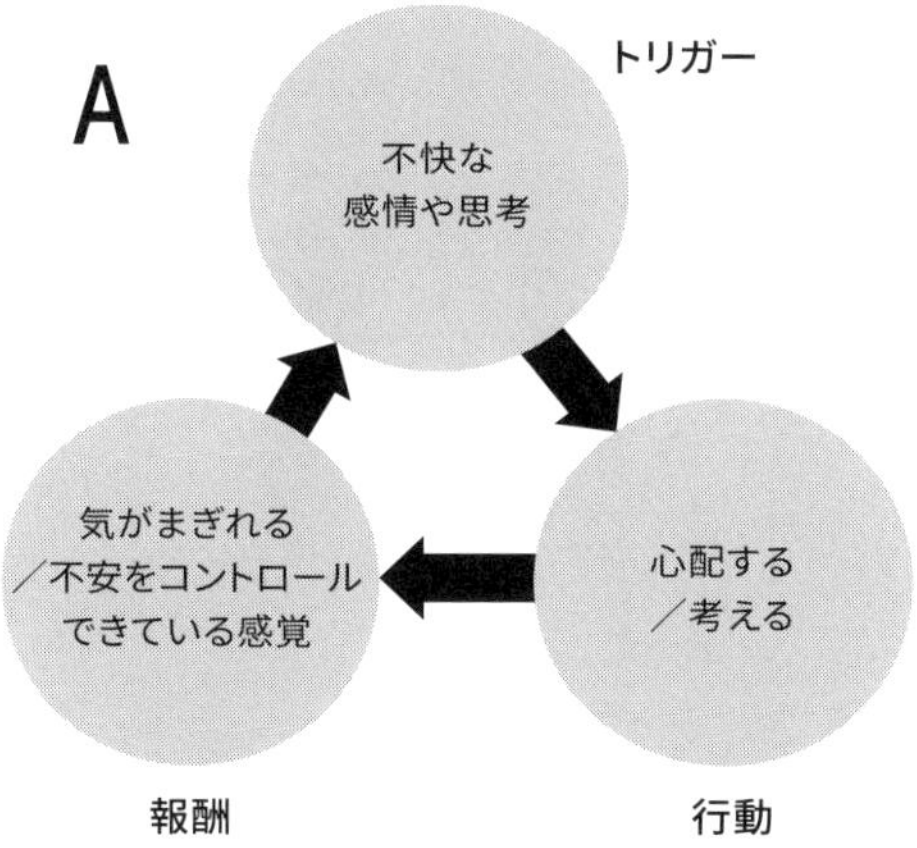

A 不快な感情や思考が、心配や憂鬱といった精神的な行動を誘発する。そのことによって、気がまぎれたり、自分は不安をコントロールしているという感覚（報酬）が得られる。

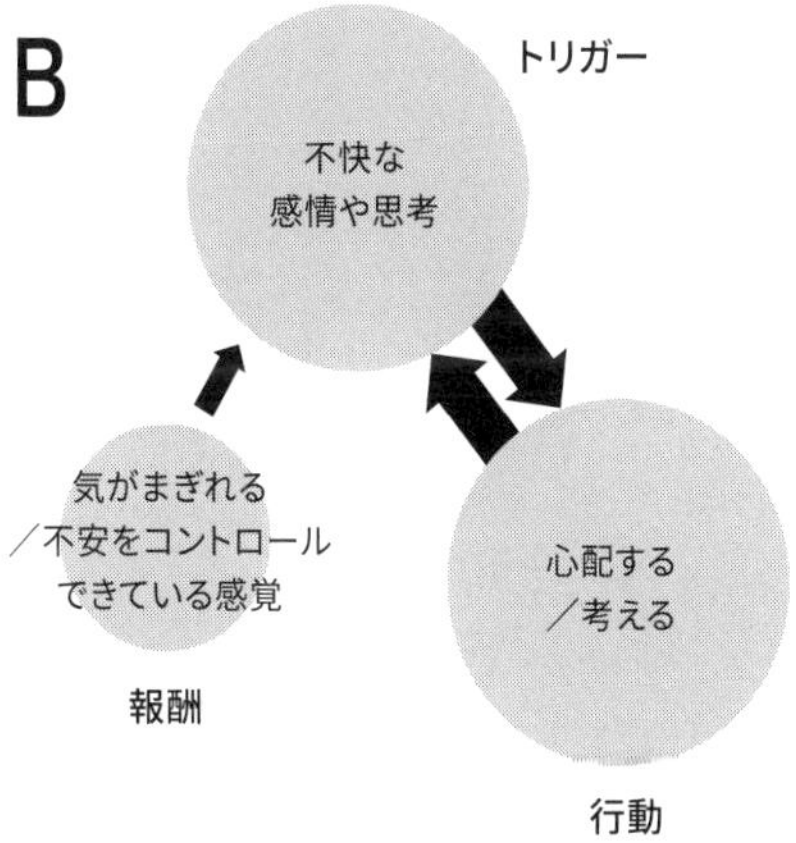

B 気がまぎれるという「報酬」がじょじょに擦り減り、もとの不快な感情や思考より小さくなる。すると、さらに不安が大きく感じられ、心配のサイクルが回りはじめる。

難しい形で感じられる」とあるが、そうでなければ精神科医に助けを求めたりしないだろうから、それは言うまでもないことだ。

心配というのはジキル博士とハイド氏のようなものだ。つまり、問題を解決しようとする心の動きではあるので、一見、有益でよいもののように見える。目の前の問題を解決しようとしているので、サバイバルのために忠実に最善をつくしているように思える。

しかし騙されてはいけない。その性根は腐っていて、解決策が見つからなければすぐに牙をむく。溺れかけた人のように、心配は助けを求め、あなたを呼び寄せる。そしてあなたの手や足をつかんで、急な流れのなかに引きずり込んだり、どちらが水面かもわからなくなるような不安の大渦に巻き込もうとする。

「不安が心配を呼び、心配が不安を呼ぶ」という悪循環は、溺れかけた不安と心配があなたを道づれにしようとしていることに気づかないかぎり、断ち切るのは難しい。心配癖のある人は、まずは普段の生活でこうした習慣がどのように起きているかを振り返って、それが人生にどんな影響を及ぼしているかを考えてみよう。

習慣を変えるための3つのギア

心配を繰り返すことで不安が生まれ、肥大化し、自己増殖しつづける習慣になる。それを知識として知ることは大切だが、それだけで不安が消えるわけではない。頭で理解するのは最初の一歩にすぎない。患者のなかには、「わかりました」と言って立ち去るものの、実際に不安に対処するのに苦労する人がたくさんいる。

　私は、知識を使って実際に不安を解消するための方法を、患者にどう伝えればいいのか考えつづけてきた。その結果、驚くなかれ、脳についての小難しい話より、自転車のギアのイメージを使って説明するほうが伝わりやすいことを発見した。

　私の人生はいつも自転車とともにあった。ある意味では、そのおかげでここまで上手くやってこれたのだと言える。最初の自転車はギアが1つしかないBMXだった。次に、10段変速のロードバイク。最後が21のギアを備えたマウンテンバイクだ。たとえば自転車で山を登る場合、急な坂道を登るのか、平坦な道を進むのか、ダウンヒルを高速で下るのかは現地に行ってみないとわからない。だからこそ、自転車には多くのギアがある。急坂を登るときには1速が、山頂から下るときには21速のギアが役立つ。車にギアがあるのも同じで、要は、行く先にどんな地形が待っていようと前に進んでいくためだ。

　不安の習慣ループを断ち切る方法を、自転車のギアチェンジにたとえることを思いついたのは、ストレスと過食に悩む人々を助けるためのプログラム（イート・ライト・ナウ）を始めたあとのことだった。[2] プログラムを1年ほど実施した結果、参加者がみな、3つのシンプルなステップを踏んで問題解決の道を進んでいくことに気づいたのだ。

　そこでひらめいたのが〝ギア〟だ。それはまさに彼らの体験していることを説明するのにうってつけだった。本書でも、このギアのたとえを実践的なフレームワークとして使うことにする。

● ファーストギア――自分の「不安の習慣ループ」の全体像を把握する。（PART1）
● セカンドギア――脳の報酬システムを利用して、不安やその他の習慣にシステマチックに対処する。（PART2）
● サードギア――神経回路の性質を活用して、不安と結びつく習慣（心配、先送り、自己批判など）から離れ、有益な新しい習慣（好奇心や思いやりなど）に入れかえていく。（PART3）。

一般的に言って、私の見たところ、みなファーストギアは（すくなくともコンセプトとしては）すぐに理解できるが、セカンドギアになるとすこし抵抗を感じる場合が多いようだ。とはいえ、ほとんどの人はすぐに上達してサードギアに移行し、そこから先は、楽しみながらスキルを磨き、つくりあげ、洗練させていけるようになる。ただ、一部にはファーストギアとセカンドギアでかなりの時間を費やさなければサードギアに進めない人もいる。ただし、そのときどきの位置に関係なく、どのギアでも前には進むので心配しないように。

では、いよいよこれから、さまざまな習慣ループから抜け出すのに必要な考え方と、実践的な練習方法を説明していくことにしよう。

Mapping Your Mind: First Gear

PART 1 心の習慣を見つめる

最初に戻ってやりなおすことはできないが、
今日からはじめて新たな結末をつくることはできる。
――――マリア・ロビンソン

第5章 マインドマッピング

あるアルコール依存症患者のケース

私の精神科外来は、不安と依存症が専門だ。ある患者の話をしよう。

ジョン（仮名）は60代半ばの男性で、アルコール依存症の治療のために、かかりつけの医師の紹介で私のところにやってきた。あきらかな依存症で、毎日6～8杯の酒を飲んでいた。飲みはじめたきっかけを尋ねると、自分は自営業をやっていて、山積みになった仕事のことで頭が一杯になる悪い癖があると言った。やり残した仕事のせいで不安になるようだった。その不安を鎮めるのに、仕事を片づけるのではなく、テレビや映画を見てしまう。そして1日の終わりに、何もできていないのに気づいてさらに不安になり、その気持ちを麻痺させるためにまた酒を飲む。

翌朝、二日酔いで目を覚ますと、自分を責め、今日こそは心を入れ替えようと誓うが、その意志の力はせいぜい1時間ほどしかもたず、すぐにまた同じパターンを繰り返してしまう（なぜ意志の力が上手く働かないのかについては次の章で詳しく説明する)。

そこで私はまず紙をとりだし、彼と一緒に飲酒の習慣ループを書き出した。

トリガー 午後遅くになると不安を感じる
行動 酒を飲みはじめる
報酬 感覚が麻痺する。忘れる。酔っ払う

この習慣ループは、紙に書けば単純だが、渦中にいるジョンにはそれがわからなかった。私は彼に、脳が学習と生存のためにこういうやり方をしているのだと話し、そこにはまってしまったからといって自分を責める必要はないと言った。

不安に苦しむ多くの人が、アルコールで気を紛らわせようとする。みなさんのなかにも高校のパーティーで初めてお酒を口にして、アルコールが緊張を解き、気分を楽にしてくれることを知った人は多いのではないだろうか。

基本的なことを2人で確認したあと、彼がおちいっている先送りのループを紙に書き出した。

トリガー 朝、自分がやらなければならない仕事の量を見て、不安になる
行動 先送りにする
報酬 しばしの逃避

ジョンの場合は、習慣ループの悪影響が深刻だったために、かかりつけの医師が私を紹介したのだった。彼はかなり太っていて（彼が飲むウイスキーは1杯100カロリー以上あり、アルコールだけで毎日1000カロリー近く摂取していた）、肝臓障害の兆候も見られた。仕事そのものは嫌いではなく、腕もよかったのに、作業が滞っているせいでビジネスはうまくいっていなかった。

しかし、習慣ループを一緒に書き出したことで、数分でジョンの態度は劇的に変化した。診察室に来たときは不安そうで、もう自分は変われないと絶望しているように見えたが、これまでに気づいていなかった、不安を感じると感覚を麻痺させるためにお酒を飲むという習慣ループを自覚したことで希望を取り戻したのか、表情に生気が戻った。

私の患者の多くは、自分の心の動きがわからないまま何年もさまよっている。そんな彼らが初めて自分の習慣ループを発見して理解する瞬間は、医者冥利に尽きる。それはまるで、暗い部屋のなかで自分の習慣を変えてくれるものを見つけようと歩きまわり、いろいろなものにぶつかっていたところに、誰かが突然明かりをつけて、心のブラックボックスを照らしてくれたようなものだ。

私はジョンに、家に帰ったら不安に関係する習慣ループをすべて書き出してみてくださいと指示をして、その日の診察を終えた。

習慣ループを書き出すことの効果

数週間後、ふたたび診察室を訪れたジョンは、腰をおろす前から、自分の心についてわかったことを興奮気味に語りはじめた。不安の習慣ループを把握できただけでなく、飲酒のせいで不安や健康問題が悪化する一方であることに気づいたという。二日酔いが不安を生み、仕事をやる気を奪っていることにも。そしてなんと、彼は酒をきっぱりやめていた。[1] いちばんの問題は不安であり、酒は役に立っていない。それどころか、状況を悪化させているだけなのがわかったからだ。

彼はまた、妻との関わり方についても、大きな習慣ループがあることに気づいた。ジョンはアメリカ人だが、妻は中国人で、お互いに異なる文化で育ったために、知らず知らずのうちにささいなことが不安を生むきっかけになっていたのだ。

全体として関係は良好だったが、妻はときおり声を荒げることがあった。これは彼女の育った文化のなかでは当たり前の行動だったが、ジョンにとってはそうではなかったため、彼を不安にさせた。なにげない会話でも、妻が何らかの理由で興奮して声のトーンを変えるだけで、ジョンの不安のトリガーが引かれてしまう状態だった。

トリガー　妻の口調が変わる
行動　なにか対立があるのではないかと心配になる
結果　不安になる

ジョンはこの発見にとても興奮していた。というのも、長年にわたって、これが2人の争いの種になっていたからだ。妻の声音《こわね》が変わると、不安になったジョンは怒鳴りつけてしまう。すると、なぜ怒鳴られたのかわからない妻が混乱して、反射的に言い返す。あとはその繰り返しだ。

トリガー　不安になる
行動　妻に怒鳴る
結果　夫婦喧嘩

こうした一連の習慣ループを書き出したら、妻との関係がとても良くなった、とジョンはうれしそうに報告してくれた。ループを把握するだけで、そこから抜け出すことができたのだ。だが、それで終わりではない。得られた洞察にもとづいて、ジョンは新たな行動に取り組んだ。自分には、妻が興奮して声を荒げると過剰に反応する癖があることを思い出し、深呼吸をして冷静に応じるようにした。すると不安が膨らむことがなくなった。

このジョンの話は、「ファーストギア」のいい例だ。まずは習慣のループのせいで嫌な感情が起きるところにはまっていることを自覚する。そして、個々の要素がどのように組み合わさって、影響しあっているかを把握する。ただし、習慣のパターンを自覚するだけで、そこから抜け出して大きな成果が出ることもあれば、ちょっとした手助けが必要な場合もある。

ファーストギア

あなたはこれまで、悪習慣から力ずくで抜け出そうとして何度も失敗してきたかもしれない。だが、その習慣の根底にある仕組みがわからなければ、直せるはずがない。まずは習慣ループを把握することが出発点なのは間違いない。この確認作業が「ファーストギア」だ。

> ファーストギア
> 習慣ループの全体像を把握し、ループを構成する「トリガー（trigger）」「行動（behavior）」「結果（result）」の3要素をあきらかにする

3要素の最後の「結果」は、脳科学の用語では「報酬（reward）」と呼ばれる、「ある時点ではご褒美（報酬）を与えてくれるような行動の結果」を意味する。だからこそ報酬ベースの学習によって行動が強化されるわけだ。だが、その行動はすでに現時点では報酬を生むようなものではなくなっているかもしれない。そのため本書では「結果」という言葉を使っている。

ファーストギアについて理解できたら、いまから数日間、あなたの不安やその他の習慣ループについて、TBR（T＝トリガー、B＝行動、R＝結果）を書き出して、どれだけ状況がはっきり見えてくるかを確認してみよう。

ファーストギアの段階では、習慣を変えることは考えなくていい。まずは心の動き方を知ることが変化の第一歩だ。焦ってはいけない。私のウェブサイト（www.drjud.com/mapmyhabit）からマインドマッピングに使えるテンプレートをダウンロードしてもいいし、ジョンのように紙に3つの要素を書き出すというシンプルな方法でもかまわない、まずは、いちばんわかりやすい習慣のマッピングから取りかかろう。

物事を頭で、概念として理解するのは、悪習慣を克服するための最初の一歩にすぎない。ファーストギアはあくまでも始動のためのギアだ。習慣がどうつくられ、生活にどのような影響があるかを知識として理解することで、セカンドギア、サードギアへと進むために必要な道具がそろうことになる。

ジョンのケースを見れば、習慣ループを書き出すのはそれほど難しくないと思えるのではないか。一度ループをはっきり認識できたら、その後は嫌でもそれが見えるようになる。実際、たいていの患者は習慣ループをすぐに把握できる。新しい患者が私のクリニックに来たり、アプリを使ったマインドフルネスのトレーニングをはじめたりすると、ジョンのようにいくつもの習慣が折り重なっていることに気づくケースも珍しくない。

だが、心の働き方を知って興奮するあまり、それをすぐに直そうとする落とし穴にはまりがちなので、その点には注意が必要だ。それは、車から異音がするので整備工場に持ち込んだもののの、不具合の箇所が見つかった段階で自分で直せる気がして、車を引き上げて自宅でいじりはじめるようなものだ。するとどうなるか？　もともとの故障箇所にくわえて、自分が下手にいじって壊したところまで直してもらわなくてはならなくなる。この罠にはまってはいけない。この余計な問題をもたらす習慣ループもマッピングしてみよう。

トリガー　習慣ループが見えはじめる
行動　過去に試したことのある、自分なりの方法でそれを修正しようとする
結果　予想に反して、それはうまくいかない

このあきらかに報われない習慣のループがどうやってつくられるのかはあとの章で説明する。また、これ以外にも、イライラしたり、自己批判をしたりといった役に立たない習慣のループを強化してしまうこともありえる（その対処法を説明するパートも設けてあるのでご心配なく）。不安を克服し、習慣を変えたければ、そうなってしまった脳のメカニズムを知る必要がある。「自分で習慣を直そうとしてしまう習慣」についても同じことだ。

「ワックスかける、ワックスとる」

子どもの頃、私は『ベスト・キッド』という映画が大好きだった。私自身、転校が多かったので、不良たちにいじめられるラルフ・マッチオ演じる転校生、ダニエルにすごく共感できた。最終的に自信を身につけたダニエルが射止めるヒロインのアリ（エリザベス・シュー）と、デートしたいと思わない10代の少年がいただろうか？

自分の身を守るために武道を習おうとするダニエルに、ミスター・ミヤギ（パット・モリタ演じるダニエルの師匠）は、空手の本を渡し、それについてレポートを書かせる。

ダニエルは空手を習えると思って、興奮してミヤギのもとにやってきた。だがミヤギは、知識だけを得て興奮し、やり方を理解しないまま行動してしまう心の落とし穴を知っていた。ブルース・リーの書いた本を読んだからといって、すぐに外に出てブルース・リーになれるわけではない。魔法の杖を一振りしたら、コンセプトが実際の知恵に変わるわけではない。知識は、トレーニングに励むという経験によってノウハウに変えなくてはならない。

有名な「ワックスかける、ワックスとる」のセリフとともに、ダニエルはペンキ塗りや車磨きをするが、それが報われるのは、頭でっかちにならずに体を動かす訓練をしろというミスター・ミヤギの意図に気づいたときだった。師匠は、空手のことはわかったと勘違いして、映画で見た武道家の真似をする落とし穴にはまらないようにしてくれたのだ。ミスター・ミヤギは、ダニエルに知識を行動に変える方法を教えていたのである。

あなたは、以下のような習慣ループに覚えがあるだろうか？

トリガー　不安解消の方法が書かれた本を見つける
行動　その本を読む
結果　コンセプトを理解するが、習慣は変わらない習慣を変えるにあたって、概念的な知識は重要だ。自分の習慣をマッピングしたら（紙に書き出したら）、次はそのコンセプトを実行に移すことになる。マッピングしただけで習慣が改まるわけではない。たしかに、ジョンのように、マッピングしただけで目覚ましい効果が出ることもある。実際、私の10分のTEDトーク（「悪い習慣を断ち切るシンプルな方法」）を見て、禁煙ができた、大学での学業における先延ばし癖が直った、という感謝のメールも数多く届いている。だが、物事がいつもそんなに単純なら、悪い習慣を変えようとして苦しんでいる人はみな、あの短い動画を見るだけで悪癖を払い落とし、振り返ることなく先に進めるはずだろう。たしかにTEDの講演はインスピレーションや情報を与えてくれるが、あくまでそれだけであることが多い。まともな結果を出すためには我慢強くプロセスを踏む必要がある。

誰にでも長年の習慣というものがある。それをマッピングしてメカニズムを理解することは、変化への最初の一歩だとしても、それだけで習慣が変わることはまれだ。経験を通して体で理解しなければ、習慣を変えることはできない。

だからこそ本書でも最初の3分の1を、習慣を把握する方法の説明に費やしている。そこを飛ばして解決策に飛びつこうとしないでほしい。さもないと、自己流のやり方で習慣を変えようとするという心の罠にはまってしまう。「ワックスかける、ワックスとる」の練習を積もう。経験を通してその過程を学ぶことが絶対に必要だ。

幼稚園のような授業

私は以前5年間にわたって、イェールの医学生たちに、患者の禁煙を手助けする方法を教えたことがある。

その内容は先輩の精神科医から受け継いだもので、その人は自分が学んだすべてのことを、たった45分の講義にまとめていた。そして実のところ、医学生が4年間のメディカルスクールで、患者の禁煙を手助けする方法を学ぶのはこの45分間だけだった。

その講義を私がやることになった。講義を有益でインパクトのあるものにするには、学生たちが内容を記憶し、自分の方法として定着させ、実際に使おうと思ってくれるものにしなければならない。

そこで思いついたのが、声に出して復唱させることだった。私は大真面目に「じゃあ、私のあとにつづけて、いまから言うフレーズを繰り返してください」と指示した。楽しい方法ではなかったが、学生に居眠りさせずに学ばせるにはいちばんだと思ったのだ。

では復唱して――「担当医として、今日お伝えするもっとも大切なことは、禁煙はあなたの健康にとって最良の方法だということです」

このメッセージを伝えることが、患者の禁煙を支援するうえで、当時私たちが知っていた最良の方法だった。

次はメッセージを伝えるときの注意点。はい復唱して――「はっきりと、力強く、それぞれの患者にあわせた言い方で禁煙を促すこと」

そして患者への問いかけ。はい復唱して――「あなたは、タバコをやめる気はありますか？」

メディカルスクールの教員が幼稚園児に教えるようなやり方をはじめたのに驚いたのだろう、ほとんどの学生たちは私の言うフレーズを、気の抜けたような声で繰り返すだけだった。そこで彼らの興味をひくため、どれだけフレーズを速く言えるかタイムを測ったりもした（ちょっとした競争が嫌いな人はいないだろう）。

ちなみに、その講義から10年以上経っているが、いま唱えたフレーズは、いまも患者を禁煙させるための「ゴールド・スタンダード」のままだ。嘘だと思うなら、ぜひ調べてみて欲しい。

知識を体に染み込ませるのに、反復にまさる方法はない。私は限られた時間のなかで、学生たちには可能なかぎりこのフレーズを繰り返してもらいたかった（もちろんほかのこともきちんと教えたうえでの話だが）。

とは言え、習慣を変えるのに、もっといい方法があってもいいはずだ！

たしかに習慣を変えるのは大変だが、無味乾燥のつまらない、苦痛な作業である必要はない。

ではここで、復唱してみよう。

「習慣を変えるのは大変だが、無味乾燥のつまらない、苦痛な作業である必要はない」

「習慣を変えるのは大変だが、無味乾燥のつまらない、苦痛な作業である必要はない」

ちゃんと定着するようにもう一度。

「習慣を変えるのは大変だが、無味乾燥のつまらない、苦痛な作業である必要はない」

いまあなたは、習慣を変えるためのとても重要な知識を頭に入れた。次のステップは、脳の習慣形成装置をハッキングし、その仕組みに抗うのではなく、その装置が持つ力を利用する方法を知ることだ。そうすれば、心の筋肉が痛むことも、傷つくこともなくなる。

習慣を変える「英雄の旅」に出よう

ヒットした映画や小説は、話の展開《ストーリー・ライン》が神話の主人公がたどる「英雄の旅《ヒーローズ・ジャーニー》」に沿う形になっていることが多い。「英雄の旅」というのは、太古の昔から世界中の英雄譚に共通して見られるパターンで、1949年に神話学者のジョーゼフ・キャンベルが理論化したものだ。

エンターテイメントの世界では、その構造は、フック（大きな問題の提示と、それをどのようにして解決するかに興味を持たせること）をつくり、物語に説得力を持たせ（緊張、葛藤、絶体絶命などなど）、よい結末や解決（必ずしもハッピーエンドとは限らない）を迎えるようにするための基本的な公式とされている。私たちが好きな映画の続編を見たいと思ったり、ハリー・ポッターの続巻が読みたくなるのも、「英雄の旅」によって脳が報酬ベースの学習をするからなのかもしれない。

トリガー　緊張
行動　葛藤などの要素を含む英雄の旅
結果　解決

よくできた物語が終わると、私たちは〝おかわり〟が欲しくなる。

この公式は、ネットフリックスやアマゾンなどでの〝いっき見〟が当たり前になった現代にもあてはまるが、そこにはすこしひねりが加わっている。たとえば『ゲーム・オブ・スローンズ』のように、全体が巨大な連作となっていて、各シーズンが終わるごとに視聴者を呼び戻す必要がある場合、どうすればいいか？　そう。「解決」にあたる部分で話を終わらせず、次のようにすればいいのだ。

トリガー　緊張感
行動　葛藤などの要素を含む英雄の旅
結果　解決なし

「解決」がないという宙ぶらりんの状態は、ハイキングの途中で休憩していたら、座っていたのが蟻塚の上だったと気づくようなものだ。じっとしていられないほどのむずがゆさを感じたとき、脳は緊急警報を発令する。「火事だ！　火を消せ！」。すると幸いにも、ネットフリックスとその共謀者たちが、「次のエピソードを見る」という〝消化器〟を手の届くところに用意してくれているのが目に入る。実際、あなたが待ちきれなくなることは彼らには想定済みで、手を動かさなくても、かわりにボタンを押してくれることすらある。

さて、習慣を変えるための現実の旅でも、必要な要素は「英雄の旅」と同じだ。

- **物語の主人公　もちろんあなた自身**
- **プロット　あなたのなんらかの習慣**
- **陰謀　なぜストレスを感じるとカップケーキを食べるのか？**
- **緊張　本当にその習慣を変えられるか？**
- **解決　大丈夫。あなたはできる！**

あなたは本書を通じて、このストーリーラインに沿って確実に進むことができる。だからこそ、注意深く丁寧に自分の習慣ループを書き出さなければならない。

「ベスト・キッド」のダニエルが、ワックスがけやペンキ塗りがとくに好きなわけではなかったように、あなたも自分の心のマッピングを単純で退屈な作業だと思うかもしれない。たしかに楽ではない。だが、この作業はあなたが英雄の旅をするうえで欠かせない。このステップを踏むからこそ、最後には語るに値する真実の物語を手にすることができるのだ。

第6章 意志の力に頼るな

「新しい脳」に仕事をさせよう

さて、脳の働きの本質がある程度わかったところで、具体的な解決策について考えてみよう。心理学者や治療の専門家たちは、不安や過食、先延ばしなどの有害な習慣を断ち切るための戦略をいくつか示してきた。ただ、そうした治療法の効果のほどは、個人の遺伝子に左右されることが多かった。だが、幸いにもそれとは別の――古くから伝わるとある方法で、古い脳と新しい脳を連動させ、生まれつきの遺伝子とは無関係に悪い習慣を打ち破れることを、現代の科学はあきらかにしつつある。

そこでまずは、前にとりあげた古い脳と新しい脳に話を戻そう。古い脳は、われわれの生存を助けるのに好都合なように設定されていることを思い出してほしい。脳には、「報酬ベースの学習」を行う仕組みと、学んだことをできるだけ速く〝筋肉メモリー〟に移す仕組みが備わっている。言い換えると、脳は何かを学んだら習慣化して体に覚えさせ、脳の記憶容量に空きをつくって、新しいことを学ぶためのスペースを確保しようとするということだ。

朝目覚めるたびに、ベッドから起き上がり、服を着、歩き、食べ、話す方法を学びなおさなければならないとしたら、きっと昼になる頃には疲れ切っているはずだ。だが、脳が〝習慣モード〟になっていれば、何も考えずに行動できる。

古い脳が新しい脳に、「心配しないで。ここはぼくに任せて。きみは、ここでエネルギーを使わず、他のことを考えればいいんだよ」と言っているようなものだ。この役割分担は、前頭前皮質をはじめとする新しい脳が思考や計画の能力を発達させることができた理由の1つだ。

だが同時に、これはマッピング作業をおこなっても古い習慣が簡単には消えない原因でもある。クローゼットに空きスペースがあるうちは、楽しい週末を使って、要らなくなった古着の整理をしようとする人はいない。片づけるのは、ギュウギュウ詰めになってからだ。脳も同じように、本当に危険なレベルになるまで、要らなくなった習慣に手を付けようとしない。

本当は新しい脳は、次の休暇の計画を立てたり、メールに返信したり、慌ただしい世の中で穏やかに過ごすための最新テクニックを学んだり、流行りの栄養素について調べたりといった、より重要なことに能力を使いたいと思っている。

それに新しい脳には、思考や将来の計画を立てるときだけではなく、衝動をコントロールする際にも働いてもらわなくてはならない。古い脳はつねに飢えることを心配する〝欠乏モード〟で動いている。ドーナツを見れば、「食べてカロリーを摂れ！　生き残るためだ！」と考えて、反射的に飛びつこうとする。コロナウイルスのパンデミックがはじまった頃、トイレットペーパーや小麦粉、パスタといった品が異様に売れたのを覚えているだろうか。店に入って、他の人がカートいっぱいに商品を投げ込んでいるのを見れば、古い脳の働きで、つい棚の商品に手を伸ばしてしまう。

だがここで新しい脳が古い脳に言う。「ちょっと待って。いまランチを食べたばかりじゃないか。体に悪いし、お腹も空いてないだろう」。あるいは「トイレットペーパーは家にたくさんあるよ。別にいま買い足す必要はない」と。

新しい脳は、デザートの前に野菜を食べなさいと促してくれたり、新年の誓いを守るのを助けてくれたりする理性の声だ（皮肉なことに、失敗したときに自分を断罪する内なる声でもあるのだが、それについては12章で述べる）。

さて、それでは、不安に対処したり、染みついた悪癖を取り除くのに有効だと考えられている（もしかしたらあなたもすでに試したことがあるかもしれない）方法について、それが機能しない理由も含めてお話ししよう。これは、そうした方法が、何かを過度に心配することをはじめとする不安の習慣のループに、どのように適用されてきたかを理解するための基礎となる。

意志の力で克服する――失敗する方法①

意志の力を使えば、新しい脳が古い脳に「あっちに行ってろ！」と命じて、ハンバーガーではなくサラダを注文できる。不安なときには、自分を落ち着かせて、リラックスさせることもできるはず。それが意志の力というものだ、とみな思っている。

だが、そこには2つの大きな〝ただし書き〟がつく。

まず第1に、最近の研究で、意志の力はこれまで考えられてきたようなものではないという疑いがあがっている。[1] そのなかには、意志の力は一部の幸運な人にだけ遺伝的に備わっているとするものもあれば、意志の力の存在自体がたんなる神話だとするものもある。[2]

意志の力は実在すると認めた研究でも、それだけで自らの掲げた目標を達成するのは難しく、むしろ努力すればするほど消耗を感じるという結果が出ている。[3]

要するに、歯を食いしばり、「行動あるのみ」と自分を無理やり奮い立たせるのは、短期的には効果があっても（あるいは何かをしている気にはさせてくれても）、長い目で見ると、ここぞというときに役に立たず、逆効果の可能性さえあるということだ。

第2に、意志の力は通常の状態では問題ないかもしれないが、ストレスがかかると（サーベルタイガー、上司からのメール、配偶者との喧嘩、疲労、空腹など）、古い脳が優位になり、新しい脳の決定を覆す。ストレスがなくなるまで、基本的に新しい脳はシャットダウン状態となる。[4]

そして必要とされるまさにそのとき、前頭前皮質（つまり新しい脳）が発動すべき意志の力は働かず、古い脳は気分をよくしようとしてあなたにカップケーキを食べさせる。新しい脳との接続が回復するのはすべてが終わったあとだ。

考えてみれば、前頭前皮質は脳の中でもっとも若く、進化論の観点から言えばもっとも未発達の、もっとも弱い部分だと言える。つまり、われわれは誘惑に抵抗するという重責を、頭の中のもっとももちっぽけな部分に押し付けているわけだ。多くの人が罪悪感にさいなまれているのも無理はない。ほとんどの場合、意志の力の欠如は自分のせいというよりも、脳の仕組み（あるいは進化のプロセス）に原因があると言えるだろう。

よって、意志の力で不安に対処するのは、一見筋が通っているようだが、たいてい狙いどおりにはいかない。私の友人のエミリー（たとえそれが現実のものであれ想像上のものであれ、いかなる混乱におちいってもそこから抜け出す方法を見つけ出せる、あの超有能な弁護士）（30ページ参照）は、パニック発作が起きたとき、自分にこう言い聞かせる。「死んでしまうかもしれないって思っているけど、大丈夫。これは脳が自分をからかっているだけ。だから、次に何が起きるのかは自分次第」と。だが彼女は、高度に鍛えられた脳を意のままに制御できる特別な人だ。

もし他の人たちがみな、不安が頭をもたげたときに、「不安になるな」と自分に言い聞かせるだけですむなら、私は喜んで他の職業に就くだろう。じつのところ私たちの脳はそのようには動かない――とくに、つらい状態を切り抜けるにあたって正しい道を示してくれるはずの部位が、ストレスや不安によってシャットダウン状態になってしまっているときには。信じられない人は、次に不安に襲われたとき、ただ「落ち着け」と自分に言い聞かせて、どうなるか見てみればいい。さらに負荷を重くしたければ、両親の厳しい声でそう言われることを想像してみよう。

代わりになる別のものを求める――失敗する方法②

Xが欲しくてたまらないときに（渇望）、Yを手に入れることで自分を納得させる。この「代替」という方法も、意志の力と同じく、新しい脳に頼っている。

この戦略には多くの科学的裏づけがあり、依存症の治療法として精神医学でよく用いられるものの1つではある。禁煙中にどうしてもタバコを吸いたくなったら、マッチを擦るかわりにキャンディを舐めるというのがその例だ。

ただ、これは一部の人には有効なものの（そして、私も研修医時代にこの方法を習ったが）、私の研究室の実験だけでなくほかの人の調査からも、このやり方では、欲しくてたまらないという渇望そのものは取り除けないという研究結果が出ている。つまり、習慣ループ自体はそのままで、「行動」の部分がいまよりは多少健康的な何かに置き換わるだけだ（キャンディが健康的かどうかについては異論があると思うが）。しかしループは残っているので、将来的に元の習慣に戻ってしまう可能性が高い。

この戦略は、ストレスや不安に対処する方法としても推奨されている。不安を感じたら、ソーシャルメディアにあがっているかわいい子犬の写真を見て気を紛らわせよう、というわけだ。われわれが開発した不安解消アプリの使用者のなかには、わざわざ検索しなくても済むように、ボットを使って子犬の画像を自動でリツイートする設定にしている人もいる。ツイッターにアクセスするだけで、子犬の姿を無限にスクロールして見ることができるわけだ。だが、それでもその人の不安と先延ばし癖は解消されなかった。ＰＡＲＴ3で触れるが、私たちの脳はこうしたやり方に飽きてしまうのである。

悪習慣の対象を遠ざける──失敗する方法③

どうしてもアイスクリームの誘惑に負けるなら、最初から冷蔵庫に入れないでおく、というのがこの方法だ。このやり方にもあの悩ましい新しい脳が関わっている。

この方法に関する複数の研究によれば、自制心の強い人は、そもそも個々の場面で自分を律する決断を下す必要がない生活を送っていることが多いという。[5] 毎朝の運動や、スーパーで健康的な食品を買う習慣ができているので、健康を維持し、栄養のバランスのとれた食事をつくるのが当たり前になっているので、崩れることがない。

ただし、これにも2つのただし書きがある。

- 健康的な習慣を実際に身につける必要がある。
- 古い習慣のほうが新しい習慣よりも脳に深く刻まれているので、1回でもパターンが崩れると、元に戻ってしまいがち。

これは私のクリニックでもよく見られる現象だ。このやり方をしばらく試しても、患者は結局、タバコや酒、ドラッグに戻ってしまう。アルコールのない無人島や飲酒に厳しいユタ州にでも行かないかぎり、車で酒屋の前を通らないようにするのは至難の業だ。

スポーツジムが年の初めに会員募集キャンペーンをすることが多いのもこのためだ。入会したあとしばらく通うだけで長続きせず、数週間が経つ頃には、寒かったり雨が降ったりしてさぼりはじめ、そのまま完全に来なくなって、トレーニング器具をほとんど汚すこともないまま去っていき、翌年1月になると緩んだ体に罪悪感を感じてジムに舞い戻るというパターンを繰り返す。そうした人が多いことを知っているからだ。

だいたい、前もって環境を整えるという戦略で、アイスクリームならともかく、不安に対処できるのだろうか？　不安を冷蔵庫に閉じ込めておくことはできないし、仕事で疲れて家に帰る途中に、〝不安のデパート〟が取り揃える31種類のフレーバーのうちの1つを思わず手に取ってしまう気持ちを抑えることはできない。家に閉じこもって不安を遮断する？　そうしたところで不安がやってきてドアをノックするだろう。

マインドフルネス――成功する方法

ジョン・カバット・ジンは、西洋のマインドフルネスの達人としてもっとも知られている人物だろう。70年代の後半、瞑想をしていた彼の頭に、医療の現場で使える8週間のマインドフルネスプログラムを開発するというアイディアが浮かんだ。こうして「マインドフルネス・ストレス低減法」が誕生し、その後40年間、世界でもっともよく知られ、かつ研究されたマインドフルネスのコースとなった。

カバット・ジンはマインドフルネスを次のように定義している。

マインドフルネス――
いまという瞬間に、意図的に、しかし何かを判断することなく、注意を向けることで生まれる気づき。

そして、マインドフルネスにとって「気づき」と「好奇心」が重要だと指摘している。その意味するところをすこし紐解いてみよう。

気づき

前にも述べたように私たちの古い脳は、正の強化と負の強化に反応して行動を決定し、その行動を習慣に変えるのが得意だ。したがって、なんらかの行動について、自分がそれを習慣として行っていることに気づかなければ、私たちは無意識のうちにそれを繰り返すことになる。カバット・ジンはこれを「自動運転《オートパイロット》」と表現している。

同じ道を何千回も走っていれば、その行程はきわめて習慣的なものになる。運転中に他のことを考えていて、職場からどうやって家に帰ってきたのか覚えていないという経験がある人は多いだろう。魔法でも使ったのだろうか？　そうではない。それが習慣になっていたからだ。

マインドフルネスを通じて気づきを得ると、古い脳のボンネットを開けて、そこで何が起きているのかを観察できる。運転中にヒヤリとしてはじめて習慣ループから目覚めるのではなく、ループが作動しているときにループを認識できるようになる。

習慣モードから抜け出せれば、新しい脳に、本来の仕事である合理的で論理的な判断をさせることができる。

好奇心

自動運転の最中に習慣ループに気づけば、そのとき起こっていることに好奇心を持てる。なぜ自分はこんなことをしているのだろう？　何がこの行動のトリガーになったのか？　この行動からどんな報酬が得られるのか？　自分はこの習慣を続けたいのか？

最初は不思議に思えるかもしれないが、好奇心は、気づきと組み合わさることによって、習慣を変える鍵となる。これは私だけでなくほかの研究者の調査でも裏づけられている。

また、好奇心はそれ自体が強力な報酬にもなる。あなたは何かに好奇心を持ったときの感覚を覚えているだろうか？　それはとてもいい気分で、たまたま目に入ったドーナツに飛びついてあとから罪悪感を覚えるより、そのほうがずっと心地よいという合図を古い脳に送っていたはずだ。

アイスクリームをむさぼっている途中でふと我に返ったとしよう。自己嫌悪と自責の念にとらわれるのと、そんな自分の行動に気づき、なぜこんなことをしたのかという好奇心をもって観察し、心の状態を知るためにマッピングするのとでは、どちらが習慣を変えるのに適しているか、言うまでもないだろう。

好奇心は心を開いて変化を受け入れるための鍵となる。そのことを、スタンフォード大学の研究者キャロル・ドウェック博士は、かなり前から「固定マインドセット」と「成長マインドセット」という概念を用いて説明している。[6] 要するに、（自己批判を含めた）古い習慣ループにはまっているとき、私たちは成長することができないということだ（私の実験室では、2つのマインドセットに脳のどの部位が関わっているか綿密な研究をおこなった）。

マインドフルネスについての科学的研究はまだ初期段階だが、いくつか一貫した結果が出ている。複数の研究から、マインドフルネスは報酬ベースの学習の鍵となる重要な要素にとくに影響を与えることがわかっている。

たとえば私の研究室では、喫煙者が習慣ループを把握してタバコを吸いたくなる気持ちを抑えるうえで、マインドフルネスが大きな効果を発揮することを発見した。彼らは自分のなかにタバコへの渇望があるのに気づき、それを自分の体や心がどう感じているかに興味を向けることで、習慣的な喫煙から抜け出せたのだ。習慣のループを壊すこのやり方によって、現在の標準的治療法の5倍もの禁煙率を達成できた。[7]

私の研究室ではさらに、人々がループが動くプロセスを自覚して、そこにマインドフルネスのテクニックを適用すると、行動に大きな変化が生じることも発見した。要は、何かに注意を向ける方法を学ぶことで、喫煙だけでなく食べすぎや不安そのものに対する行動をも変えられるわけだ（私たちの臨床実験の結果がこれを裏づけている）。

「考えなしに何かするくらいなら、じっとしていろ！」

こうした変化は私自身の人生にも顕著に表れている。本書の冒頭で紹介した「無知であるほど、多くを語る」（7ページ参照）という格言から、当然に導かれる行動原則がある。それは「わからないなら、何もせずにじっとしていろ」というものだ。これは逆説的だがシンプルかつパワフルな原則であり、私はこの言葉から個人としてもプロフェッショナルとしても大きな影響を受けてきた。

たとえば、患者が診察室で不安を訴えるとき（たんに何があったかを話したり、これからのことについて相談するだけでもこうした状況は起こりうる）、「社会的伝染」によって私も同じような状態になることがある（「これは大変だ……自分はこの人を助けられるだろうか？」）。そうなってしまうのは、不安の底なし沼に足をつっこむと、前頭前皮質がうまく働かなくなり、自分自身の不安に習慣的に反応し、それをかき消すために安易に患者を〝治そう〟としてしまうからだ。

これは往々にして事態を悪化させる。患者は、医師が自分のことをわかってくれたとは感じないだろうし、2人とも知らず知らずのうちに医師の不安の方に気をとられてしまっているため、患者の不安の原因などわかるはずもなく、よい解決策が出てくるはずもない。

「わからないなら、何もせずにじっとしていろ」という原則は、「〝ただそこにいる〟のも1つの行為」であることを意識させてくれる。その場にいて患者の言葉にしっかりと耳を傾け、共感し、理解し、心を通わせるのが、その瞬間における最良の選択である場合が多いということだ。

私がこの言葉が好きな理由をもう1つつけくわえるなら、〝何かする〟ことを促す意志の力の習性自体が、意図は正しくても道を誤りやすい習慣ループの一種なのを思い出させてくれるところだろう。観察こそが本当に必要な唯一の〝行動〟であり、皮肉なことに、この場合何もしないのが一番効果的なのである。

ここで不安の習慣をマッピングするための質問をする。

もしあなたが、これまでに習慣を変えようとした経験があるなら、試した方法をすべて振り返ってみてほしい。効果的だったのは何だったか？　逆にうまくいかなかったのは？　その成功例や失敗例は、ここまでこの本を読んで理解した脳の働き方（とくに報酬ベースの学習）と整合しているか？

習慣を変えることにはじめて取り組む人のほうが、「悪い癖を無理やり変えようとする悪い癖（つまり過去に上手くいかなかったにもかかわらず何度も繰り返してきたやり方）」がついていないので、良いスタートがきれる。流れにそって、自分がいま持っている習慣ループのマッピングをしていけばいい。あせってそれを直したくなる衝動に注意しながら、マッピングを続けよう。まずは「ワックスかける、ワックスとる」の練習を積むのだ。

第7章 不安をめぐるニセ科学

運転中のパニック発作が怖い

私の患者の1人であるデイブ（仮名）は、初めてクリニックを訪れたとき、ここ1、2年で高速道路を走っているときにたびたびパニック発作を起こすようになったと訴えた。

何の気なしに運転している最中に、突然、時速100キロで車を走らせるのがいかに危険なことかと考えはじめてしまうという。彼は、「ハイウェイを飛ぶ巨大な弾丸のなかにいるような気持ちになるんです」とその感覚を表現した。そして、ひどいパニック発作がはじまり、高速道路の脇に車を停めなければならなくなってしまう。

気の毒なことに、パニック発作が起きるのは運転中だけではなかった。ある夜、ガールフレンドと一緒に寿司屋に行った彼は、突然自分が魚アレルギーかもしれないと疑いはじめた。あまりに不安が強くなったので、その店を出てしまった。道理に合わないのはわかっていた。それまで魚アレルギーなどなかったし、ちょうどデートの日に発症するなんてまずありえない。だが、そうした理性も、「つべこべ言うな。危険だ！　いますぐ避難しろ」という内なる声には勝てなかった。

さらにデイブは、子どもの頃から不安がなかったときは一度もない、とも言った。20代の頃には酒を飲んでみたこともあったが、かえって気分が悪くなった。病院で薬を処方してもらっても、怖くて飲めなかった。心理学者やセラピスト、はては催眠術師にまでかかったが、どれも効果はなかった。

彼なりにたどり着いた不安への対処法は食べることだった。不安になると何かを食べたくなり、食べると一時的に気が紛れて不安から目をそらすことができた。だが、この習慣ループのせいで大幅に体重が増え、ついには高血圧、脂肪肝、重度の睡眠時無呼吸症候群になってしまった。

トリガー　不安
行動　食べる
結果　数分のあいだ、不安から気をそらすことができる

40歳になった彼は、全般性不安障害とパニック障害と太りすぎに苦しんで私のクリニックを訪れた。その頃は不安がひどく、怖くてベッドから出られないような日が続いていた。私と会うまで、デイブは自分に希望をもたらしてくれるものは何かないかと、必死に探しつづけていた。

初めての診察日に、私は白紙にトリガー、行動、報酬という言葉を三角形をつくるように書

き、「トリガー↓行動↓報酬↓トリガー」と循環するように矢印でつないだ。そしてその紙をデスク越しに差し出しながらデイブに尋ねた。「どうです？　この図は合っていますか？『もしかしたら自分は魚アレルギーかもしれない』といった恐ろしい考えが浮かぶ（トリガー）。それがきっかけになって、その場を離れようとする（行動）。その後、気分が良くなる（報酬）という流れです」

「はい」とデイブは答えた。

「脳があなたを守ろうと思ってつくったこの習慣ループが、実際には不安やパニックのもとになっているのでは？」

「たしかに、そういうことでしょうね」

私に会ってわずか数分で、デイブは、自分の脳のサバイバル・システムが乗っ取られて、人生が自己増殖的な終わりのない不安のサイクルに変わってしまっていることを理解した。不安が、心配や回避といった行動のきっかけとなり、それがさらなる不安と回避行動を呼ぶ。そのうえ、〝対症療法〟である過食のせいで、肥満と高血圧になってしまっている。

そこで私はデイブに、「不安に関する習慣ループを書き出す」という簡単な課題を与えて家に帰した。不安のきっかけは何か？　そのあと起きる行動は？　その報酬は？　私は彼にそうしたすべての要素を確認したうえで、自分がその行動から何を得ているのかを観察してほしかったのだ。

習慣ループを書き出すことのメリット

デイブの治療においては、クリニックでの診療以上に、課題として与えた「不安に関する習慣ループを書き出す」という部分が重要だった。

私たちの脳は報酬ベースの学習によって習慣ループを形成する。つまり、ある行動をしたとき、やってよかった、報われた、と感じたら、脳はそれをもう一度やろうとする。デイブが恐ろしい状況から逃げだそうとするのも、気を紛らわせるために食べるのも、そうすることでなんらかの報酬を得ているからにほかならない。

たとえその報酬が道理に合わず、長い目で見るとまったく役に立たないものであっても、そのせいでデイブは習慣ループから抜け出せなくなっていた。

将来、ある行動が繰り返されるかどうかを決めるのは、それがどれだけの報酬をもたらすかであって、行動そのものの良し悪しではない。言い換えれば、行動それ自体は行動の結果ほど重要ではないということだ。

患者の問題行動を特定して、それをやめるよう助言するだけで解決するのなら、私はとっくの昔に失業していただろう。「やめればいいだけ」と力んでも効き目がないのには、ちゃんとした理由がある。私は長年にわたる研究と臨床経験から、いわゆる「意志の力」は、実際の心の筋肉ではなく、たんなる神話にすぎないと確信している。

ここでデイブの話を持ち出したのは、習慣ループを書き出すのは、単純だが重要なステップであることを示す良い例だったからだ。あまり時間はかからないし、精神科医や精神分析医の予約を取る必要もない。ただ習慣ループを意識するだけでいい（しかもタダでできる）。

たとえば、会議で間違ったタイミングで発言してしまうという習慣ループがあるのなら、実際に話に割り込む前に、心の中でそれをマッピングすれば、何が起きているのかに気づくことができる。

トリガー　「自分にはすごいアイディアがある」という思い
行動　誰かが発言していてもそれをさえぎって自分の考えを述べる
結果　会議の流れが壊れる

本書ではこの先、折に触れて、デイブの話の続きを振り返る。あなたが自分の心と協力する方法を学ぶごとに、同じような形でマッピングを通じて心に働きかけ、進歩していくデイブの姿も参考にできるようにしておこう。

不安やその他の習慣ループは、その存在に気づくまで、あなたをコントロールしつづける。主導権を取り戻すための第一歩は、ただそれに注意を向け、紙に書き出してみることだ。マッピングをするたびに、自分がどこに向かっているかがはっきりし、自動運転モードは解除され、ハンドルを取り戻せるはずだ。

ここで一言注意をしておくと、マッピングするときには、すべてのトリガーを見つけようとする必要はない。マッピングではトリガーに気をとられがちで、習慣を変えるのに本当に役に立つポイントを外してしまいがちだ。その原因は、ループにはまってしまったそもそもの理由を見つけようとして力みすぎるところにある。

それは、いつからケーキが好きなのかを突き止めれば「ケーキを見たら食べたくなる」習慣が消えると思って、過去の誕生日パーティーを順に振り返るようなものだ。だが実際は、ある行動が習慣になった理由がわかっても、ただちにそこから抜け出せるわけではない。

さらに言えば、トリガーは習慣ループのなかでもっとも重要度が低い部分だ。報酬ベースの学習は、その名の通り、トリガーではなく報酬にもとづいたものなので、報酬こそがもっとも重要な要素である（そのあたりのことはＰＡＲＴ２で解説する）。

「真、真、だが無関係」

脳は、何かと何かを結びつけるのが得意で、それによって学習し、習慣をつくっていく。たとえば、「ケーキ」と「美味しさ」を結びつけることで、ケーキを見たら深く考えずに食べるようになる。

あるレストランで食事をして食中毒になったら、その店と食中毒体験を結びつけて、今後は避けようとするだろう。生存に必要な能力ではあるが、レストランの看板を見るだけで吐き気を催しはじめたら問題だ。看板自体に毒があるわけではないのだから。

つまり、関連づけに長けた学習マシンである脳には、不安と行為のあいだに間違った結びつきを容易につくりだしてしまうという問題があるのだ。

私の博士課程での指導教官だったルイス・ムグリア博士は、「真、真、しかし関連はない」という言葉を教えてくれた。これは、実験で因果関係のつながりを確認するときの心がけだ。

Xという行動（あるいはプロセス）を調査しているときにYという事象が起きたとしても、両者に関係があることを示すには、「XがYを引き起こした」ことを（自分自身に、指導教官に、そして世界に対して）証明する必要がある。Xが起きた（真）。それと同時か直後にYが起きた（真）。しかしそれだけでは、XがYを起こしたという証明にはならない。

だが、私たちは頭の中で、つねにこうした関連づけをしている。私がよく説明に使う例だが、たとえば野球選手は打席に立つとき、ピッチャーと対面する前にさまざまな〝儀式〟をする。足でグラウンドを掘るように蹴ってみたり、ヘルメットの同じ位置を触ってみたり。多くの選手が、こうした特定の動作と成功を関連づけている。つまりXをして、Yをして、Zをすれば、ボールを打てる可能性が高まる、と。だが実際には、儀式を完了して（真）、ホームランを打てたとしても（真）、2つの事実を結びつけるものは何もない。

当然と言うべきか、多くの人は不安と成功も同じように関連づけている。セミナーをすると、ほとんど必ずといっていいほど、終わったあとに誰かが近づいてきて、不安という原動力がなければ自分は絶対にいまの地位は築けなかっただろうと持論を述べてくる（私たちはどうしてこんなに〝絶対〟が好きなのだろう！）。

それはクリニックでの不安解消プログラムでも同じだ。ある患者はこう言った。「私は不安のおかげで成功できたと思っていました。学校の成績は良かったし、それは不安が自分を駆り立ててくれたからだと思っていました。だから心の奥底では、不安を手放すのを恐れ、躊躇していたんです」。別の患者はこう言った。「私も同じです。不安を手放したら、自分を限界まで追い込むことができなくなってしまうのではないかと思って怖かった」

こんなふうに言っている相手が患者でもワークショップの生徒でも、私の頭の中ではルイス教授の声が聞こえてくる。これはまさに「真、真、しかし関連はない」なのではないか、と。そこで私は、相関関係と因果関係の違いを説明した上で、不安とよい成果を誤って結びつけていないか確認してもらうため、彼らの経験の詳細を聞き出すことになる。

「成功には不安が必要」という考えに人々が固執しているのは興味深い。本書の編集者であるキャロライン・サットンとこのテーマについて話をしたとき、彼女は本質を突く鋭い意見を述べた。「人は不安やストレスを美談にしたいのよ」

私たちはそれを名誉の勲章のように身につけ、それがなければ自分の価値が下がるか、目的意識を失ってしまうと思っている。多くの人にとってストレスは成功を意味する。キャロラインはこうも言った。「ストレスを感じるのは何らかの努力をしているからだと考えるんでしょうね。だから、ストレスがない人生は敗北だと思ってしまうのかも」

「ほどよい不安はプラスになる」というデタラメ

良好なパフォーマンスのためにはすこしは不安が必要だ、という考え方を称揚する研究論文もある。1908年、心理学という分野がはじまったばかりの頃、ハーバード大学の動物行動学者であるロバート・ヤーキーズとジョン・ドットソンは、「刺激の強度と習慣形成速度の関係」[1]という論文を発表した。

そこで彼らは、コマネズミは負の強化因子として中程度のショックを与えたときのほうが、弱いショックや強すぎるショックを与えたときよりも、タスクを効率よく学習する、という興味深い観察結果を提示した。そして、動物がいちばんよく学習できるのは、ほどよい刺激があるときだと結論づけた。

この論文が他の研究論文で参照されたのは、その後の半世紀で10回だけだったが、そのうちの4回はこれを心理的法則として扱った。そしていま、彼らの結論は、ネット上では「ヤーキーズ・ドットソンの法則」あるいは「ヤーキーズ・ドットソン曲線」という名で、取り返しのつかない形で流布されている。[2]

ドイツ生まれのイギリス人理学者ハンス・アイゼンクは、1955年に発表した論文のなかで、ヤーキーズ・ドットソンの〝法則〟が不安についてもあてはまる可能性を示唆し、覚醒度の高まりによって被験者のタスクにおけるパフォーマンスが上がるのではないかと推測した。[3]

その2年後の1957年、大学院生時代にアイゼンクの指導を受けたP・L・ブロードハースト（当時はすでにロンドン大学で研究者として働いていた）が、「情動性とヤーキーズ・ドットソンの法則」という大胆なタイトルの論文を発表した。それによると、ネズミの頭を押さえつけて水中に沈め（つまり呼吸させない）、その時間をのばしていくと――アイゼンクはその時間の長さを「押しつけられた動機の強度」の尺度としている――最初のうちは泳ぐスピードがあがっていくが、あるところを境にわずかに低下しはじめると報告されている。[4]

モチベーション、覚醒、不安、と言った言葉をごちゃまぜに使いながら、ブロードハーストは「こうした結果から、ヤーキーズ・ドットソンの法則は証明されたと言ってもいいのではないか」と言い切っている（彼は、長く頭を押さえされていたネズミは、たんに次に泳ぎだすために酸素を節約していたという可能性を考慮したのだろうか？）。こうして、コマネズミと〝溺れるネズミ〟の研究から、心理学の世界に、不安とパフォーマンスに関する逆U字型曲線（ベルカーブ）が生みだされた。意味するところは、「ほどよい不安はパフォーマンスをあげるが、不安が大きすぎると逆効果だ」ということだ。

ブロードハーストの論文が発表されてから半世紀後、そのストレスとパフォーマンスに関する研究結果に言及した数々の心理学文献のレビューがおこなわれたが、逆U字型曲線を支持していたのは調査対象論文の4％にとどまり、逆に、直線的な負の相関が見られるとした論文が46％に上った（要は、ストレスは程度がどうあれ、パフォーマンスを阻害するということだ）[5]。

だが、こうした明確な反論があるにもかかわらず、人口に膾炙《かいしゃ》したヤーキーズ・ドットソンの〝法則〟は伝説となり、現代社会においてなかば〝信仰〟に近い地位を獲得するに至った。きっとみんな、データなどどうでもいいのだろう。この文献が引用される数が爆発的に増えているのがその証拠だ。1990年には10回以下、2000年には100回以下だったのが、2010年には1000回を超えている。

こうして現在では、不安は名誉の勲章であり、仕事の能力を構成する不可欠な要素であり、受け入れるべきアイデンティティとなった（不安があることに感謝しよう。もし不安がなかったら自分はどうなっていただろう、と）。

そして、疑似科学的な解釈モデルの見映えの良さも相まってベルカーブはかなりの流行となった。このモデルを前提に本を書き上げたセラピストたちだけでなく、不安を抱えている患者や一般の人も、この〝法則〟の真偽を再検討しようとまでは思わないのだろう。

もしあなたの心の奥に、「不安はいいことだ」とささやく声があるなら、ぜひ因果関係の真偽を探ってほしい。不安があれば、いつも良い結果が出るのだろうか？　不安を感じることなく何かを成し遂げたことはないのか？　そして、この質問にはまだ答えられないかもしれないが、とりあえず訊いておこう。不安はあなたのエネルギーを奪い、思考を妨げ、ときには良いパフォーマンスの邪魔になるのではないか？（図星だと思った人もいるのでは？）

その延長線上にある話だが、オリンピック選手やプロのミュージシャンがすぐれたパフォーマンスを披露しているとき、緊張しているように見えるだろうか？　マイケル・ジョーダンが1試合で60点をあげた試合の動画で、彼がどんな表情をしているか、彼の舌の位置を確認してほしい。あるいは、2018年冬季オリンピック、スノーボードのハーフパイプでクロエ・キムが金メダルをとったときの姿や、ウサイン・ボルトがぶっちぎりの勝利をおさめたとき、どれほど笑みを浮かべていたかを見てみるのもいいだろう。

第8章 マインドフルネスの科学

マインドフルネスをめぐる誤解

もう一度ジョン・カバット・ジンによるマインドフルネスの定義を引用しよう。

> いまという瞬間に、意図的に、しかし何かを判断することなく、注意を向けることで生まれる気づき。

復習になるが、私たちの古い脳は、正の強化や負の強化に反応して行動を決定し、その行動を習慣化するのが得意だ。そして、こうした活動の大半は無意識におこなわれる。自分が習慣的に何かをしているという自覚がなければ、それをやりつづけることになる（「自動運転」については6章でとりあげた）。

ただし、そのような習慣ループに気づくことは可能であり、そのためにマインドフルネスが役に立つ。〝気づき〟は、原始人の脳の働きを可視化するものと言える。

　ここで誤解されがちなマインドフルネスと瞑想の関係について簡単に説明しておこう。そもそも2つは同じものなのか、そうではないのか。ベン図で表したとき、マインドフルネスは大きな円で、瞑想はそのなかに含まれる小さな円だと思えばいい（上図参照）。

　瞑想はマインドフルネスを上達させるためのトレーニングの1つだと言える。「いまという瞬間にしっかりと注意を向ける」ために、瞑想は必ずしも必要ではないが、役に立つことは事実だ。瞑想は脳のトレーニングジムのようなものであり、マインドフルネスの筋肉を鍛えてくれる。

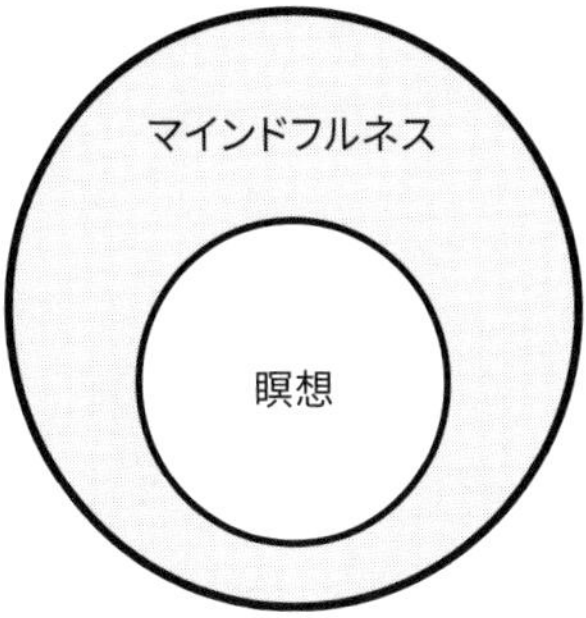

　いまという瞬間に意識を向けて〝気づく〟ことができれば、習慣ループのトリガーや自動的な反応を認識できるようになる。それは不安や悪習慣のループにとどまらず、私たちが何かに反応するときのすべてにあてはまる。
　ただ、世の中に流布されている、マインドフルネスが不安が完全に消えた特別な精神状態をもたらすとか、あるいは逆に、たんなるリラックスのためのテクニックであるといった物言いには注意が必要だ。私の患者にもよく見られるのだが、心の不安を取り除こうとしたり、そこから抜け出す方法を考えたりすることを意識しすぎると、かえって不安が強くなってしまう場合がある。

　もっともありがちな誤解は、私がセッションで教えているときや、患者たちにマインドフルネスの概念を説明しているときに、よく訊かれる「どうやったら考えるのをやめることができるのでしょうか?」という質問に集約されている。この問いの背景には、瞑想の目的は「心を空《から》にすること」だという間違った思い込みがある。

　まあ、それを目指してみるのも一興かもしれない。私は10年ものあいだ、真冬に汗びっしょりになって何枚もTシャツをかえながら、ひたすら瞑想を続けてもその境地にはたどり着けなかった。それに、医学生や研修医のとき、時間の大半を知識を頭に詰め込むことに費やしたのに、どうしてそれを空っぽにしなければならないのだろう?

　マインドフルネスは何かをやめたり、空にしたり、あるいは何かから逃れようとする試みではない。思考や感情や身体感覚は、われわれを人間たらしめているものだし、思考力や計画力は鍛えるべき重要な能力だ。もし私が病院で患者を診て、明確な診断を下すにあたって思考力を使えなければ、彼らを上手くケアするのに、大変な苦労をするだろう。マインドフルネスとは、私たちの経験を形づくる思考や感覚を変えたり、捨てたりするのではなく、そうした思考や感覚との〝関係〟を変えるものなのだ。

時間の半分は心ここにあらず?

ただし、それは簡単ではない。2010年のハーバード大学の研究によると、人は起きてい

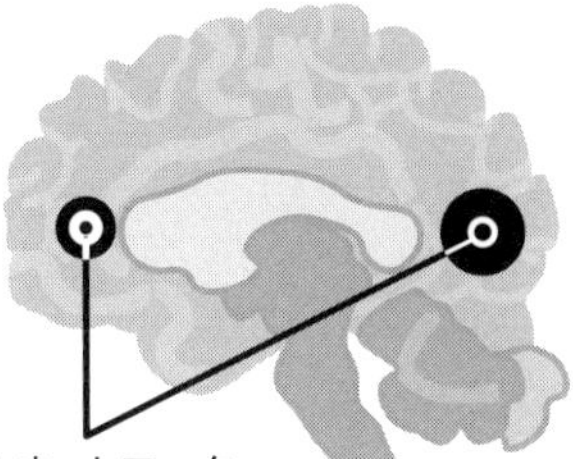

る時間の約半分を、考え事をして注意散漫な状態で過ごしているという。[1] 要は、長時間、自動運転状態にあるということだ。

この意識の状態はごく一般的なものなので、その活動を脳内で測定することが可能だし、特定の領域のあいだには、「デフォルトモード・ネットワーク」と呼ばれるつながりもある。このネットワークはワシントン大学セントルイス校のマーカス・レイチェルらが発見したもので、何か特定の作業をしていないときに、つねに心がこの状態になることから、この名がついた。[2]

このネットワークは、私たちがあれこれ考えているとき、過去や未来のことを思っているとき、同じことを何度も反芻《はんすう》するとき、不安などの強い感情にとらわれたとき、あるいは何かを強く欲しているときなどに活性化する。人間は良くも悪くも、自分に関することを考えたり思い出したりするのが当たり前になっている。私たちは何をしているときでも、過去にしたことを後悔したり、未来に起こる出来事を心配したりしている。

デフォルトモード・ネットワークのハブとなり、脳のさまざまな領域の橋渡しをするのが後帯状《こうたいじょう》皮質《ひしつ》（Posterior cingulate cortex）という部位だ（上図参照）。

興味深いのは、依存症患者に依存の対象を想起させるような写真を見せると、この後帯状皮質が活性化することだ。[3] コカイン中毒者なら鏡の上にコカインの粉が載っている画像、ニコチン中毒者なら誰かがタバコを吸っている画像、ギャンブル中毒者なら誰かがルーレットをしている画像などを見たとき、脳のこの部位が活性化するのである。

後帯状皮質は、私たちが渇望に支配されたり、反芻などの固執的思考ループにはまりこんだときに活性化する。反芻とは、たとえば自分の苦悩を何度も繰り返し考えることで、うつ病や不安神経所に特徴的に見られる。

固執とは、要するに同じことを何度も繰り返し考えることであり、何かを心配するというのはまさにその典型だ。固執がどんな行動を引き起こし、どんな結果をもたらすのかイメージできるように、渇望、反芻、心配の習慣ループの例を挙げておこう。

渇望の習慣ループ（例）

トリガー　ケーキが目に入る

行動　食べる

結果　気分が良くなる

反芻の習慣ループ（例）
トリガー　いまひとつ元気が出ない
行動　気持ちの落ち込みを気にする。自分にはもう何もできないと考える
結果　さらに気分が落ち込む

心配の習慣ループ（例）
トリガー　やりかけの仕事のリストを見る
行動　ちゃんと完了できるだろうかと心配になる
結果　不安にとらわれる

「慣れ親しんだ不安」から離れられない

ここでうつ病について述べておこう。この病気に苦しむ人は、固執的な思考ループにはまりやすい人が多い。うつ病の患者の3分の2が、不安障害の診断基準にあてはまる。うつ病と不安障害の共通点は、コントロールできない自己増殖的な固執的思考ループだ。

その理由について、ヘブライ大学のヤエル・ミルグラムらの研究は、人間はある気分の状態に慣れると、そこにとどまりたくなるからではないかと示唆している。[4] いつも悲しさや不安を

抱えていると、それが当たり前になって、毎朝のルーティンや通勤経路のごとく、そこに引きつけられてしまうというわけだ。

慣れ親しんだものから離れるのは、それが何であれ、落ち着かないし心細いことだ。不安をかき立てられる場合もあるだろう。だが、安全が確認できていない未知の場所を旅するときは警戒が必要なのだから、その心の動きはサバイバルの観点からは理にかなっている。つまり、すべての習慣が悪いわけではない（ここは勘違いしないでほしい）。習慣が悪いものになるのは、それが前に進むのを助けてくれるのではなく、私たちをつまずかせたり足をひっぱったりするときだ。

私たちは心の習慣をしっかり身につけてしまっているので、それが自分のアイデンティティでありそれが自分そのものだと思ってしまうことがある。次のメールは、私の不安解消プログラムに初期の段階で実験的に参加してくれた女性から届いたものだ。

「不安な思いがある」というのと、「不安だ」というのとでは、対処の方法に違いがあるのでしょうか……私は具体的な理由を反映した不安——たとえば忙しい一日、締め切り、近づいてきたイベントなどのせいで生じる不安については、ここで学んだ対処法をうまく使えるようになりましたが……苦労しているのは、「自分はこうであるべきなのに、そうなっていない」という考えのまわりを、「まだまだ足りない」という気持ちでできた見えない毛布でくるんだかのような、骨がらみの不安です。

彼女は不安が自分の一部のように感じられるほど骨の髄まで刻み込まれていて、不安と自分自身が区別できないほどになっているのだ。

もし研究者や臨床医の手によって、人間の行動と脳内で起きていることのつながりがつきとめられれば、行動や習慣の根本にあるメカニズムをピンポイントで狙い撃ちして、真に永続する変化をもたらす方法が見つかるかもしれない。

私は臨床医として、固執的思考こそが患者を悩ませる最大の問題だと感じている。多くの場合、この種の思考は脳にそのパターンを深く刻み込み、患者たちはその思考習慣を自分の人格と不可分だと感じている。「私はタバコを吸う人間だ」「私は不安症だ」、と。

固執的な思考の習慣ループは、患者にとって明確かつ差し迫った危険であり、マインドフルネスはそこから抜け出すのに有効だと思われる。私が研究者としてマインドフルネスを限界まで科学的に解明したいのはそのためだ。

理論的に言えば、マインドフルネスと瞑想は、自分のなかにある固執的思考に気づく助けになる。マインドフルネスや瞑想によって、思考パターンの繰り返しにおちいるのではなく、そこにはまっている自分を認識し、そこから抜け出し、新しいポジティブな習慣をつくることができる（その具体的な方法については、このあとの各章で詳しく説明する）。

実証されたマインドフルネスの効果

デフォルトモード・ネットワークが活性化するのは固執的思考や渇望にとらわれたときだ。マインドフルネスは、こうした悪い思考のループにはまらないようにしたり、自分と自分の考えを区別するのに役立つ。そのため、脳のネットワークにも良い効果を与える、という仮説が成り立つ。

そこでわれわれは、MRIスキャナーを使って、瞑想をしたことがない人と瞑想上級者の脳の活動を比べることにした。未経験者にはその場で瞑想のやり方を教え、両方のグループにスキャナーに入って瞑想をしてもらった。

すると驚いたことに、瞑想上級者と素人で脳の活動に違いがあったのは4つの領域だけで、そのうちの2つはデフォルトモード・ネットワークの主要なハブとされる場所だった。[5] もちろん、瞑想上級者のほうがデフォルトモード・ネットワークの活動は顕著に少なかった。

これは、この分野における新発見だったので、実験を繰り返して結果が確かなものであることを確認した。リアルタイムでのニューロフィードバック（脳波計などを用いて脳の活動を可視化し、それを本人がモニターで見ながら神経活動を制御する訓練）実験も複数回おこなって、デフォルトモード・ネットワークの沈静化が、「思考や感情、渇望にとらわれるのではなく、それらをただ観察する」という被験者の主観的体験と一致しているかを確認した。[6]

しかし、マインドフルネスが特定の神経ネットワークに作用を及ぼしてしていると断定するには、実際に行動が変化したことを証明する必要がある。そこで私の研究室では、アプリを使ったマインドフルネスのトレーニングが禁煙に有効なのか、脳のデフォルトモード・ネットワークの活動を変化させるかどうかを調べることにした（とくに後帯状皮質の働きに焦点をあてた）。

アメリカ国立衛生研究所の助成を得て、私たちの「クレイヴィング・トゥ・クイット」というアプリと、国立衛生研究所の「クイット・ガイド」というアプリ（これはマインドフルネスの要素を含まず、健康関連の情報などをベースに治療を進めるもの）を比較した。被験者の脳を、治療を開始する前と治療開始1カ月後にスキャンして、後帯状皮質の活動の変化から禁煙の効果が予測できるかを調べたところ、われわれのアプリを使ったグループでは後帯状皮質の活動の低下との強い相関が見られた一方で、国立衛生研究所のアプリのグループにはそれがなかった[7]。

これにより、マインドフルネスが脳の活動を変化させ、それが臨床的な結果に影響を及ぼすという仮説が裏づけられた。これは研究者や臨床医が〝ベンチ・トゥ・ベッドサイド〟と呼ぶ、トランスレーショナルリサーチ（橋渡し実験）――要は、アイディアやコンセプトや基礎研究段階での疑問を、現実の環境で行動の変化をもたらす治療法に転換するのを目的とした実験――の好例と言えるだろう。

ただ、この点についてはさらなる調査が必要で、とくに長期的な結果を調べる大規模な研究が待たれる。マインドフルネスが機能するメカニズムの理解が進んだいまなら、こうした研究は十分可能だろう。

うつや不安に役立つマインドフルネス

マインドフルネスがうつや不安に最適である理由は、現時点でわかっていることだけでも説明可能かもしれない。要はマインドフルネスは固執的思考に共通する要素に作用するということだ。抑うつ状態にある人は、過去の出来事にこだわって何度も思い出す。不安を抱えている人は未来のことについて心配を繰り返す。

だがマインドフルネスは、それが過去のことか未来のことかに関係なく、固執のプロセスを解体する手助けをしてくれる。その効果は非常に高く、イギリスの国民保健サービスがうつ病の一次治療としてマインドフルネスをベースとする認知療法をとりいれているほどだ。

この章を読んで、マインドフルネスの概略や、それが脳内でいかに習慣ループに作用するかをわかっていただけたなら幸いだ。

ただ、理解すること以上に重要なのは、その知識を実際の行動に変えることだ。自分の持っているおもな習慣ループのマッピングが終わったら、1日を通してできるかぎりつぶさに自己を観察して、そうしたループが何回、〝脳のプレイリスト〟のトップにくるか数えてみてほしい。

紙に書き出せるような固執的な思考ループはあっただろうか？

だとしたら、それは1日に何回繰り返されたのか？

そしていちばん回数が多かったのはどのループだったのか？

ぜひ数えてみよう。

第9章 心の習慣とパーソナリティ・タイプ

闘争・逃走・凍結反応

原虫のような単細胞生物は、生き延びるためにシンプルな二元論のメカニズムを用いている。すなわち、栄養には近づき、毒からは遠ざかる。ウミウシの神経システムはもうすこし複雑だが、それでも何かを学習する際にやっていることは基本的に同じだ。

人間はどうだろう？　もしかしたらその行動の多くは「近づくことと遠ざかること」という生存戦略にもとづいていると言えるかもしれない。危険や脅威に直面したときの反応は、向かっていって戦うか、背中を向けて逃げるか、その場で固まって敵に見つからないことを祈るかのいずれかだ。これこそ、人間誰もが危機に瀕したときに自動的に発動させる「闘争・逃走・凍結反応」だ。

最後に誰かの「危ない！」という声や大きな音を聞いたときのことを思い出してほしい。おそらくあなたは頭で考えるよりも先に、驚くべき速さで、近づいてくる車を避けたり、大きな音に反応して身を縮めたり、突然電気が消えた瞬間にピタリと動きを止めたりしたのではないだろうか？　これは安全第一の原則のもと、脳や神経系の原始的な部分が、あなたのかわりにすべてを引き受けてくれたということだ（なんとありがたい）。

悪い習慣から抜け出そうとあれこれ考えるのと同じように、目の前に迫った危険から逃れようとする方法を〝考える〟のは危ない。危険が迫っているとき、考えていたのでは遅すぎる。反射レベルで反応しなければ間に合わない。

では、このように働く私たちの本能と、私たちのパーソナリティを形成する習慣的な要素は、どのように結びついているのだろうか？

5世紀の仏教書と最先端医学の一致

数年前、私たちの研究チームは、5世紀に書かれた仏教書で、瞑想のマニュアル的内容も含む『清浄道論《しょうじょうどうろん》』（上座部仏教（いわゆる小乗仏教）の実践綱要書。全2部23章から成る」に、人間の持つ数多くの傾向や、習慣的な行動、性格の特性が、〝闘争・逃走・凍結〟のどれかに分類できるという旨の説明があるのを発見した[1]。

著者のブッダゴーサ（仏教学者）は、なぜわざわざこのようなことを書いたのだろう？　それは、瞑想を学び、習慣的な行動パターンを変えようとしている人たちに、それぞれの個性に合わせた提案ができるようにするためだろう。これはもしかしたら、個人のタイプに合わせた治療を提供する、いまでいう「オーダメイド医療」のはしりと言えるかもしれない。

しかも、この本の著者は、心拍計や血圧計、ｆＭＲＩ（機能的磁気共鳴画像）、脳波測定器など、生理的なデータや脳の活動を測る機器は持っておらず、ただ、その人の食べるものや歩き方や服装など、観察だけを頼りにしていたのだ。その方法について、『清浄道論』には次のように書かれている。

> 姿勢、動き方によって、
> 食べ方、物の見え方などによって、
> どのような状態が起きているかによって、
> その人の気質を推し測ることができる。[2]

著者は観察によって人間の行動傾向を大きく3つに分類している。

タイプ1　接近（闘争）
タイプ2　回避（逃走）
タイプ3　接近も回避もしない（凍結）

各タイプについてさらに詳しく考えてみよう。

ある人がパーティーに参加したとする。もしその人がタイプ1（接近）なら、出された料理のすばらしさに感動し、興奮して友人とおしゃべりをはじめるかもしれない。タイプ2（回避）なら、料理や招待されたメンバーについてなんらかの評価をくだし、そのうちに何かのことで誰かと言い争っているかもしれない。タイプ3（接近も回避もしない）なら、その場の流れに身を任せて、他の参加者の促すままに振る舞っている可能性が高いだろう。

われわれの研究グループはさらに研究を進め、『清浄道論』に書かれていた「接近・闘争」「回避・逃走」「凍結」という各種の行動傾向が、現代における報酬ベースの学習メカニズムと見事に整合することを発見した。

タイプ1　接近（闘争）——正の強化をもたらす行動に強く動機づけられる傾向がある。
タイプ2　回避（逃走）——負の強化をもたらす行動に強く動機づけられる傾向がある。
タイプ3　接近も回避もしない（凍結）——正負どちらの強化にも偏らず、中間を行く。

マインドフルネス版性格診断テスト

この分類は、現代科学の知見と見事に一致していたため、われわれは現代にあわせた尺度をつくり、心理学的研究手法に裏づけられた行動傾向アンケートを作成した。これはたった13問の質問で構成される誰でも答えられるものだ（137ページ参照）。

この行動傾向アンケートは、性格診断クイズのマインドフルネス版だと思ってもらえばいい。

ぜひ自己診断して、その結果を生活に役立ててほしい。普段の振る舞いをよりはっきりと自覚することで、自分自身や、内外の世界に対する習慣的な反応への理解を深めることができる。また、家族や友人、同僚のタイプを知ることで、うまくつきあっていくことが可能になる。

自分のタイプを知っていれば、習慣的な傾向の強みを活かすこともできる。たとえば、接近タイプの傾向が強い人なら、マーケティングや営業に向いているかもしれない。回避タイプの人は、物事を集中して考えることが好きだし、得意なので、正確さや緻密さが要求される仕事をするといいかもしれない。流れに身を任せるタイプの人は、ブレインストーミングや、大きなプロジェクトをスタートさせるときにクリエイティブなアイディアを思いつくのに力を発揮するかもしれない。

自分の習慣的な傾向を理解すれば、人間として成長し、不要な心痛を避けることにもつながる。接近タイプであれば、何かを欲しがりすぎて状況を悪くしてしまうような、やりすぎの習慣（食べすぎ、友人関係での嫉妬など）を洗いだすことができる。回避タイプであれば、自分や他人に対して過度に批判的になったり、正確さにこだわりすぎて大局を見失ったりするといった行動に注意を払うことができるだろう。流れに身を任せるタイプなら、決断を避ける傾向や、他人との軋轢を怖がってただ同調するような状態に自覚的になれるはずだ。

3つのパーソナリティ・タイプ

それでは、タイプ別の特徴を大まかにまとめよう。あくまで傾向であり、厳密な分類ではな

7　私は、普段……

□ 陽気に振る舞うことが多い。
□ キビキビと動くことが多い。
□ あてもなく行動することが多い。

8　私の部屋は……

□ 豪華に飾り付けられている。
□ 整理整頓されている。
□ 散らかっている。

9　私は基本的に……

□ 何かを強く望む傾向がある。
□ 批判的だが、考えははっきりしている。
□ 自分の世界にいることが多い。

10　学校では、私は……

□ 友達が多いことで知られていた。
□ 賢いことで知られていた。
□ 空想癖があることで知られていた。

11　私は普段から服装を……

□ ファッショナブルで魅力的に見えるよう心がけている。
□ きちんとするよう心がけている。
□ 気にしていない。

12　私の印象は……

□ やさしい。
□ 思慮深い。
□ ボーッとしている。

13　他の人が何かに熱中していると、私は……

□ 飛びついて、自分も混ぜてもらいたくなる。
□ それについて懐疑的になりがち。
□ とくに気にならない。

判定方法

13項目について、1行目、2行目、3 行目の選択肢に記入したスコアを合計してください。

- 1行目の選択肢=接近タイプ　スコア合計____点
- 2行目の選択肢=回避タイプ　スコア合計____点
- 3行目の選択肢=流れに身を任せるタイプ　スコア合計____点

スコア合計が低い順に、その性格傾向が強いことを表します。たとえば、スコアが順に18、25、35となった人は、接近タイプの傾向が強いと言えます。

行動傾向に関する質問

各項目の3つの選択肢に、「自分の普段の行動と一致する」順にスコアをつけてください。

- もっとも一致している選択肢=1
- 次に一致している選択肢=2
- いちばん一致していない選択肢=3

「このように行動したい」あるいは「このように行動すべきだと思う」順ではありません。

深く考えすぎず、思い浮かんだ順番を記入してください。

1 もし自分がパーティーをひらくとしたら……

□ たくさんの人が集まる、活気のあるものにしたい。
□ 特定の人だけが来るものにしたい。
□ ぎりぎりまで決めないし、形式も自由にしたい。

2 自分の部屋の掃除に関して、私は……

□ とてもきれいにしてあるのが自慢だ。
□ 何か問題があったり、みっともない部分があればすぐに気づく。
□ 散らかっていてもあまり気づかないし、気にもならない。

3 自分の生活する場所を……

□ 美しいものにしたい。
□ 整頓しておきたい。
□ 自分らしく混沌とした状態にしておきたい。

4 私は仕事をするときには……

□ 情熱的かつエネルギッシュでありたい。
□ すべてを正確にこなしたい。
□ 将来の可能性を考慮して、最善の道を知りたい。

5 誰かと話すとき、私は……

□ やさしい印象を与えることが多い。
□ リアリストという印象を与えることが多い。
□ 思慮深い印象を与えることが多い。

6 自分の服装の欠点は……

□ 派手すぎること。
□ 平凡すぎること。
□ 合わせ方が下手でまとまりがないこと。

い。たいていの人は、このなかの1つのタイプが優勢であり、状況に応じてさらにそのタイプに傾いていく（違う方向に進むこともある）。

たとえば、私と妻について言えば、2人とも「回避」の傾向が強い。ともに学者で、じっくりと時間をかけて前提や仮説を疑い、研究をして真実を知るのが好きなのも、おそらくそのせいだろう。そして次に優位なのは「接近」だ。そのため、どちらかが悩んでいたり、嫌なことがあったりしたときに、それに対してなんらかの判断をするよりも、寄り添ってサポートをしようとする場合が多い。

実際、自らの行動傾向を知ることで、私たち夫婦は習慣のパターンを自覚することができた。たとえば妻が、職場で同僚とのあいだに起きたことを話してくれたときに、私がその人に対して批判的になったとしよう。そこで「あなたはいま価値判断の習慣ループにおちいっているわよ」と、妻からやんわりと指摘されれば、私は一歩引いて状況をはっきりと把握できるわけだ。

それでは各タイプについてまとめよう。

接近タイプ（Approach）

楽観的で愛情深い性格で、人望のある人が多い。普段の仕事をこなす際には、落ち着いていて頭の回転が速い。楽しいことに惹かれがち。自分の信念に忠実で、情熱的なところが他の人をひきつける。立ちふるまいが堂々としている（いつも胸を張って歩いている）。ときに成功を求めてすこし欲張りになる傾向もある。楽しい経験と良い仲間を求めている。

回避タイプ（Avoid）

頭脳明晰で洞察力がある人が多い。知性によって、物事をロジカルに捉え、そこにある欠陥や不備を見つけることができる。飲み込みが早く、物事を秩序立てて、素早く片付けようとする傾向がある。細かいところに目がいく。立ちふるまいがやや硬いことが多い（すこしギクシャクしているが、速歩で歩く）。ときに自分が過度に断定的かつ批判的になっているのに気づくこともある。人には完璧主義者という印象を与えるかもしれない。

流れに身を任せるタイプ（Go with the flow）

気楽でおおらかな人が多い。未来に思いを巡らせ、何が起きるか予測することができる。物事を深く、哲学的に考える。考えごとや空想にふけることがあり、そうしているうちに、疑念や不安に取り憑かれる場合もある。他人の言うことに従う場合が多く、あまりに簡単に説得されてしまう自分に気づくことも。整理整頓が苦手で、夢見がちな印象を与えるかもしれない。

習慣の轍を見極める

自分の心の働き方を知れば、それをうまく使いこなせるようになる。行動傾向がわかれば強みを活かせるし、失敗から学び、成長できるようになる。

タイプ別の傾向は、自分がはまりがちな〝習慣の轍《わだち》〟を見極めるのに役立つだろう。基本的な傾向を知らなければ変えることもできない。不要な傾向を消すにしても、役に立つ傾向を強めるにしても、それをあらかじめ意識しておくのは有益だ。

私のクリニックに通う患者は、これを上手に使って、「なんてバカなことをしたんだろう」というような自己批判のループにおちいりかけたら、「これは頭の中だけで起きていること」と自分に言い聞かせて、あまり深刻に考えすぎないようにしている。

あなたも、ここからは自分の行動傾向を念頭に置いて本書を読み進めてほしい。そして、不安を解消したり習慣を変えたりするときに自分の強みを活かせないか考えてほしい。そうすれば、古い習慣に足をひっぱられそうになったときも、そこから抜け出しやすくなる。

さて、ここまで心のマッピングは首尾よく進んでいるだろうか？　次のステップに移る準備はいいだろうか？　さあ、それではＰＡＲＴ２に進もう。

Updating Your Brain's Reward Value: Second Gear

PART 2 脳の情報を書き換える

1. 痛みを感じなければならない。
2. 痛みから学ばなければならない。
3. だが、痛みに長居を許してはいけない。
――――イジェオマ・ウメビニュオ（ナイジェリアの詩人）

第10章 脳のメカニズムを知る

先延ばしがやめられないのはなぜ？

不安の習慣ループのなかで、おそらくもっともいらだたしくてやっかいなのは、「先延ばし」ではないだろうか。心配をしたり、先延ばしをしたりといった不安の習慣ループは、なぜこんなにしつこく続くのだろう？　じつは「失敗したらどうしよう」、あるいは「何かが足りないのではないか」という恐怖が、先延ばしの原因だ。

私の不安解消プログラムに参加したある人は、これを次のように表現した。

私は「心配のループ」にひどく悩まされています。不安が、心配や自己批判といった思考を餌に肥え太っていくんです。このひどい悪循環から生まれる最悪のものが〝先延ばし〟です。じつはたったいまも、先延ばしをしてるところなんです……。

また、別の女性患者は、自身の習慣ループについてこう言っている。

今日も午前中ずっと、回避ループにはまってしまいました。仕事に取りかかったのに、すぐにソーシャルメディアのページに移って、30分ほど時間を使ってしまったんです。そのあと仕事に戻ったものの、またスマホに手が伸びて、〝ちょっとだけ〟と思ってゲームをはじめてしまい、1時間無駄にしました。こうした回避行動による〝報酬〟は、仕事の遅れによる焦りや、山ほどやるべきことがあるという事実を忘れられることです。ゲームやソーシャルメディアはしばらくのあいだそうした感覚を麻痺させ、忘れさせてくれます。

トリガー　仕事に取りかかる
行動　スマートフォンでゲームをする（先延ばしをする）
結果　回避行動によって、仕事の時間を1時間失う

誰の目にも明らかだと思うが、皮肉なのは、「仕事の遅れによる焦燥感」を一時的に回避することで、実際にはさらに遅れがひどくなってしまうことだ。彼女はさらにこう続ける。

私は過去15年間、さまざまなツールやテクニックを試してきました。アプリやサブスクリプションサービスを5つも使って、作業時間を記録したり、特定の時間帯にサイトやアプ

リへのアクセスを禁止したり、携帯電話についてはほぼ365日24時間、「邪魔しないで《ドゥ・ノット・ディスターブ》」モードに設定しています。

でも、私が本当に探しているのは、こんな状態から生じる感情的な反応に対処するための指針です。結局、どんなツールや方法を使っても、先延ばししたいと思えばできてしまいますからね。〝回り道〟の方法は、どこかに必ずあるんです。

私が知りたいのは、根底にある欲求にどう対処したらいいのか、ということです。もっと正確に言えば、根底にある恐怖、つまり不安の原因への対処法です。これまで何年も、自分自身で、あるいはセラピストとともに、いま自分が本当にやりたいことに取り組んでいるのを確認しつづけてきました。でも、自分にはうまくできないのではないか、拒絶されるのではないかといった根深い恐怖が、何十年も居すわりつづけています。しかも残念なことに、その恐怖は実際に起きた数多くの出来事に裏づけられています。

そのため、なにかをしたいと思っても、恐怖に圧倒され、すぐにその場しのぎの安心を得るために回避行動のループに逃げ込んでしまいます。もし何らかの方法論やツールで解決できるのなら、私はとっくに問題を克服しているはずです。だって、もう全部試したんですから……。

これまでに、どれほど多くの人から「意志の力を絞りだして、とにかく手をつけてみなさい！」と言われてきたことでしょう。私がそんなこともやったことがないと思っているんでしょうか？　それとも、そうするだけの強さがないと思っているんでしょうか？　ど

――ちらにしろ、あまり愉快なアドバイスではありません。

彼女は、私の友人エミリーやスタートレックのミスター・スポックのような強靭な意志の持ち主だけが入会できるクラブに入れてもらえなかっただけでなく、過去何十年も、行動を変えるための鍵が報酬価値にあることも、それが脳の中でどのように働くかということも、誰からも教えてもらえなかったのである。

ブロッコリーよりケーキが好きなのはなぜ？

ここで考えてみよう。なぜ脳はブロッコリーよりもケーキを好むのだろう？

「ケーキのほうがおいしいから」という単純な話ではない。この問いに対して真の答えを出せれば、私たちが特定の行動をとる理由がわかるだけでなく、やけ食いや先延ばしといった悪習慣を打ち破る方法の手がかりを得ることができる。

まず、脳が習慣をつくる理由とそのプロセスを考えてみよう（一部、3章の繰り返しになるがご勘弁を）。理由はシンプルだ。習慣による自動化のおかげでできた余裕を使って、脳は新しいことを学べるからである。

ただし、すべての行動が習慣になるわけではない。脳は、習慣として定着させる行動と、二度とやらない行動を区別しなければならない。習慣になるかどうかは、その行動がもたらす報酬にもとづいて判断される。報酬が大きければ大きいほど、強い習慣となって根付く。

大切なことなので、繰り返そう。ある行動が強い習慣となるかどうかは、もたらされる報酬の大きさで決まる。

実際、脳は行動がもたらす報酬の価値にもとづいて、とるべき行動に順位をつけている。つまり、報酬の大きい行動を選んで実行するということだ。神経生物学的な観点から言えば、これはおそらく、最初にその行動を学習した際に、脳の報酬中枢を活性化させたドーパミンの量に関係している。

これは、生き延びるためにできるだけ多くのカロリーを摂ろうとする原始人の脳にまでさかのぼる。砂糖や脂肪はカロリーが高いので、口にしたとき、脳の一部で、「カロリーだ、これで生き延びられる！」という声があがる。私たちがブロッコリーよりケーキを好むのはこのためだ。

ドイツのマックス・プランク研究所が最近おこなった研究では、何かを食べたとき、脳はドーパミンを2回放出することがわかっている。1回目は食べ物を味わったとき。2回目はその食べ物が胃に到達したときだ[1]。カロリーに応じて、脳はどの食べ物がより大きな報酬を与えてくれるかを覚えている（カロリーが多ければ多いほど報酬も高い）。親が子どもに、夕食と一緒にデザートを出さないのはこのためだ。選択肢を与えてしまえば、子どもは野菜を食べる前にケーキでお腹をいっぱいにしてしまう。

考慮されるのはカロリーだけではない。脳は、人、場所、物事に関する報酬価値も学習する。子どもの頃の誕生日パーティーを思い出してほしい。脳は、ケーキの味や友達との楽しい思い出など、関連するすべての情報を、ひとまとまりの報酬価値として記憶している。

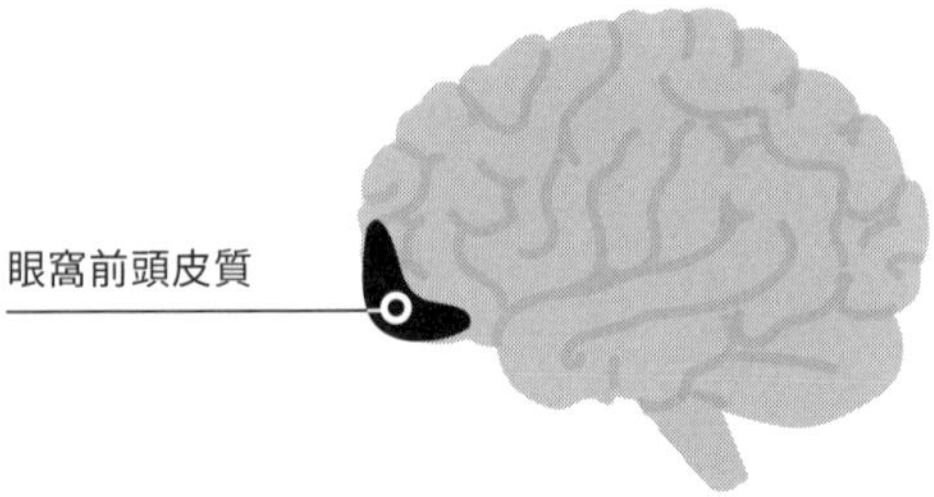

習慣を司る脳の部位

報酬価値は、脳の眼《がん》窩《か》前《ぜん》頭《とう》皮《ひ》質《しつ》という部位に書き込まれている(**上図参照**)。感情、感覚、以前の行動に関する情報が統合される、脳の交差点とでもいうべき場所だ。[2] この部位は、こうしたすべての情報を集めてグループ化し、それを使って行動の報酬価値を複合的に設定する。そうすることで、次の機会には、細かい情報が組み合わさった〝塊〟を素早くとりだせる。

そのため、大人になってケーキを見たとき、ケーキの味や食べたときの楽しさをわざわざもう一度学習しなおさなくても、子どもの頃に覚えたつながりがすぐさま蘇る。そしてケーキを食べると、いい気分になり、習慣化された反応のトリガーが自動的に引かれる[3]——要するに、習慣は「設定と忘却」によって形成される。行動がもたらした報酬価値が脳に定着し、行動にまつわる細部を忘れることによって、習慣が定着すると理解してほしい。

これが、習慣を変えるのが難しい理由でもある。

あなたがケーキを見ると無意識のうちに食べてしまう悪癖から抜け出そうとしているとしよう。「意志を強くもって、食べなければいいだけだ」とアドバイスする人もいるだろう。しかし、本当にそれでやめられるのだろうか？　うまくいくこともないとは言えないが、ほとんどの場合、長期的には失敗する。なぜなら、脳はそのようにはできていないからだ。

行動を変えるには、行動それ自体に注目するだけではだめだ。その行動が想起させる〝報酬の経験〟に働きかける必要がある。たんにその行動をやめようと思うだけですむのなら、タバコを吸うのをやめよう、ケーキを食べるのをやめよう、ストレスを感じたときに子どもを怒鳴るのをやめよう、あれこれ心配するのをやめよう、と心の中で唱えていれば解決する。だが、現実にはそうはいかない。習慣を恒久的に変える唯一の方法は、その報酬価値を上書きすることだ。[4]これこそ、この脳の仕組みが、「報酬ベースの学習」と呼ばれるゆえんである。

脳を上書きする「気づき」

では、どうすれば報酬価値を更新し、心配や先延ばしといった悪習慣を断ち切れるのか？

答えは単純。〝気づく〟ことだ。

ここでは、自分の脳に新しい情報を与えて、過去にインプットされた価値がすでに時代遅れになっていることを知らせる必要がある。いまこの瞬間の行動の結果に意識を集中すれば、脳を自動運転モードから解放し、その習慣がじつのところ自分にどれだけの報酬をもたらすのか（あるいはもたらさないのか）を正確に観察し、感じることができる。この新しい情報が、古い習慣の報酬価値をリセットし、良い行動が選択される順位を押し上げ、最終的にはそれを自動運転モードに組み込んでくれる（これについてはPART3で詳しく解説する）。

具体例をあげると、私は自分の患者に「タバコは体に悪いからやめるべきだ」などとは言わない。憧れだったマルボロマンたちが肺気腫になったのを見て、彼らはそのことを重々承知している（マルボロマンを演じた俳優のうち4人が慢性閉塞性肺疾患によって亡くなっている）[5]。タバコの量を増やしたいと思って、診察室を訪れる患者などいないのだ。そこで私はそんな無意味な忠告のかわりに、ずばり核心に迫り、患者に自分の経験に焦点をあてさせる。つまり、意識を自分がタバコを吸っているその瞬間に集中させるようアドバイスするのだ。

ほとんどの人は10代でタバコを吸いはじめるので、脳はタバコに強い報酬価値を感じている。いかにも若者らしい行動だし、友だちからクールだと思われるし、親への反抗を示せる。そこで、彼らにはタバコを吸っているまさにその瞬間に意識を集中してもらい、自分がいまタバコから得ている報酬を観察させる。ある女性は、吸っている最中にふと、「臭いチーズのような悪臭がするし、ケミカルな味がして気持ち悪い」と気づいたと話してくれた。

さて、ここで彼女の注意がどこに向いていたかおわかりだろうか？　彼女は「タバコは体に悪い」と〝考えた〟わけではない。そうではなく、ある種の好奇心を持って、タバコを吸うという体験に意識を向けた。そして、そこに含まれる化学物質の匂いと味に気づいた。実際に意識を集中してみると、タバコというのはロクな味がしないものだ。

不安もロクな味がしない。私の診察室に来た患者のなかに「不安を感じ足りない。もっと不安を感じるための薬が欲しい」などという人は1人もいない。不安はまさに最悪だからだ。

こうした〝気づき〟は、脳内にある報酬価値をリセットして、最終的に習慣から抜け出すうえで、非常に重要な役割を果たす。これが、セカンドギアの真髄だ。

「脳に使われる」のではなく「脳を使う」

さて、次のような状況に心当たりはないだろうか？

学校や職場での長い一日を終えたあなたは、やっと家に帰ってきた。きっと大変な一日だったのだろう。ストレスのせいなのか、疲れているのか、まだ夕食の時間ではなかったが、おやつが食べたくてキッチンに向かう。ポテトチップスとキャンディバーを手に取り、椅子に座り込んで、テレビを見たりメールをチェックしたり電話でおしゃべりをしたりしながら、何も考えずに食べはじめる。

気がつくと、ポテトチップスの袋は半分ほどになっていて、お腹はいっぱいになっている。すこし気持ち悪くなっている。この状況をマッピングしてみよう。

トリガー　ボーッとしている、ストレス、空腹など
行動　何も考えずにおやつに手を伸ばす
結果　どんな味だったかもわからないまま、ポテトチップスをたくさん食べてしまう

そう。まさにこれだ。このループのせいで、やっかいな習慣からなかなか抜け出せないのだ。

習慣は「設定と忘却」によって形成されることを思い出してほしい。リラックスした状態でテレビを見ながらポテトチップスを食べるという行動を繰り返したことで、あなたの脳は「ポテトチップス＋テレビ＝リラックス」というひとまとめの報酬価値の公式をインプットしてしまった。そのせいで、ドアを開けてキッチンに入った瞬間に、無意識におやつを食べるという、ゾンビのようにしつこい行動習慣が発動する。それがストレス解消になるという報酬価値は、あなたがこの行動の瞬間に意識を向けるまで、更新されることはない。そのため、なぜやめられないのだろうと思いつつも、この行動を繰り返すことになる。

ここまで見てきたように、報酬ベースの学習はその名の通り、報酬にもとづいている。行動が結果を生み、その結果が次の行動を後押しする。その行動が報われるものであれば次の機会にくり返し、そうでなければやめる。仏教徒はこれを「因果」と呼び、動物行動学者は「正の強化・負の強化」と呼ぶ（「強化学習」や「オペラント条件づけ」と呼ぶこともある）。

名前はどうあれ、それを変えたいのなら、あなたは、あの小さな眼窩前頭皮質の鼻先に、自分がひりだした〝クソ〟を突きつけて、その臭いのひどさをしっかりわからせる必要がある。そうしてやらないと脳は学習しない。

行動は報酬価値が変化しないかぎり、変わることはない。そして報酬価値は、意識的に実際の報酬価値を見つめることでしか更新されない。ポテトチップスを1袋食べてからスイミングをしてもなんともなかった5歳や13歳のときの報酬価値ではなく、現在のあなたがポテトチップスから得る報酬価値を見つめなくてはならない。そこに焦点を合わせてはじめて、赤く大きな〝報酬リセットボタン〟を押すことができる。

変えたい習慣的行動がなんであれ、眼窩前頭皮質の鼻先をつついてやれば、不思議なことにあなたはその行動に〝幻滅〟しはじめる。ここはきちんと理解してほしいので、すこし違った形で言いなおそう。「あなたが、予断を持ったり、過去の経験にとらわれることなく、いまこの瞬間に集中して観察することで、その行動が報われないものであるとわかれば、もう一度それをやりたいという気持ちは薄れていく」

なぜなら、脳は与えられた最新情報にもとづいて報酬価値を変えるからだ。報酬価値が変わると、眼窩前頭皮質はそれに応じて報酬のヒエラルキーをシャッフルする。そして、トリガーが引かれたら必ずおこなうことのリストのなかで、報酬が減った行動の順位を引き下げる。要は、過去に記憶していたほどにはその行動が報われないことをしっかりと認識し、今後、その行動をしてもそれほど興奮しなくなるということだ。

気づいてしまえば脳は元に戻らない

サンタクロースのひげをひっぱって、サンタは誰かがつけひげをして赤い服を着ているだけで、実在の存在ではないと気づいた子どものように、自分の行動の結果を注意深く観察して、眼窩前頭皮質の報酬価値がアップデートされると、それを見なかったことにして、元に戻すことはできない。いったん真実を知ってしまえば、巻き戻してもう一度サンタを信じることはできないのと同じだ。

先延ばしがさらに仕事を遅らせたり、ポテトチップスを食べると胃が膨れて気持ち悪くなることに気づけば、その気づきをなかったことにはできない。

自分の行動に注意を払うたびに、そこから〝実際に〟得ている報酬を意識するようになる。ポテトチップスを食べすぎると気分が悪くなるといったんわかれば、次は1袋全部食べようとは思わなくなる。食べないように自分を抑えつけるのではなく、たんに前回（あるいは前々回、前々々回に）起きたことを思い出すからだ。

食べすぎだけではなく、長年にわたって染みついてきた心配癖や先延ばしをはじめとする不安を生む習慣ループについても同じことが起こる。

これは脳の報酬ベースの学習システムをハックする賢いやり方であり、意志の力とはまったく関係ない。脳の仕組みを知れば、〝脳に使われる〟のではなく、〝脳を使う〟ことができるのだ。

「考える」のではなく「気づく」ことに意味がある

セカンドギアは、要するに自分の行動の結果に注意を払うということだ。

それは報酬ベースの学習であり、古くから伝わる〝因果〟と同じ考え方に立脚している。

ファーストギアで習慣ループをマッピングし、セカンドギアで試運転に出る準備ができたら、次のシンプルな質問を自分に投げかけてみてほしい。「私はこの行動から本当はどんな報酬を得ているのだろうか?」と。

この問いに答えるには、行動の結果として実際に生じる、理屈抜きの具体的な感覚、感情、思考に意識を集中する必要がある。

これは頭を使っておこなう知的な作業ではない。脳内で報酬の評価システムがどのように働いているかを〝理解〟しようとしたり、悪癖から抜け出していい習慣をつける方法を頭で〝考え〟たりという、ありがちな罠にはまってはならない。

間食をやめようとしたことがある人なら、次のような経験があるかもしれない。

トリガー ボーッとしている、不安、ストレス、空腹など
行動 おやつを食べてはいけないと自分に言い聞かせる。だが5分後には油断したり、意志の力が働かなくなったりして、気づけばおやつを食べている。
結果 後悔する。なぜこんなことをしてしまったのかと自分を責める。

思考が決断や計画の役に立つのはたしかだが、思考を司る脳の部位を過大評価してはいけない。そこは脳の中でももっとも弱く、力仕事は任せられない。本来は楽しい、クリエイティブな思考をさせてやるべき部位なのだ。

実際に行動を変えるという作業は、重量級の選手たち——眼窩前頭皮質をはじめとする報酬ベースの学習を担う部位——に任せるべきだ。では、こうした力自慢を正しく機能させるには

どうすればいいか？　コーチやトレーナーにあたる者を雇えばいい。コーチは、重《ウェイト》りを持ち上げれば強くなれることを重量級の選手に理解させ、自然とあなたを助けるよう仕向けてくれる。そのコーチに当たるのが、あなた自身の〝気づき〟だ。

よって、自分の心がこれを、頭を使う知的な訓練だと勘違いして、心配癖や食べすぎなどの悪癖から抜け出す方法を〝考え〟はじめたことに気づいたら、それ自体を習慣ループとしてマッピングしよう。そして、自分はここから何を得るのか、と頭で考えるのではなく、心に問いかけよう。

この質問に答えるときは、思考はいったん脇に置き、意識を観察モードにして、自分の体に起きていることに向ける。これができれば、すぐに〝気づき〟が脳のコーチとして働きだす。ポテトチップスを1袋食べるという行為が、マラソンのトレーニングにも血圧を下げるのにも有効ではないのはあきらかだ。先延ばしも仕事を終わらせる役には立たない。当たり前だが、実際にはまったく逆だ（とくに締め切りによる時間のプレッシャーがくわわったときには、なおさらそのマイナスは大きくなる）。〝気づき〟という場所には一本の樹があり、私たちを間違った思い込みから解放してくれる宝の箱がその根元に置いてある。箱を開けるためには、その場にいなければならない。

さて、幻想を解くための旅に出る準備はいいだろうか？　では前に進もう。

ここまでで脳を鍛える際に鍵となる考え方は学んだので、それを実際に試して、コツをつかめるか確認してほしい。セカンドギアで走る用意はできているだろうか？　心配癖をはじめとする習慣のループを書き出して車をスタートさせ、行動の結果に注目することでギアをセカンドに入れる。意識を具体的な体験に持っていき、「そこから何を得るのか」という問いに集中する。その行動を心で素直に見つめたとき、それがもたらす結果とはどのようなものだっただろう？

第11章 心のジムで鍛える

学習プロセスを逆方向に使う

ふたたびデイブ（第7章参照）の話をしよう。私はデイブに、不安にまつわる習慣ループを紙に書き出すよう言ったうえで、それに役立つ「アンワインディング・アングザイアティ」というマインドフルネスアプリ（付章参照）を使うよう指示した。

このマッピングの宿題は、具体的に言えば、行動と報酬の因果関係に注意を向けさせるためのものだ。デイブは、自分の習慣的な行動が実際にはどれほど報われないものなのかを自覚する必要があり、この宿題はその際に大きな効果を発揮する。要は、私は彼にファーストギアとセカンドギアでの運転のガイドラインを与えたのだ。

報酬ベースの学習は、科学的にも最強の学習メカニズムだと認められている。であれば、それによって習慣を身につけたときと同じように、その力を古い習慣から抜け出すのに使うことも十分できるはずだ。ある行動がもたらす報酬の大きさに集中し、報われないと気づけば止めることができる。理屈は単純に思えるし、実際シンプルな方法だ。

だが、ここで前章で述べた思考の罠におちいりやすい。つまり、自分にとって良くないとわかっていても、思考の力で行動を変えることはできない。それだけでは力不足なのだ。報酬価値を変化させるには力持ちを味方につける必要があるし、〝気づき〟にコーチの役割をさせて、持ち上げるべき重りはどれなのかを示さなければ機能しない。また、正しく脳をトレーニングすれば古い習慣を取り除くのにそう長くはかからないが、それでも一瞬で効果が表れるようなものではない（これについては後述しよう）。

別人になったデイブ

数週間後に診察室に戻ってきたデイブは、前回とはあきらかに様子が変わっており、腰をおろす前から、自分の身に起きた変化を興奮気味に語りはじめた。

「習慣ループを書き出して、不安がどのように動いていくかがわかっただけで、とても気分が良くなりました。このアプリのおかげで不安とうまくつきあっていけるようになったんです」

おお、すばらしい、と私は思った。デイブは自信を持ってファーストギアで走りだしたのだ。

さらに彼は笑顔を浮かべてこう言った「しかも6キロ以上やせたんです」

「えっ？」

「不安を解消しようとして何かを食べても、結局は不安なままだということがよくわかったんです。太っていることを気にしていたので、むしろ気分が悪くなっていました。食べても不安は消えないことがいったんわかってしまったら、食べすぎる癖をやめるのは簡単でした」

これ以上ないような形で、科学的理論が実証されていた。意識を現実に集中させる方法を学んだことで、デイブは、まず古い習慣ループをマッピングした。そしてさらに重要なことに、自分の体験を観察し感じることで、食べても不安は解消されないと悟ったのだ。

以前のデイブの眼窩前頭皮質は、食べるという行動には不安に対処できるという高い報酬価値があると耳元でささやき続けてきたが、その結果をよく見ると、そもそも報酬でもなんでもないのがはっきりとわかった。この気づきによって、眼窩前頭皮質は情報を更新するだけでなく、デイブの行動をも変えた。つまり、気づきが眼窩前頭皮質を正しい方向に導いたことで、彼はすでにセカンドギアで走りはじめていたのだ！

それから数カ月のあいだ、私は数週間に1回のペースでデイブを診察し、治療の進み具合を確認しながら、不安に対処するためのアドバイスをした。治療を開始してから約半年で、彼の体重は40キロ以上減り、脂肪肝も治り、睡眠時無呼吸症候群も解消され、血圧も正常に戻った。

そして、彼はさらに回復していった。

つい最近、ブラウン大学の公衆衛生学のクラスで（大好きな）「習慣の変え方」に関する講義を終えた私が、校舎を出て大通りの歩道を歩いていたときのことだ。突然1台の車がスピードを落として近くに停まり、窓からドライバーが顔を出した。

「こんにちは、ジャド先生！」と満面の笑みと大声で挨拶をしてくれたのはデイブだった。

私は驚いた顔をしていたはずだ――ハイウェイが怖いと言っていた彼が、こんなに交通量の多い大通りで車を運転しているなんて！

「ふふふ、ウーバーのドライバーをしているんです。これから空港に向かいます」と言って楽しそうに車を発進させた。

自分の心の動き方を理解し、習慣ループをシステマチックに観察する（ファーストギア）だけで、デイブは見事に変身した。それだけでなく、報酬ベースの学習システムをハックし、文字通りハンドルを自分の手に取り戻したのだ（セカンドギア）。

焦りの習慣ループにはまってはならない

デイブは大成功を収めた。ただ、セカンドギアはいつもこのようにうまくいくとは限らない。実際、自分の古い習慣に意識を集中させるのは、たいていかなりの苦痛を伴い、幻想を追い払うプロセス（セカンドギアで走る練習）そのものに嫌気がさして、ギアが逆戻りしてしまうこともある。なぜそうなってしまうのだろうか？

それは、私たちの脳は耐えるべき痛みの量をなるべく少なくするよう進化してきたことと関係がある。これはサバイバルの観点からも納得がいく。熱く焼けたストーブに触ったときに、熱を感知して反射的に手を引っ込めることで、やけどをしないですむからだ。

今日の社会には、痛みを押さえて気分を良くするためのありとあらゆる手段が用意されている。服、車、薬、体験――すべてがきれいにパッケージされ、「痛みが和らぎます」「気分が良くなります」「心配事が忘れられます」といった言葉のリボンで飾り付けられている。

だが、そんなコンフォートゾーン（ストレスなく落ち着いた精神状態でいられる場所）にとどまっていたら成長は望めない。人生にはさまざまなことが起きる。そのときあなたは着飾ったり薬を飲んだりといった、甘えと気晴らしとごまかしの習慣に逃げ込むのだろうか。それとも困難に直面したことを認めつつ、それを成長の糧とする方法を学ぶのだろうか（困難から学んで成長する方法は次の章で詳しく説明する）。

セカンドギアの状態が永遠に続くように感じられることもある。古い習慣はしっかり認識できたし、それが何の役にも立っていないのもわかった。だがそこで、すべてを正しく自覚したのになぜ何も変わらないのか、という思いにとらわれてしまうのだ。

私のクリニックや習慣変更プログラムでもこれはよく見られる状態で、とくに心配癖に起因する不安（これはあきらかに報われない習慣のループである）に対処しようとしている人に多い。彼らは習慣ループをマッピングして、「心配しても不安になるだけで何も得るものがないのはわかりました」と言う。ところが、「それでもどうしても心配するのがやめられないのはどうしてでしょうか」と訊いてくる。自分の習慣が報われないのはちゃんとわかったのに、スイッチが切り替わらないことに悩むのだ。

そんなとき私は、心配にまつわる習慣ループ（ストレスによるやけ食いなど）がいつから続いているかを尋ねる。するとほとんどの場合、「生まれてからずっと」という答えが返ってくる。そこでさらに、このプログラムをはじめてからどれくらい経ちますか、と尋ねると「2週間」あるいは「3週間」と彼らは答える（これだけでほとんどの人は、私が言おうとしていることに気づいて納得してくれる)。

報酬価値の賞味期限を見抜く

なんでもすぐ手に入るいまの世の中では、〝焦りの習慣ループ〟におちいってしまいがちだ。

トリガー　不安や悪習慣や問題に対する解決策を知る
行動　すぐに問題を解決しようと思う
結果　なかなか解決しないことにいらだつ

習慣ループをマッピングして、それが価値を生まないことがわかったとしても、長年にわたって染みついたものが魔法のように消え去るわけではない。なかには比較的簡単に取り除けるものもあるが、理想的に展開したデイブですら、深刻な不安から立ち直るのに3カ月かかっている。我慢が必要だ。

深く染みついた習慣については、脳が何度も学習しなければ、〝それをしないという新しい習慣〟は定着しない。要は「その行動は報われない」という信号を出す新たな神経経路を時間をかけて脳に刻み込み、それを新たな自動運転の行動に変えなければならないということだ。

科学実験でも同じことが言える。1000のデータのなかに、1つだけ違うデータが加わっても、最初は異常値としか見なされない。それこそが正しい結果なのだと証明するには、その結果を支持するデータを数多く集める必要がある。

この過程において、〝気づき〟はあなたに最新の正確な情報を与え、新しいデータを異常値として切り捨てずにとりいれる手助けをしてくれる。

古い習慣は古いデータにもとづくが、古いがゆえに馴染みがあり、変化を恐れる私たちはそれを信じてしまうという皮肉がある。その罠にはまらないためには、報酬価値には「賞味期限」があると考えればいい。つまり、報酬はある時期までは有効だが、それをすぎると意味がなくなる。古くからの習慣については、それがまだ自分の役に立っているのかどうかを確認することが肝要だ。セカンドギアとはそういうことだ。

デイブのように習慣ループに愛想をつかすことで、誰でもそこから抜け出せるが、そのためにはまずそのループの存在に気づき（ファーストギア）、次にその行動の現在の報酬価値を理解しなければならない（セカンドギア）。そして意識をその瞬間に集中して、悪癖に嫌気がさせばさすほど、脳にはその幻想を取り去るための溝が刻まれる。

「心のジム」でくり返し練習しよう

反復練習は、ウエイトトレーニングで上腕二頭筋を鍛えるのに有効だが、心の筋肉を鍛えるときにも効果を発揮する。マラソン大会に備えてトレーニングをするとき、コーチはあなたをいきなり25キロ走らせたりはしない。それと同じで、心のトレーニングもなるべく1日の時間のなかでちょっとずつおこなうようにしよう。

実際、行動を変えるために脳を鍛えるには、人生そのものを〝心のジム〟として使うのがいちばんいい。学んだことをすこしずつ試すことで、日常生活という〝文脈〟のなかで、古い習慣を捨てて新しい習慣を身につける方法を学べるからだ。報酬ベースの学習が、そもそも文脈に依存した記憶をつくるためのものだったことを思い出してほしい。

日常生活を心のジムに変えれば、「練習する時間がない」というよくある言い訳もできなくなる。悪い習慣が顔を出したときは、先送りせず、その場で構造を把握し、結果（報酬）に意識を向けたほうがいい。1日のうちにそれが何度も起これば、そのぶん心のウエイトトレーニングができて、気づきの機会が増え、古い習慣を追い払うことができる。

私はこれを「時間は短く、回数は多く」と表現している。1日のうちに短い時間でいいから何度も古い習慣に意識を向けることで、効果的にそれを取り去り、新しい習慣に移行できる。ミスター・ミヤギがダニエルに、ワックスがけやペンキ塗りを疲れ切るまでやらせたのはこのためだ。ダニエルはその動きを運動記憶に確実に刻み込む必要があった。さもなければ実戦には使えないからだ。

セカンドギアでの運転が嫌になってきた人にとって、デイブのストーリーは励みになるだろう。心のジムでの反復練習は、シンプルだが必ずしも簡単ではない。めげずに悪癖に対処する練習を続けよう。習慣ループをマッピングして（ファーストギア）、そこから何を得ているのかと自問自答し、その行動の結果として生まれる体の感覚や思考、感情に意識を向ける（セカンドギア）。それを繰り返すのだ。

第12章 過去に縛られず、過去から学ぶ

ハチミツを口にしてしまった女性の気づき

習慣ループの解体はうまくいっているだろうか？
行動によって得られる真の報酬を見つめることで、セカンドギアでの運転は進んでいるか？
脳が認識する報酬価値をリセットするために、眼窩前頭皮質に最新の情報を届けることができているか？

何人かの体験談を紹介するので、それを参考にして、自分の治療が軌道に乗っているか確認してほしい。まずは、「イート・ライト・ナウ」と「アンワインディング・アングザイアティ」のプログラムから数例を紹介しよう。彼らが会報に寄稿した、ファーストギアとセカンドギアの要素について見てみよう。最初は、ある女性の例だ。

――紅茶にハチミツを入れようとしたところ、気づいたらスプーンを口のなかにつっこんで

いました。「疲れてるんだな」というのがそのときの気持ちでした。でも、スプーンが口に入ってきた瞬間、こう思いました。「ああ、これはぜんぜん自分のためになっていない」と。まったくおいしいとも感じなかった。それで、この出来事に感謝したんです。糖分を摂っても、実際には気分も良くならなければ、おいしくもないことがわかって、気分がよかったからです。

トリガー　甘い物が目の前にある
行動　ハイジャックされた運動ニューロンが、糖分をカップではなく口のなかに運んだ
結果　おいしくもなかったし、気分もよくならなかった

彼女が「ぜんぜん自分のためになっていない」と感じた瞬間について、あなたはどう思っただろう。これはセカンドギアだろうか？　それとも何か別のものだろうか？　「思考の罠にはまるな」という警告を思い出してほしい（10章参照）。彼女が思考に頼っていたら、たんにこの行動をとってはいけないと自分に言い聞かせるだけで、結局この習慣から抜け出すための方法を〝考えよう〟として行き詰まっていただろう。これまで彼女はその方法で失敗してきたのだから。

だが、ご心配なく。彼女は思考に頼る段階を越えて、セカンドギアにシフトしている。つまり、その行動の結果をはっきり把握している（糖分はおいしくもないし、気分をよくしてもくれない）。

しかも、「この出来事に感謝した」とまで書いている。これは学習が進んでいることの確たる証拠であり、本人にとってもとても気持ちのよいものだ。有益なことを学んだときに感謝の気持ちが湧いてくるのは、その知識のおかげで将来つまらない行動を繰り返す可能性が低くなるからだ。何かを学び、成長することはそれ自体が報酬となる。

観察によって不安を克服した男性

次は男性の例だ。

前の晩の出来事に不安を感じて目が覚めました。でも、そのまま不安に飲み込まれるのではなく、それがどんな感覚なのか興味がわいてきたんです。するとそれだけで、不安のレベルが1段階下がったようでした。

トリガー　前夜の出来事がもとで感じた不安
・・・
新しい行動　不安がもたらした体の感覚に対する好奇心
結果　不安が和らぐ

「行動」に「新しい」という形容詞を付けたのは、それが彼の不安を軽減する新たな行動だったということもあるが、この行動が、好奇心を刺激して習慣ループから抜け出す力をもたらす可能性があることを強調したかったからだ（こうなると、すでにPART3で論じるサードギアの領域だ）。

彼はさらにこう続ける。

私は自分のなかに生じた2つの感情について、習慣の呪縛を解くための問いを投げかけました。

「不安を体で感じたことで自分が得たものは？」

何もない。さらに不安になっただけ。

「わいてきた不安と、それが体にもたらした感覚に興味を持ったことで得たものは？」

不安が軽減され、もういちど気持ちよく眠りにつくことができた。

これはセカンドギアを見事にアレンジした例だ。彼はまず、自分が不安や心配に身を任せることで何を得ているのかを、積極的に観察した。しかもそこに過度にとらわれたり、飲み込まれたりすることもなかった。かわりに、その習慣ループをマッピングし、〝以前の報酬〟を正しく認識した。ここまでできれば、好奇心を持つという新たな行動をとりいれるサードギアに移行する準備ができていると言える。

以前の彼なら、トリガー→行動→結果は次のように展開しただろう。

トリガー　前夜の出来事がもとで感じた不安
古い行動　不安がもたらした体の感覚に対する不安
結果　不安に意識を向けたことでさらに不安になる

学び続けるための「回顧的セカンドギア」

2人のように、何かが起きたあとで「そこから何を得たのか」と自分に問うやり方を、私は「回顧的セカンドギア」と名付けている。この方法が重要なのは、セカンドギアは対象となる出来事が起きたあとでも有効なことを示しているからだ。

何かが起きているその瞬間だけでなく、それが終わったあとでも〝バックミラー〟を覗き込むことで学びを得られる。寝るときに不安になる人は、以前に不安の穴に落ち込んでしまった経験を振り返り、それがいかに自分の睡眠を妨げたかを思い出すことで、ふたたび同じ穴に落ちるのを避けることができる。

あとから振り返るほうが、感情に振り回されずに済むので、むしろ学びに適しているという利点もある。いったん頭を冷やしてから、被害状況を把握し、メモをとって学習するわけだ。このプロセスは、体験の記憶が新鮮であるかぎり、何度でも好きなだけ繰り返すことができる。

ちなみに「新鮮」というのは、行動の結果として得られた身体感覚や感情、思考などがどれほど報われないものだったかを思い出せるあいだ、という意味だ。精神的に自分を責めることで何らかの考えを絞り出すことをイメージしているわけではない。「こうしておくべきだった」という後悔とは無縁の振り返りだ。

回顧的セカンドギアとは、あとから事実を振り返ることだ。何が起きて、それがどの程度報われたのかをありのままに見つめることだ。脚色したがる心がおしゃべりをはじめると、起きたことを正確に思い出す邪魔になり、記憶から蘇る体験と正直に向き合えなくなる。この蘇った体験こそ、その行動の報酬の大きさを脳がどう判断したかを伝える新鮮なエッセンスだ。思い出にこのエッセンスがあるかぎり、あなたはそこから学びつづけることができる。

後悔を絶つために過去を思い出す

回顧的セカンドギアがどのように機能するかを理解してもらうための例を挙げよう。

私はこれまで過食症に悩む多くの人たちを見てきた。診察室に来た彼らは、自分が暴飲暴食をしてしまったことに落胆し、「こうしておくべきだった、ああすべきではなかった」と延々とやりはじめる。「一生懸命に後悔する」というジョーク通りだ。

この「……しておくべきだった」という無益な妄想を断ち切るため、私は彼らに、記憶に新しい直近の暴飲暴食を思い出してもらう。そしてその習慣ループを振り返って、結果を把握してもらう。これが回顧的セカンドギアの要諦だ。自分を責めることなく、ただ起きたこと（行動）と、その次に起きたこと（結果）を描写してもらう。

食べすぎたときの状況を思い起こせば、自分がどのようにして制御不能や自動運転の状態におちいったかがわかるだろうし、たいていの場合、翌朝起きたとき、食べ過ぎた結果としての胃もたれ、二日酔い、身心の疲労感があったことも一緒に思い出すだろう。その記憶に注目するのだ。体はどんな感じだったただろうか？　ひどかった。気分はどうだったか？　ひどかった。頭の中の状態はどうだったか？　ひどかった。そこで私は尋ねる。「いま振り返ってみて、何を学びましたか？」と。以下に一例を挙げよう。

トリガー　家族と口論になった
行動　やけ食いをする
結果　体も気持ちも、頭の中もひどい状態になった（家族との関係もよくなっていない）

こうして初めて回顧的セカンドギアの短いエクササイズを終えると、たいていの場合、気づきがある。

「だとすれば、あのやけ食いも完全な無駄ではなかったんですね」

「そこから学べるかぎりはね」と私は言う。

回顧的セカンドギアとは要はこのようなものだ。習慣ループを思い出したときにその記憶がまだ十分に新鮮なら、幻想を追い払うのに役立てることができる。

世界観を決めるマインドセット

ただ、回顧的セカンドギアを活用し、過去の経験からエッセンスを絞り出して最大の学習効果を得るにはコツがある。

キャロル・ドウェックは「固定マインドセット」と「成長マインドセット」という概念を発案したスタンフォード大学の研究者だ。ドウェック博士は、「基本的な知能や能力はあとから変えることができない」という考え方を固定マインドセットと定義している。このマインドセットでは、自分にないものはあきらめて、与えられたものでやりくりするしかないことになる。一方、成長マインドセットは、時間をかければ能力は開発することも向上させることもできるという考え方だ。

彼女は、マインドセットについて何十年にもわたって研究を続けている。そもそもマインドセットという言葉は、ある定義によると「個人や集団が持っている前提、方法、記号などの集合」とされる。簡単にいえば、その人なりの世界の見方のことだ。私たちのマインドセット（世界観）は、非常に習慣的なものなので、出来事の解釈、決断、学びにも影響を与える。似たような世界観を持つ人たちが集まって、お互いへの影響を強めると、「精神的無力《メンタル・イナーシャ》」や「集団思考《グループシンク》」といった状態につながることもある。要は群集心理のようなものだ。マインドセットとはそれほど重要なものなのである。

では、われわれはどのようにして特定のマインドセットをつくりあげるのか？　ヒントは、報酬ベースの学習との関係にある。話を単純にするためにチョコレートを例にとろう。ストレスを感じて（トリガー）、チョコレートを食べたら（行動）、すこし気分がよくなった（報酬）。すると脳は次のように学習する。「ストレスを感じたら、気分をよくするためにチョコレートを食べるべきだ」と。

要するにチョコレート色のメガネをかけて世界を見て、次にストレスを感じたときには脳が、「チョコレートを食べれば気分がよくなるよ」とささやくようになるわけだ。「彼女はバラ色のメガネをかけている」とか「彼は暗いメガネをかけている」などと言うが、前者は世の中を楽観的に、後者は悲観的に見ていることを遠回しに言うときの表現だ。マインドセットというメガネは、〝チョコレート色〟だろうと〝不安色〟だろうと、どのような色にもなりうる。さらにメガネをかけている時間が長ければ長いほど、身に着けているのを忘れ、アイデンティティの一部になっていく。

理屈は単純だ。あなたは過去の経験にもとづいて世界を見るようになる。その見方を強化するようなことが起きるたびに、メガネのレンズは厚くなっていき、顔にも視力にもフィットしていく。

あなたのマインドセットは？

ドウェックのおもな研究対象は教育や学校におけるマインドセットだが、マインドセットは私たちが世界をどう見るかを左右するので、実質的に彼女の研究はほとんどありとあらゆる出来事に関係していると言える。

彼女によれば、人は自分の能力の源についてどのような見解を持っているかによって、成長マインドセットと固定マインドセットを両極とするグラデーションのどこかに立っているという。自分の成功を、先天的な能力にのみもとづいていると考えている人は、固定マインドセットを持っていると言える。逆に、努力や学習、トレーニングによって能力が伸びると考えている人は成長マインドセットの持ち主だ。

自分がどちらのマインドセットを持っているか意識していない人もいると思うが、自分の行動を観察すればおおむね推し測ることができる。とくに何かに失敗したときの反応は、はっきりと分かれる。固定マインドセットの持ち主はとても失敗を恐れる。なぜなら、失敗は自分の能力の否定であり、自分の限界を思い知らされることだからだ。一方、成長マインドセットの持ち主は、失敗をそれほど気にしないし恐れることもない。パフォーマンスは改善していけるし、失敗から学べることも知っているからだ。

たしかにこれは筋が通っている。知的能力は生まれつきのものだと信じていれば、失敗するたびに、それが自分の限界だと思うようになるだろう。「ああ、自分はこれ以上うまくはできない、これが分相応の結果だ」と。逆に成長マインドセットを持っていれば、失敗を失敗としてではなく、成長の機会と捉えることができる。

歩道を歩いていて何かにつまづいたとしよう。固定マインドセットの人なら、なんて鈍くさいんだと自分を責めるかもしれない。だが成長マインドセットの人であれば、「うーん、つまづいちゃったな。ここから何を学べるだろう?」と考えられる。

それどころか、成長マインドセットなら、失敗という概念自体を疑うこともできる。失敗とはどういう意味なのか? そこから学べるのなら、それは失敗と言えないのでは、と。

心を開けば体も喜ぶ

ドウェックは、成長マインドセットの持ち主はストレスの少ない成功した人生を歩めるとも主張している。これも理にかなっている。成長マインドセットがあれば、つねに経験から学び、何かを得ることができるのだから。

『マインドセット──「やればできる!」の研究』(草思社)という著書のなかで彼女は次のようにアドバイスしている。「もし親が子どもに贈り物を授けたいと思うなら、挑戦を愛し、失敗を面白がり、新しい戦略を探り、努力を楽しみ、学びつづけることを教えるのがいちばんです。そうすれば、子どもたちは褒め言葉の奴隷にならずにすみます。生涯にわたって自信を築きあげ、傷ついても修復することができるようになるでしょう[1]」

私はこの「努力を楽しむ」という言葉が好きだ。何かを変えようとして歯を食いしばり、壁に頭を打ちつけているときに、それを楽しむのは難しい。しかし、自分の経験に関心を持ち、挑戦を愛して、失敗を面白がることができれば、話は大きく変わってくる。

この考え方を自分の直接の経験にも適用してみるといい。そうすれば、セカンドギアで前に進んでいるときに、固定マインドセットに足を取られることなく、〝気づき〟によって成長マインドセットのなかに入っていける。

そのコツをつかむために、身体感覚に意識を向けてみよう。固定観念を持っているとき――つまり、他人の考えを受け入れず、自分の考えが絶対に正しいと頑なに思い込んでいるとき――体の感覚はどうなっているだろうか？

おそらく、異質な情報に自分の世界観が浸食されるのを防ごうとして、体は縮こまり、感覚が遮断されているのに気づくのではないだろうか。これは進化の過程とも類似点があるかもしれない。サーベルタイガーに追いかけられて窮地におちいったときにやるべきことは、なるべく体を丸めて攻撃される範囲を小さくして、大切な臓器を守ることだ。

一方、成長マインドセットを持っているときはどんな感覚だろう？　新しいアイディアに対してあらゆる意味でオープンになっている。あなたはそのような経験をしたことがあるだろうか？　学びを積極的に受け入れられるのは成長マインドセットのときだけだ。

古い習慣ループを必死になって変えようとしながら、そこにはまって抜け出せないとき、どちらのマインドセットになっているだろう？　自分を断罪したり責めたりしているときは、当然、攻撃から身を守ろうとして体の感覚は閉じている（自分で自分を攻撃しているときも同じだ）。

次にそんな例をあげよう。

苦しい経験を「教師」とする

私の患者のなかに、毎晩ウォッカを1パイント（ハードリカーをショットに8杯分相当）も飲むという、健全とは言えない習慣の持ち主がいた。彼女は職場でのストレスの多い一日を終えて帰宅したあと、緊張をほぐすために夕食をつくりながらお酒を飲むようになった。その習慣を数年続けたのち、心身ともに健康を害しているのに気づき、私のもとを訪れた。

私はまず、ファーストギアの基本的な指示を出し、習慣ループをマッピングさせ（彼女はこれを難なくこなした）、さらにセカンドギアで飲酒という行動の結果に意識を向けてもらった。そしてアルコールが自分の味方ではないことを1カ月かけて見つめるうちに、彼女は一晩あたりの飲酒量を4杯まで減らすことができた。さらに1カ月後には、何日か禁酒を続け、ついには1週間ちかく一口も酒を口にせず過ごせるようになった。

だが、次にクリニックを訪れたときに話を聞いてみると、彼女は治療の進み具合に満足しておらず、むしろ失敗と捉えているようだった。なぜ自分は完全にお酒をやめられないのか、と。しかもこの〝失敗〟について、自分自身を責めていた。

彼女はどうすれば、「自分は治療に失敗したし、お酒をやめる自信もない」という固定マインドセットから抜け出して、成長マインドセットに移行できるのだろうか？

生徒や患者たちが際限のない不安やしつこい悪癖、コントロール不能の依存症などのプレッシャーに苦しんでいるとき、私はそうした経験を〝教師〟と思うようアドバイスする。教師は学びを助けてくれる。人は何かを学ぶと気分が良くなる（報われる体験だから）。優れた教師は、生徒が苦しくて心を閉ざしているときにも、そのなかに学びがあることに気づかせてくれる。苦しいとき、苦境を教師として受け入れれば、それまでのように反射的に心を閉ざしてしまうのではなく、心を開いてそこから学ぶことができる。

後日、この女性患者は、連続6日目の断酒に失敗して飲んでしまったと言いつつも、「まあ、二歩進んで一歩下がるという感じでしょうか」とつけくわえた。

そこで私は、この数カ月で自分の心の働きについて多くを学んだうえに、1日1パイントも強い酒を飲んでいた状態から、断酒期間がのびるのを楽しめるようになったことについて、どう思ってるかと尋ねた。

「いい気分です」という答えが返ってきた。彼女は成長マインドセットの扉を開き、そのなかに踏み出していたのだ。

さらに私は「一歩下がる」の部分についても訊いてみた。はたして彼女は、習慣や自分自身について、これまでは——とくに、固定マインドセットのなかで自己批判の習慣ループにはまっているときには——学びえなかったことを学習できたのだろうか？

「失敗から何かを学べた場合、それでも一歩下がったことになりますか？」と私が尋ねると、「いいえ、そうではないと思います」と彼女は答えた。何かを学んだならそれは前に進んだのと同じだし、気持ちとしてもそう感じられることをすでに体験していたのだ。

そのあと私たちは、この短期間で彼女が成し遂げた進歩についてもうすこし話してから、その過程で生じたすべての〝しくじり〟を一種の教訓と捉えて、自分が前に進むための学習体験として受け入れることについても話し合った。経験から学べるようになったうえに、自己批判のループから抜け出せた彼女は、足どりも軽く診察室をあとにした。その姿は、この先に待ち構えるチャレンジをむしろ楽しみにしているかのようだった。

　私の好きな言葉に、「どんな問題でも、そこから逃げるのは、解決から遠ざかることにほかならない」というものがある。「二歩進んで一歩下がる」という状態は、自縄自縛から抜け出せれば自然と消えていく。学ぶ姿勢さえあれば、すべての経験が私たちを前に進ませてくれる。

　ではここで、あなたが最近、習慣のループにおちいったときのことを思い出してみてほしい。それを心の中でマッピングして（ファーストギア）、そこから自分が何を得たのかを問いかけよう。さらに、そのとき気持ちを閉ざして自己批判的になっていたかどうか——すなわち固定マインドセットになっていたかどうかをチェックしたうえで、その出来事を教師と捉えてみる（成長マインドセット）。最後に、そこから何が学べるかを自分に問いかけ、その結果に意識を向ける（回顧的セカンドギア）。それを繰り返そう。

第13章 変えられないものを変える

チョコレート実験

私の好きな神経科学の実験の1つに、友人のダナ・スモール博士がおこなったものがある。博士はイェール大学で食品科学を研究している神経科学者だ。そこでの彼女の仕事は、さまざまな食べ物やカロリー源が脳にどのような影響を与えるかを調べることだった。

彼女は、脳波測定装置を装着した被験者に、たとえばミルクシェイクを飲ませたり、さまざまな匂いを嗅がせたりするために、ありとあらゆる仕掛けを考案した。被験者がｆＭＲＩのなかに横たわっている場面を想像してほしい。６メートル離れた管理室にいる研究者が、頭を固定された被験者にミルクシェイクを飲ませるのは容易ではないことはわかるだろう。

スモール博士は、ノースウェスタン大学の博士課程で学んでいた恐いもの知らずの大学院生だった頃、食品科学の研究に着手し、人々がチョコレートを食べたときの脳の活動の測定を試みた。[1] 当時彼女は、ｆＭＲＩよりも融通が利くポジトロン放出断層撮影スキャナー（通称、ＰＥ

Tスキャナー）を使っていた。PETスキャナーであれば被験者の脳波を測定しながら何かを食べさせることができるが、fMRIは頭部を完全に固定しておかなければならない。

この実験で被験者は、好きなチョコレートバーを選び、脳波を測定しながら一口食べる。そして、もう一本食べたいかどうかを、マイナス10からプラス10のスケールで評価する。マイナス10は「ひどくまずい。これ以上食べたら気持ち悪くなる」で、プラス10は「ぜひ、もう一本食べたい」だ。そもそも好みのチョコバーを選んでいるのだから、最初の評価は自然と「プラス10」のことが多かった。

だが、食べ進むにつれて、評価はプラス5（「なかなかおいしい。もう一本もらってもいい」）ぐらいになり、さらに食べつづけると、食べても食べなくてもどちらでもいいというところまで下がった。そのあとは予想どおり、マイナス5（「おいしくない。これ以上食べたくない」）を通過し、最後にはマイナス10（「ひどくまずい。これ以上食べたら気持ち悪くなる」）に到達した。

短い時間のあいだに、ぜひもっと食べたいと思っていたものが、気持ち悪いというところまで落ちたのだ。

「もっと欲しい」と「もういらない」の共通点

この変化が起きているあいだ、スモール博士は被験者の脳の活動を測定し、興味深い事実を発見した。脳の中で、後帯状皮質だけが、チョコバーを食べて喜んでいるときと嫌がっているときの両方で活性化していたのだ。後帯状皮質は、過去の経験にとらわれているときにはさかんに働くが、瞑想やマインドフルネスなどによって心を解放すると静かになる部位だ。要するにこの皮質は、渇望と嫌悪という相反する精神状態――「もっと欲しい」と「もういらない」――の両方で働いていたことになる。

この研究は、「もっと欲しい」と「もういらない」という感情がともに、脳の同じ領域を活性化させることを示した。2つの感情に共通するのは、方向は違うが何かを求める気持ちにとらわれていることだ。そこに、引《プル》く要素と押《プッシュ》す要素があることに注目してほしい。あるとうれしいものを自分のほうに引き寄せる（すでに持っているなら、手放さないようする）ことと、嫌なものを押しのけたり、嫌な体験から気を逸らそうとすることだ。

では、なぜこれが習慣を変えるうえで重要なのか？　食べすぎの習慣ループを例にとって説明しよう。チョコレートが本当に好きだったら（あるいは、これを自分の好きな別の食べ物や活動に置き換えてもいい）、チョコレートを見たら食べたくなるはずだ。食べ終わると（すくなくともその瞬間は）気分が良くなるので、脳は「これはいい。またやろう」と考える。だが、食べすぎたらどうなるか？　それは、あなたがその瞬間に注意を払っているかどうかによって変わってくる。

もしあなたがスモール博士の実験の参加者のような立場であれば、当然注意を払うだろう。もう1本食べたいという気持ちの強さを評価しなければならないのだから、注意を払って当然だ。しかし現実の世界では、何も考えずに食べているので、自分が快と不快の転換点にさしかかったことに気づきづらい。

だが、意識を高めるように自分を鍛えれば話は違う。私の研究室では、「マインドフル・イーティング・プログラム」の参加者のグループを観察し、この幻想から抜け出す過程をマッピングした。[2] 結論から言えば、食べるという行動の結果に注意を向けるだけでも、このプログラムの参加者は、チョコレートなど特定の食べ物をうまく楽しむ方法を学ぶことができた。

しかも彼らはこのプログラムのおかげですでに意識が高まっているので、チョコレートなどの特定の食べ物だけでなく、全般的な食べ方のパターンを変え、食べすぎを防ぐこともできる。[3] 試験的におこなった実験では、「イート・ライト・ナウ・プログラム」を利用した参加者たちが、2カ月で平均3・6キロ体重を落とすという結果が出た。

彼らにはとくに食事内容に関する指示は与えず、たんに食べているときに意識を集中して、満腹を感じたらすぐに食べるのをやめるよう注意を促しただけだ。この結果は、マインドフルネスが、従来の意志の力にもとづくアプローチとは異なる効果的なダイエット法になる可能性を示している。

また、行動の結果を意識することによる習慣の変化は、食事だけにとどまらず、心配癖などにも効果を発揮するかもしれない。たとえば、未来の計画を立てるという行動は、ある意味でチョコレートを食べるのと同じだ。すこしならプラスだが多すぎると逆効果になる。考えすぎるとよくない未来を想像して不安になってしまうからだ。

そのため、食べすぎ、計画しすぎ、考えすぎなどに悩んでいるのなら、次にその習慣ループに巻き込まれたとき、自分なりにスモール博士の実験をやってみてほしい。つまり、まずは自分の過剰な行動に意識を向けるのだ。次に、そこから自分は何を得ているのかと自問自答し（セカンドギア）、「おいしい」から「どちらでもない」、そして「まずい」に移っていくタイミングを見極められるか確認するのだ。あなたは転換点に達したときにその行動をやめたり、ペースを落としたりすることができただろうか？

「ゴミ出し」は些事だが、「ゴミ出しするときの気持ち」は大事

ゴミ出しが1日のハイライトになることはない。だが、そんな取るに足りない行動でも、それと「向き合う態度」がもたらす影響は無視できない。

不機嫌な態度でゴミ出しをしたら、どうなるか？　ゴミを出すという行為と不快な気持ちが結びついてひとかたまりになった記憶が脳にインプットされることになる。逆に、「ゴミはどうせ出さなきゃいけないし、ゴミ出しなんかたいしたことじゃない」と思っていれば、そのようにインプットされる。そうすれば、次も、さらにその次も、寒くても雨が降っていても、ゴミを出すのが楽になる。簡単な作業でもそれに向き合うときの気分を変えれば、人生に大きな影響を与える。

これをうまくまとめた言葉を引用しよう（これには複数の出典がある）。

考えに気をつけなさい。それはあなたの言葉になる。
言葉に気をつけなさい。それはあなたの行動になる。

行動に気をつけなさい。それはあなたの習慣になる。
習慣に気をつけなさい。それはあなたの性格になる。
性格に気をつけなさい。それはあなたの運命になる。

これはゴミ出しにかぎらず、人生のあらゆることにあてはまる。習慣ループに悩まされるたびに「勘弁してくれ」とか「もうこれ以上つきあってられない」とか「うまくいきっこない」などと考えていれば、さらに役に立たない習慣が1つ増えることになる。

トリガー　悩みはじめる
行動　うまくいきっこないと考える（固定マインドセット）
結果　実際にうまくいかない可能性が高くなる

こうなると、あなたはもともとの習慣ループと、さらに長くつきあうはめになる。なぜなら、自分を悩ます習慣ループにくわえて、役に立たない否定的な態度までが習慣化され、その両方に苦しめられることになるからだ。

逆に、ファーストギアとセカンドギアで前進するなかで、自分の経験に好奇心を持って向き合う練習をはじめられれば、次の3つのメリットを得ることができる。

● 悩まされている習慣ループに対処しやすくなる。
● 役に立たない否定的態度を改めることを学べる（そんな態度にはなんの報酬もないとわかる）。
● 好奇心を持つという有益な習慣を身につけられる（好奇心の報酬はＰＡＲＴ３で解説する）。自分がどんな態度で物事に臨んでいるかを、いまよりももっと細かくチェックしてみよう。

自己批判のループから抜け出す

どんなことであれ、それが馬鹿げていて不条理だとわかれば、自然とまともに受け止めなくなり、気にならなくなる。マインドフルネスによって自分の心が何にとらわれているかが見えれば、「何かを嫌だと思い込むことで嫌な気分になる」というのが、どんなに馬鹿げたことかがわかるし、知らないうちに悪い癖を身につけてしまった自分を赦《ゆる》すこともできる。

私の患者の１人が、不安による自己批判のループにおちいりそうになったとき、それに気づくために何をしたか思い出してほしい（177ページ参照）。彼女はすこし笑いながら、自分自身に「これは私の頭の中で起きていることにすぎない」と言い聞かせたのだった。ここで大切なのは、自分の脳を責めるのではなく、つねに自分にやさしくすることだ。

こうした余裕のある態度は、どんな思考や感情に対しても有効だ。あらがったり、脇に押しやったりするのではなく、自分の思考や感情をただ興味を持って観察する。それが好奇心を持つということだ。自分の感情の動きを見て、そこで起きる習慣的な反応を観察すれば、それが自分の人生にどんな影響を与えているかがわかる。

好奇心があれば、感情や思考はあくまで自分の頭の中にあるものにすぎないということがわかり、それほど影響力を持たなくなる。それは人生を瞬間的には動かしているかもしれないが、あなた自身を形づくるものではない。

好奇心があれば、そうした思考や感情から学びを得ることもできる。悩んだりなかなか先に進めないことにいらだつかわりに、好奇心を持とう。すでにそこにある自分の種々の思考や感情に対して、自分がそれぞれどのような形で反応しているか探ってみよう。

では、イライラしているのに気づいたときのマッピングの例を挙げる。

トリガー　自分がイライラしはじめたのに気づく
行動　それに対する習慣的な反応を観察し、「ここから何が得られるか？」と自問自答する
結果　そんな古い習慣がいかに無益であるかを知り、イライラした気分が冷めていく（セカンドギア）

習慣を変えるプロセスに、ゆとりを持って遊び心のある好奇心を持ち込もう。さもないと、恐怖を原因とした習慣ループから抜け出そうとしてさらなる恐怖を感じたり、不安のループを

マッピングしたら余計に不安になってしまった、などということが起こりうる。

それに気づいたら、その感覚と距離をおいてみよう。深呼吸をして、これは私を助けようとする脳が間違った方向に進んでいるだけだ、と自分に言い聞かせよう。

イライラしたり嫌な気持ちが湧いてきたとき、心を閉ざしたり、固定マインドセットのループにはまったりしていないだろうか？　もしそうなら、そのループをマッピングして、自分がそこから何を得ているのかを感じてみよう。そうした態度がいかに報われないかがわかれば、それをやめる方向に進むことができる。

そうするうちに、イライラすること自体が嫌になってくる。嫌な感情が湧いてきたら、ただその感情に静かに意識を向け、それは自分がつくってしまったろくでもない習慣だと思い出そう。この「ただ意識する」というシンプルな行為が、泡のように湧いてくる古い習慣を消し、開放的で好奇心にあふれた新しい態度をつくるのに役立つ。

第14章　習慣は何日で変えられる？

「21日」という数字に根拠はない

ある日、講演会の控え室で準備をしていたときのこと。私の前の講演者が、「21日間で新しい習慣がつくれる」という説に言及しているのが聞こえた。この説については、私もよく「本当なのか？」と尋ねられることがある。

その講演者は、この説の〝起源〟として、美容外科医であるマクスウェル・マルツの名前に言及した。マルツによれば、鼻を整形した患者が自分の新しい鼻に慣れるのにかかる時間が21日間ということらしい。問題は、この主張を支える査読付き論文が1つも見つからないことだ。つまり、21日間というのは、一般に広く受け入れられてはいるものの（本書の読者の誰よりも〝長生き〟しそうなほど、インターネットのそこらじゅうにコピペされている）、それを裏づける証拠はない。

習慣ループが形づくられる道筋は単純そうに見える。なんらかの行動をしてそれが報われれば、次の機会やきっかけがあったときに、同じ行動をとるだけのことだろう、と。

だが、新しい習慣がすぐにははっきりとした報酬を得られないものの場合、意図的に定着させようとしてもまず失敗する。そこには行動そのものだけでなく、遺伝子、モチベーション、置かれている状況など、あらゆる要素が関わってくるからだ。習慣の形成は、21日という数字が与える印象よりも、もうすこし複雑だ。

数は多くないが、それを裏づける研究もある。たとえば、ユニバーシティ・カレッジ・ロンドンのフィリパ・ラリーらは、２００９年に発表した「習慣はどのように形成されるか――実世界における習慣形成モデル」と題する研究において、ある行動が「自動性」を獲得するまでには18日から２５４日かかることを発見した。[1]

日数の幅が大きいうえに、研究期間がたった12週間なので、この結果は完全に数理モデルだけで導き出されたものと言える。そのうえ、62人の被験者のうち、このモデルに「よく適合」したのは39人だけだった（「よく適合」とは、その個人のデータが理論上のグラフ曲線の近傍にプロットされることを言う）。断っておくが、私はこの論文を批判しているわけではない。これほど多くの変数がからむ研究は非常に複雑なので、一筋縄ではいかないと言いたいのだ。

だが、やり方次第で変数を減らすことは可能だ。そうすれば新しい習慣を形成するのにかかる現実的な時間の幅に近づけるかもしれない。それにはまず、ある特定の行動に対象を絞り、その報酬価値の変化を計測するのがいいだろう。

私の研究室でもまさにこの方法をとった。

レスコーラとワグナーの強化学習モデル（レスコーラ=ワグナー・モデル）*

$V_{t+1}=V_t+\alpha\delta t$

このモデルでは，所与の行動の現在の報酬価値（V_{t+1}）は，前回の報酬価値（V_t）と学習信号（$\alpha\delta t$）によって決まると仮定している．学習信号は予測誤差（δt）と呼ばれる，行動の実際の結果と予測していた結果の乖離によって決まり，それが眼窩前頭皮質をはじめとする脳の領域に投射される．式中の「α」は，主観的な静的パラメーター（定数）なのでとくに気にする必要はない．

*Boll et al., *European Journal of Neuroscience*, vol. 37(2013): 758-67.

報酬価値を「計算」する数理モデル

数十年前の発表であるにもかかわらず、いまも堂々たる存在感を放つ論文がある。その内容はネット上で広まっているだけでなく、実際に信憑性も高いと考えられる。なぜなら複数の実験パラダイム（マウス、サル、人間など）によって再検証され、同様の結果が再現されてきたからだ。

それは１９７０年代にロバート・Ａ・レスコーラとアラン・Ｒ・ワグナーという2人の研究者が発表した、自分たちの名を冠した有名な数理モデルだ。[2]数学に強い人は上の公式も見てほしいが、同じ内容を数式を使わずに説明しよう。

この公式のベースにあるのは、人がなんらかの行動をすると（たとえばケーキを食べるなど）、脳はまず、その行動がどれほどの報酬をもたらすか（ケーキはおいしい！）を記憶するという事実だ。報酬価値は、そのときの状況や気分をはじめとするさまざまな要素（たとえば、その行動に関連する人、場所、物など）にもとづいて、ひとまとめの複合的な値として記憶される。いったん報酬価値が学習されると、次にその行動をしたとき、脳は記憶を参照して、前回と同じだけの報酬を期待するようになる。

ここで問題なのは、前とは状況が違っていても（前回はお腹が空いていたときにケーキを食べたが、今回はお腹がいっぱいのときに食べているなど）、同じ報酬を脳が期待してしまうことだ。

たとえば賞味期限が切れた牛乳を口にして、腐っていると気づいた瞬間に飲むのをやめるのは、脳が、予測していたものと実際に味わったものに乖離があるという信号を出すからだ（これが数式にある「予測誤差」）。あなたにケーキを食べる習慣があって、そのときどきの結果（そのときケーキを食べることにどれほどの報酬があるのか）にとくに注意を払わなかったなら、脳は何かが違うという信号は出さない（どんなケーキもケーキには違いないので、予測誤差は生じない）。

逆に、結果に注目して、いまケーキを食べるのは、朝昼晩とケーキを食べても太らなかった5歳の頃とは違い、とうてい報われる行動ではないと自覚すれば、その予測誤差が、報酬価値をアップデートしろというメッセージとして脳に届くことになる。

これこそがセカンドギアの数理的な基礎であり、根底にある学習のメカニズムであり、習慣を変える方法である。

この仕組みを理解すれば、悪い習慣をやめて良い習慣を身につけることをはじめとした、さまざまな恩恵を受けられる。

アプリを使って報酬価値をコントロールする

セカンドギアによって、食べすぎや喫煙の報酬価値がどれぐらい効果的に引き下げられるかを調べるため、われわれはイート・ライト・ナウ（Eat Right Now）やクレイヴィング・トゥ・クイット（Craving to Quit）というアプリを開発した。何かを食べたくなったり、タバコを吸いたくなったときに効果を発揮するアプリだ。

ステップ1

プログラムの参加者（以下「ユーザー」）は、何かを食べたくなったら（タバコを吸いたくなったら）、アプリを立ち上げてこの機能を使う。最初の画面には次のような質問が表示される（**次ページ左の画面**）。

● つい食べすぎて困ると悩んでいる食べ物を、思い浮かべてください。
● 普段それをどれくらい食べているか思い浮かべてください。
● その量を胃におさめたときの自分の状態を想像してみましょう。
● 胃はどんな感じですか？　食べたあと、体の感覚はどうなりましたか？
● いま考えていることや、気分がどうなったかに意識をあわせてみましょう。

このステップ1は、その行動が現時点でどれだけの報酬をもたらすかを、ユーザーが（そしてわれわれ研究チームが）正確に見積もるのに役立つ。たとえば、ケーキを食べたいという欲求があったとして、この機能を使って、食べたことを想像する練習をしてみたとする。もし報酬

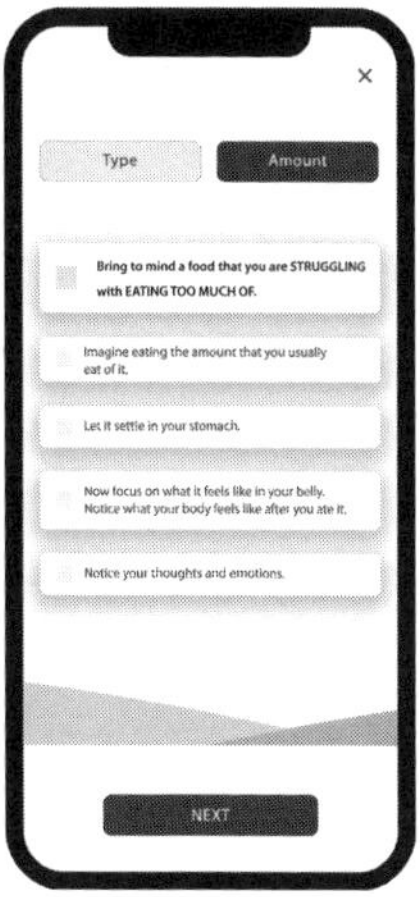

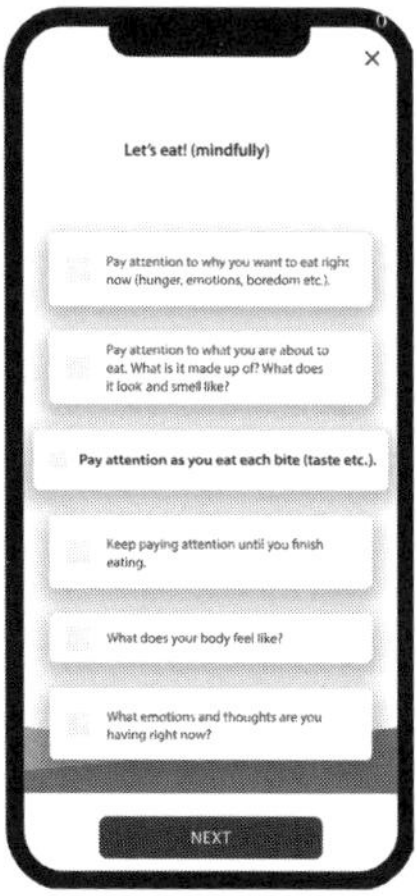

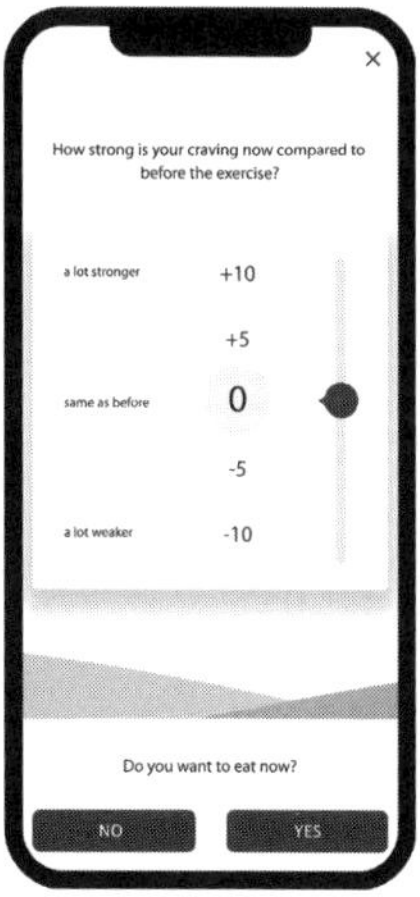

タイプ　量

つい食べすぎて困ると悩んでいる食べ物を，思い浮かべてください．

普段それをどれくらい食べているか思い浮かべてください．

その量を胃におさめたときの自分の状態を想像してみましょう．

胃はどんな感じですか？
食べたあと、体の感覚はどうなりましたか？

いま考えていることや，気分がどうなったかに意識をあわせてみましょう．

次へ

食べましょう（意識をその瞬間に集中しながら）

なぜ，いますぐにそれを食べたいのですか？　理由を考えてください（空腹だから，気分の問題，退屈だからなど）

いま食べようとしているものに意識を集中しましょう．それはどんな材料でできていますか？　見た目や匂いはどうですか？

ひとくちひとくちを意識しましょう（味など）

食べ終えるまで集中を切らさないでください．

いま，体の感覚はどうですか？

いまはどんな気分で，何を考えていますか？

次へ

このプラクティスをする前と比べて、あなたの欲求はどうなりましたか？

強くなった
前と変わらない
弱まった

あなたは、いますぐその食べ物を食べたいですか？

いいえ
はい

価値が高ければ、その欲求は前と変わらないか、あるいはさらに強くなるだろう（想像することで食べたいという気持ちが強まるため）。そのときお腹が空いていたら、さらに欲求は高まる。

ステップ2

ステップ2では、ユーザーは「マインドフル・イーティング」もしくは「マインドフル・スモーキング」を実践する。つまり、食べているとき（タバコを吸っているとき）の意識を観察しながら、実際に食べる（吸う）。画面には次のような指示が表示される（**前ページ中央の画面**）。

食べましょう（意識をその瞬間に集中しながら）

- なぜ、いますぐにそれを食べたいのですか？　理由を考えてください（空腹だから、気分の問題、退屈だからなど）
- いま食べようとしているものに意識を集中しましょう。それはどんな材料でできていますか？　見た目や匂いはどうですか？
- ひとくちひとくちを意識しましょう（味など）
- 食べ終えるまで集中を切らさないでください。
- いま、体の感覚はどうですか？
- いまはどんな気分で、何を考えていますか？

実際に食べた（吸った）ことによる報酬を脳に刻みこむのがステップ2の狙いだ。どんなケーキを食べたのか、どれぐらい食べたのか、どんな食べ方をしたのか、時刻はいつか、場所はどこか、空腹だったのか……注意深く自分の行動を観察し、それがもたらした報酬を観察する。

ステップ3

マインドフル・イーティング（またはマインドフル・スモーキング）をおこなった結果、欲求にどんな変化があったかを観察し、評価するのがこのステップ3だ。外面には次のような問いが表示される（**195ページ右の画面**）

- このプラクティスをする前と比べて、あなたの欲求はどうなりましたか？
  強くなった／前と変わらない／弱まった
- あなたは、いますぐにその食べ物を食べたいですか？
  いいえ／はい

観察と評価は、食べた直後だけでなく、数分後にもう一度おこなう仕組みになっている。がっついて食べたような場合、脳がすぐにはその影響を把握できないことがあるからだ。

次にまた食べたい（吸いたい）という欲求を感じたら、そのたびにこれを繰り返すことで、脳はその行動がもたらす報酬についての情報をアップデートできる。

それによって賞味期限の切れた古い報酬価値を上書きでき、練習を重ねるごとに新しい記憶が定着していく（クレイヴィング・トゥ・クイットのアプリを使って禁煙を試みたある人は、「今日吸ったタバコは全部まずかった」と言っていた）。

新しい報酬価値が定着したら、次に食べたくなったり吸いたくなったりしたとき、またステップ1から繰り返す。新しい価値が意識の表面にのぼってきて、食べたい・吸いたいという気持ちが弱まるので、習慣ループから抜け出して、行動を変えやすくなる。

このアプリを使えば、本人の主観的評価（行動の満足度や、もう一度その行動をしたいという欲求の強さ）にもとづいて、ある行動の報酬価値を下げるのに何回くらいこのプラクティスをすればいいかを予測することもできる。

私の研究室でポスドクを務めているヴェロニク・テイラーが、喫煙と食べすぎに焦点をあてておこなった2つの実験で、レスコーラ＝ワグナー（RW）・モデルを使った手の込んだモデリングをした結果、非常に似通ったRW曲線が現れた。どちらの実験でもクレイヴィング・ツールを10回から15回ほど使用すると、実際の報酬価値がほぼゼロになったのだ[3]。

以上の結果と、アプリを1カ月使った喫煙者の脳の変化のデータ、さらに2カ月使ったことで衝動的な過食が4割減少したというデータを考えあわせると、3つのギアのモデルが、脳の中や現実の行動において効果を発揮することが、かなりはっきり見えてきたと言っていいだろう[4]。すべてを整然と体系づけるには、まだまだ研究の必要があることは確かだが。

レスコーラ＝ワグナー・モデルやこうした実験の結果から、意識を向けるという行為が習慣を変える上で、きわめて重要な役割を果たすことがはっきりした。

ただし、報酬価値が変わらないかぎり、どれほどその習慣を変えたいと思っても、理性や強制や懇願では習慣は改まらない。21日はおろか、21年かけても同じことだ。

考えることによって悪癖を取り除いたり、良い習慣を身につけたりすることはできない。誰もが自分の習慣を望み通りに変えたいと思っているが、〝考える心〟は〝感じる体〟に勝つことはできない（なぜなら「行動の結果」は体に記憶されるからだ）。

習慣的行動をした瞬間に、あるいは過去の行動を思い出しながら（回顧的セカンドギア）、セカンドギアの練習を続けることで、脳をハックしていま得た知識を実行に移せるか試してみよう。自分のＲＷ曲線が、「もっとほしい」から「まあまあ」へ、さらに「もうたくさん」へと短時間で変化していく様子を観察しよう。

「きっと、だいじょうぶ」

ここまで読んで、書かれているアドバイスを実行しても、なかなかうまういかず苦労している人がいるかもしれない。だが、心配はいらない。ファーストギアとセカンドギアではまだ行動を変える段階まで進んでいないからだ。行動を変えるためのサードギアはＰＡＲＴ３で説明するが、ここでは、ある〝小さな機関車〟の話をさせていただきたい。

子どもの頃、私は『ちびっこきかんしゃだいじょうぶ』という話が大好きだった。

この物語の主人公は、青くて小さい「ちびっこきかんしゃ」で、普段は入換機関車（駅に車両を引き込むための専用機関車）として働いている。しかしある日、ちびっこきかんしゃは子どもたちにクリスマスプレゼントを届けるために、荷物でいっぱいの車両をひっぱって丘を越える仕事を引き受けることになる。

だが最初は、自分にはとてもそんな大仕事はできないと思っていた。つまり、ちびっこきかんしゃは大変な困難に直面したわけだ。頭の中は、自信をしぼませる悲観的な考えでいっぱいになり、気分が落ち込んだ。

しかしそこで、その考えを打ち消すため、リズムのいいおまじないを思いつく。「きっと、だいじょうぶ。きっと、だいじょうぶ。きっと、だいじょうぶ」

ちびっこきかんしゃはプレゼントのおもちゃでいっぱいの車両をひっぱり、おまじないを唱えながら、丘を登りはじめる。「きっと、だいじょうぶ。きっと、だいじょうぶ」

そして間違った思い込みに打ち勝って丘を登りきると、おもちゃを待ち焦がれ、うれしさのあまり涙すら浮かべている子どもたちの大声援を受けながら坂道をくだっていった。

その時点で、おまじないはすこし言葉が変わっている「やっぱり、だいじょうぶだった。やっぱり、だいじょうぶだった。やっぱり、だいじょうぶだった」

さて、ちびっこきかんしゃがこの仕事をやりとげることができたのはなぜだろう？　エンジンオイルがよかったのだろうか？　それともとにかく頑張ったからか？

じつはこのお話には、努力以外の要素がある。ちびっこきかんしゃは最初は〝未来〟に目を向けた（きっと、だいじょうぶ）。そのあと、〝過去〟を振り返っている（やっぱり、だいじょうぶだった)。だが、丘を登りきることができたのは、そのどちらにもとらわれなかったからだ。ちびっこきかんしゃはつねに〝いま〟に集中していたのである。

これこそ、この話からあなたが学ぶべき教訓だ。

「……すべき」と考えても効果はない

自分の〝考え〟を信じてはいけない(とくにそれが「……すべき」という形をとっているときは)。〝考え〟というのは、心の中に浮かんでは消えていく言葉やイメージにすぎず、適度に疑いつつ、距離をとって眺めるべきものだ。考えることが悪いと言っているのではない。計画を立てたり、問題を解決したり、創造力を発揮したりするのは、人間が人間たるゆえんであり、生きていくうえで役に立つことだ。

考えることが足をひっぱるのは、心配癖や自己批判(要するに、「こうすべき」とか「ああすべきではない」など)の習慣ループにはまってしまったときだ。この種の思考は――とくにそれが頑なな見解を伴うとき――自分を嫌な気分にさせるだけだ。

だから、脳で〝考える〟のではなく、脳を〝信じ〟よう。脳は、あなたが生き延びるのを助けるため、長い年月をかけて進化してきた。もちろん脳がすべての答えを持っているわけではないし、誤った道を指し示すこともある。だとしても、長い試行錯誤の末につくりあげた学習メカニズム(報酬ベースの学習)を急に放棄して、あなたを裏切ったりはしない。学習の仕組みについて知れば知るほど、そして、習慣のループをマッピングしたり、古い悪癖に幻滅したりすることで自分が進歩できるのを実感すればするほど、脳への信頼は深まっていくだろう。

自分の〝心と体〟を信じよう。この2つは切っても切り離せないし、報酬価値はまさにそこに記憶されているのだから。自分の行動の結果に注意を払えば、そのときの身体感覚や感情が眼窩前頭皮質に働きかけ、報酬価値の更新を促してくれる。

自分の経験を信じよう。成功の秘訣は、要はあなた自身なのだ。習慣ループのマッピングを繰り返せば、脳はあなたが真剣に習慣を変えようとしていることを理解する。自分の習慣的な行動と結果の因果関係に注意を払うことで、報酬価値が更新される。すると脳は、役に立たない習慣には嫌気が差し、有用な習慣に魅力を感じるようになる。

大学時代の失敗がなぜ忘れられないのか

大学生時代、食堂で数人の友達とランチをとろうとしたときのこと。別のテーブルに男子学生が1人ぼっちで座っているのを見て、私はうっかりそれをからかうようなことを口走ってしまった。何を言ったのか、いまとなってはどうしても思い出せないが、その行動に自分自身も友人たちもとても驚いたので、情景だけは鮮明に覚えている。

それから25年ちかくが経ち、この文章を書いているいまでも、身が縮む思いがする。私はとくに意地悪な人間ではなかったし、いじめっ子でもなかった。そのとき、みんな私がしたことにショックを受けたが、いちばん気の毒だったのは、その言葉を聞いたあの学生だった。彼は顔を伏せたまま、そそくさとランチをかきこんで席を立った。

だが、この話で重要なのは、その後に起こった変化だ。

もしあのとき頭がまともに働いていれば、私は立ち上がって彼のもとに行き、謝っただろう。だが私はそうしなかった。自分のしたことにショックを受けながら、彼と同じように顔を伏せたままランチを食べ終え、その場を立ち去ったのだ。

なぜ私はこのシーンを昨日のことのように思い出せるのだろう。鼓動が速まり、胃が締めつけられるなど、自律神経の高ぶりさえ再現される。その理由は、すぐに謝罪して〝手榴弾〟を遠くに放り出すかわりに、心の底に埋め、あろうことか折に触れてピンを抜くことさえあるからだ。やってしまったことは変えられないのに、それについて自分を責めることはできてしまう。それも何度も。

われわれの生存メカニズムは、失敗から学ぶよう設定されている。一度、熱いストーブに触れてやけどをしたら、そのあとは触らないようになる。そのおかげで何度もやけどをせずにすむ。同じく過去の出来事を後悔して自分を責めているとき、私たちは何かを学んでいる気になる（なぜなら、それもある種の行動ではあるから）。だが、それは学びではない。ただ、手榴弾のピンを何度も抜いてそのときの情景を再生し、自責の念が過去を魔法のように変えてくれると思い込んでいるだけだ。

もちろん、私はあの食堂での失敗から何も学ばなかったわけではない。それ以来、あんなことは一切していない。ただ、いまでも心には傷跡が残っている。そんな傷跡をいつまでも残す必要はない。そもそも、そんな傷を負う必要もなかった。その場で謝っていれば、一瞬気まずい思いをしたとしても、一時の気の迷いから出た戯言《たわごと》を水に流し、先に進めていたはずだ。

古傷をかかえて自分を責め続けるのか？

その体験から10年ほど経ったころ、瞑想の経験を重ね、報酬ベースの学習のメリットとデメリットについて研究を続けていた私は、ああいう〝いまいましい体験〟にはその先に2つの進路があることに気づいた。

まず1つ目の道は、「観察と学習」という健全なもので、それによって学びや成長が得られる。要は、経験を教師と捉え、何が起きたのかを観察して、その状況とそれに対する自分の内なるフィードバックから学ぶということだ。

トリガー　〝失敗〟を犯す
行動　それを観察し、学ぶ
結果　同じ〝失敗〟を繰り返さなくなる。経験から学んで次に進む

これは野菜中心の無添加食品のランチのようなものだ。おいしいし、健康的だし、肉牛畜産にともなう森林破壊の防止にもつながる。いいことずくめだ。

2つ目の道は、「振り返りと後悔」という不健全なものだ。この場合われわれは自己批判のループにはまり込み、何も学べない。成長の機会を無視したり押しつぶしたりして、もっぱら

自己憐憫に身をゆだねることになる。

トリガー　〝失敗〟を犯す
行動　自己批判をして自分を責める（つまり、〝かさぶた〟を剥がす）
結果　古傷がひらき、ふたたび出血する

しばらく前に、「赦すとは、過去がもっと良いものであったらよかったのにという思いを捨てること」という言葉に出会った。それからすこし時間はかかったが、私はマインドフルネスの訓練を積み、「振り返りと後悔」のループがいかに不毛であるかを認識したことで、過去の自分を赦し、新たな扉を開いて、あの食堂での〝いまいましい成長の機会〟から本当の意味で学べるようになった。

トリガー　食堂での気の迷いから出た戯言を思い出す
行動　胃が締めつけられ、頭の中で自己批判がはじまることに気づく。だがそこで自分自身を赦し、すでに起きた出来事は変えられないこと、そしてそこから教訓を得たのだという事実を自分に言い聞かせる。
結果　心の傷が治る

「最悪」を「最良」に置き換えよう

私の話はこれくらいにしよう。

次はあなたが、自己批判のループを振り返る番だ。まずはマッピングしてみよう。それが染みついた悪癖から抜け出す第一歩だ。すんでしまった過去の出来事に目を向けるのではなく、自己批判のループがはじまった瞬間に、自分がそれにどう対処するかを見て、そこから学ぶのである。「振り返りと後悔」は自分を過去に縛りつけるマインドセット。「観察と学習」は成長を促すマインドセットだ。

あなたはマッピングした自己批判のループを観察して（ファーストギア）、その後セカンドギアにシフトし、次のように自らに問いかけることができるだろうか？――「自分を責めることで何の得があるのか？　自責の念がそのループをながらえさせているのをわかっているか？　自己批判に伴う無益な痛みに注意を払うのが、このサイクルから抜け出すのに有効だと理解しているか？」と。

セカンドギアで勢いがつき、体に染みついた自責の念を取り払ったなら、ついにサードギアに移る準備が整ったことになる。

ＰＡＲＴ３では、ここまでの練習をベースに、いまいましい成長の機会を「より大きな、よりよい選択肢」（ＢＢＯ：bigger, better offer）に変える方法を説明しよう。

Finding That Bigger, Better Offer for Your Brain : THIRD GEAR

PART 3 脳を喜ばせる

好奇心には、勇気以上に恐怖を克服する力がある。
―――ジェームズ・スティーヴンス

第15章 もっと大きく、もっと良いもので心を満たす

「野生の馬」と「騎手」の葛藤

作詞家ヘンリー・ブロッサムと作曲家ヴィクター・ハーバートには「欲しい物を欲しいときに手に入れたい（I Want What I Want When I Want It）」という曲がある。1905年の曲だが、昨日できた曲だと言われても違和感はない。

このタイトルに現代的な響きがあるのは、いまが依存症の時代だからだ。世界はこれまでに類を見ないほど依存性の強い化学物質や体験を開発、生成、大量生産し、拡散できるようになった。

コカインのことを言っているのではない。フェイスブックの「いいね！」ボタンで、私たちはみな中毒になったのだ。ネットに接続して、グーグルの検索履歴をもとにアルゴリズムでキュレーションされたポップアップ広告を見たり、ソーシャルメディアで他人の〝盛られた〟生活を見せられたりして、「自分も手に入れなければ」という不安な気持ちになるたびに、中毒はさ

らに加速する。

人間は何千年ものあいだ、欲求と戦ってきた。アテネのパルテノン神殿には、紀元前440年頃のレリーフがあり、野生の馬を手なずけようとする騎手の姿が描かれている。それは、衝動と欲求（馬）と、それを制御しようとする意志の力（騎手）の葛藤を表している。

自分の行動を変えるための現代の方法は、おそらく啓蒙時代〔おおむね17世紀後半から18世紀〕の思想から大きな影響を受けており、個人主義と理性に重きを置いている。[1] 要は、批判的に考える能力にこそ、人間の強みがあるという考え方だ。

私たちは、心の底の欲求にもとづく行動を思考の力で押さえ込めると信じているが、欲求は前頭前皮質をベースとする意志の力よりもはるかに強い。そのため、頭では良くないとわかっている習慣でも、それを意志の力で変えることはできない。

どんなに理にかなったダイエット計画を立てても、リバウンドを繰り返してしまうのはなぜか？　それは習慣を変えて依存から抜け出すにあたって〝騎手〟に頼りすぎているからだ。アメリカを見ただけでも、オピオイド中毒や肥満の蔓延が社会的流行病《エピデミック》になっていることがわかる。

ますます荒々しくなる「現代の野生馬」

悪習慣や不安は個人的、理性的、自己中心的なアプローチではやめられないのが事実だとしても、そこから、問題解決の糸口を見つけることはできないだろうか？

現代人の神経回路は、いまだに狩猟採集モード（かつ〝狩猟されないためのサバイバルモード〟）からほとんど変わっていない。そのため、タバコを吸ったり、カップケーキを食べたり、メールやニュースフィードをチェックしたりするたびに、報酬ベースの学習がおこなわれる。
自分をなぐさめようとして何かに手を伸ばすたびに学習は強化され、その行動は無意識で習慣的なものになっていく。そして最後には、不安やその他の習慣ループにはまってしまう。たとえば40年来の喫煙習慣から抜け出したいと思っている患者が、助けを求めて医師のもとを訪ねたとして、そのときには喫煙の学習を単純計算で29万3０００回ほど強化していることになる。どだい意志の力で太刀打ちできるわけがないのだ。
にもかかわらず、現在の心理学的・行動療法的アプローチは、もっぱら理性と意志の力のみに頼っている。たとえば「認知行動療法」は、米国国立薬物乱用研究所の依存症治療のゴールド・スタンダードであり、エビデンスにもとづく治療法としてメンタルヘルスの問題全般に広く使われているが、不適応を起こす思考パターンや行動を変えることに焦点をあてている。[2]欲望が〝馬〟、認知的な制御能力が〝騎手〟という喩えを使うなら、認知行動療法はストレス要因に立ち向かう騎手の能力を強化することに主眼をおいていると言える。[3]
だが、化学物質や快楽がより入手しやすく、中毒性の高いものになっていくにつれて、〝馬〟はどんどん強く荒々しくなっていく。たとえば２０１３年に、調査報道記者のマイケル・モスは、ニューヨーク・タイムズ・マガジンに食品業界の実態を暴く記事を書いた。「中毒性ジャンクフードの異常な科学」と題したその記事では、食品企業各社が意図的に、かつ力を合わせて、中毒性の高い食品を開発する様子がまとめられている。[4]

それはハイテク業界も同じで、ソーシャルメディア・プラットフォームからテレビゲームまで幅広い製品を、数百万人（ものによっては数十億人）のユーザーを使ってテストしている。こうした製品は、ユーザーの満足度よりも、関与度《エンゲージメント》を高め、さらなる消費を促すことを重視して設計されている。

フェイスブック創立者の1人で、同社の株で億万長者になったショーン・パーカーは、フェイスブックについて、「承認欲求のループであり……人間の心理の脆弱性につけこむ、まさに私のようなハッカーが思いつくたぐいの代物だ」と言い切っている。さらに、フェイスブック開発の初期段階では「ユーザーになるべく時間を使わせ、可能なかぎり注目をひきつけること」を目指していたとも述べている。[5]

私たちの哀れな脳は、たんに食べ物を見つけようとしているだけなのに、あっさり手玉に取られ、打ち負かされてしまう。認知制御に大きな役割を果たすとされる神経構造（たとえば背外《はいがい》側前頭前野《そくぜんとうぜんや》など）は、ストレスのようなトリガーと直面したとき、まっさきに回路が遮断される仕組みになっている。[6] 夜遅くストレスを感じて疲れたとき、ブロッコリーよりアイスクリームが食べたくなるのはそのためだ。

「馬」を抑え込むのではなく「馬との関係」を変える

この仕組みを、こちらが有利になるように使うことはできないのだろうか？　欲求や渇望が報酬ベースの学習プロセスに組み込まれるのなら、そのプロセスを逆手に取って楽に心を鍛えることができるのではないか[7]？

　幸いなことに、あなたはすでにこの準備をはじめている。ファーストギアで不安のループをマッピングし、セカンドギアで行動の結果を観察したことで、意識はすでに高まり、〝気づき〟ができてきている。その過程で、眼窩前頭皮質にある報酬価値の更新もはじまっている。こうした「ワックスをかけ、ワックスをとり、フェンスにペンキを塗る」行動の積み重ねは、脳との大勝負への準備だったのだ。

　行動に影響を与え、行動を変えるうえでも〝気づき〟は必要だ。習慣を変えたいなら、まずは自分が習慣にとらわれていることに気づき、目を覚まさなければならない。それこそがファーストギアとセカンドギアの要諦だ。いったん行動の価値が更新されれば、思い違いを上書きして古い習慣を手放し、新しい行動を繰り返し脳に刻み込むことで自動化して、健全な習慣を形成することができる。

　これが理性と意志に頼る認知行動療法とマインドフルネスの重要な分岐点だ。理性（騎手）が「止まれ！　その考えを改めろ！」と命令しても、たいていの場合、衝動（馬）は騎手を振り落として好き勝手に走りまわる。

　それに対してマインドフルネスは、馬があばれる瞬間に意識を集中させ、行動の結果（落馬）を経験することで、次に馬があばれたときには自然と正しい行動をとれるようにしてくれる。マインドフルネスの原理は、報酬ベースの学習の仕組みと脳内で直結している。要は、眼窩前頭皮質に正確な情報をインプットできれば、行動の価値が上書きされ、今後のために保存・記憶されるわけだ。

この仕組みがしっかり機能していれば、馬を操るのに理性に頼る必要はない。行動の相対的な価値がはっきりすれば、原始人の脳が馬の手綱を引いてくれるからだ。生き残りに特化した原始的な脳は、若くて弱い前頭前皮質よりはるかに強いことを思い出してほしい。なんらかの状況に置かれたとき、思考の力でそこから抜け出そうとする必要はない。状況というものは、脳が学習を助ける仕組みの根っこにある自然の法則に従って展開していくものだからだ。

あなたはもうファーストギアとセカンドギアの効果を実感しただろうか。もしそうなら、私の患者が書いた次の文章にも共感できるだろう。

ある日の晩、感情を乱される出来事があったせいで、お菓子をやけ食いしてしまいました。気分を元に戻そうとして、火に油を注いでしまったわけです。ただ、甘さによる一瞬のなぐさめは、食べたチョコレートが〝腸への爆弾のように〟作用しているという感覚によって上書きされて、幻想は消え、これは失敗だという気持ちになりました。

あなたは、間違った思い込みが消えたことを、頭と体で感じたことがあるだろうか？　もしそうなら、おめでとう。サードギアへの準備が整ったことになる。

新しい習慣を身につけるための3条件

眼窩前頭皮質に話を戻そう。新しい行動を強化・保持するためには、その報酬価値が、古い行動の報酬価値を上回っていなくてはならない。眼窩前頭皮質は、出会い系アプリにはまっている人のようなものだ。スワイプを繰り返して、もっと大きくて良い選択肢《ビガー・ベター・オファー》（ＢＢＯ）を探している。眼窩前頭皮質も、つねにＢＢＯを探し求めて行動を選んでいると言える。

実際、眼窩前頭皮質が報酬の順位付けをしてくれるからこそ、私たちは精神的エネルギーを節約して、効率的に意思決定ができる。選択肢のなかから1つを選ぶようなときにはとくにそうだ。眼窩前頭皮質が過去のすべての行動に価値を割り振ってくれるので、与えられた選択肢から、いちばん価値のあるものを選ぶことができる。この仕組みによって、深く考えなくても素早くどれにするか決めることができるわけだ。

たとえば、私はこれまでに何度もチョコレートを食べてきたので、私の眼窩前頭皮質は、チョコレートがもたらす報酬の大きさを細かく順位づけしている。カカオ40％のミルクチョコレートより70％のダークチョコレートのほうが好きなので、どちらかを選べるとしたら、考えるまでもなくつねに後者を選ぶ。ただ、絶対に70％のものしか食べない、というわけではない。70％を超えていさえすれば、よりカカオの多いものや、シーソルトや少量の唐辛子、アーモンド入りのものも食べる（ちなみに60％台のものを食べることはほとんどない）。

さて、古い習慣を断ち切って新しい習慣を定着させるにあたって、必要な条件が3つある。

まず1つ目に、古い習慣の報酬価値をアップデートしなければならない。ここまでセカンドギアの練習をたくさんやってきたのはそのためだ。

2つ目に、それより大きく、もっとよい選択肢を見つける必要がある。

たとえば、タバコはおいしくないということがはっきりわかれば、喫煙の報酬価値は下がる（セカンドギア）。ただ、だからといって、これまでタバコ休憩をしていた時間にボーッと突っ立っているわけにはいかない。何もしないでいると、すぐに退屈や焦燥感といったよろしくない感覚がわきあがってくるからだ。

そのため既存の依存症治療では、それに変わる行動が必要とされることが多い。たとえば、キャンディを舐めてタバコへの渇望を抑えるといったことだ。しかし、それでは別の習慣形成を助長することになる。つまり、渇望がトリガーとなって、タバコを吸うかわりにキャンディを舐めることを学習し、新たな報酬ベースの学習ループができてしまう。これが、禁煙はできたが体重が7キロ増えたという事態を招くのである。

3つ目は、古い習慣に逆戻りすることなく新しい習慣を永続的に定着させるためには、これまでと同類のBBOではなく、特別な種類のBBOを見つけなければならない。つまり、これまでより報酬が大きいのはもちろんのこと、置き換えた新しい行動が別の習慣ループにおちいるようなものであってもいけない。

マインドフルネスは真の満足をもたらす

マインドフルネスは、この3条件を満たせる可能性がある。重要なことなので言葉を換えて繰り返すが、マインドフルネスはあなたに〝本物の〟満足を与えうる。つまり、いまの行動よりも大きく、よりよい選択肢を、別のなにかに対する渇望という重荷（これについては後述する）なしに与えてくれる可能性があるのだ。

ここで改めて、ストレスを感じたときの行動について考えてみよう。タバコを吸ったりカップケーキを食べたりするかわりに、ストレスを感じたその瞬間を、好奇心を持って見つめるなら、2つのユニークな変化が起きる。

- 行動が、外面的な行動（やけ食い、喫煙など）から内面的な行動（好奇心を持つ）に変わる。
- 報酬価値が大きく変わる（これが重要なポイントだ）。

なくしたい行動が心配癖などの内面的なものでも、好奇心を持つという行動に置き換えることはできる。心配より好奇心のほうが気持ちがよく、報酬価値が高いからである。

私の研究室で、さまざまな精神状態や気分の報酬価値を調べたところ、とても興味深いことがわかった。まず、意地悪、ストレス、不安、渇望といった心理状態は、親切、驚き、喜び、好奇心といった状態と比べて、心地悪い（報酬が少ない）ことが確認できた。さらに、親切などには開放感や広がりが感じられるのに対し、意地悪などには排他的で閉じた感じがすることが判明したのだ。これはサバイバルのメカニズムという観点からも納得がいく。サーベルタイガーに追い詰められたら、身を縮めて攻撃される範囲を減らし、大切な臓器を守ろうとするのが人間の本能だからだ。

私たちは、この〝閉じている〟という感覚――つまり、精神的に身を縮めている状態――が、後帯状皮質（123ページ参照）をはじめとする脳のデフォルトモード・ネットワークを活性化することをつきとめた。[8] つまり、意志や思考の力が働かなくなるということだ。対照的に、その瞬間の経験に好奇心を持って目を向けることは、開放的で広がりのある感覚と結びつき、デフォルトモード・ネットワークの活動を沈静化する働きがあることがわかった。そしてなにより、意地悪、ストレス、不安、渇望などより、親切、驚き、喜び、好奇心などのほうが気持ちがいい――つまり報酬価値が高いのである。

では、このコンセプトを、あなた自身の経験知として定着させるための実験をしてみよう（所要時間はおよそ30秒）。

● まず、最近不安や恐怖を感じたときのことを思い浮かべる。その感覚が体で感じられるよう、そのときの出来事や、それにまつわるさまざまな要素を詳しく思い出す。
● 不安や恐怖が体のどこに感じられるかに意識を向ける。それはどんな感覚だろうか？　閉じた、身の縮むような、締めつけられるような感じだろうか？　それとも開放的な広がっていくような感じか?

● 次に、逆に最近うれしかったときのことを思い浮かべる。これもまた、そのときの出来事やその他の要素を詳しく思い出して、感情を体で感じる。その感情が体のどこに感じられるかに注目する。それはどんな感覚だろうか? 閉じた、身の縮むような、締めつけられるような感じだろうか? それとも開放的な広がっていくような感じか?

自分の感覚を見つめるだけなら、この実験はとくに難しいことではない。だが、これを研究室でやるとなると確認すべき事項が驚くほど多く、容易ではない。それでも私たちはポスドクを務めるイーディス・ボニンを中心に、何百人もの被験者を対象にして感情の報酬価値を測定した。その結果、だれもが例外なく、〝閉じた〟状態より〝開いた〟状態を好むことがわかった。あなたもこの簡単な実験から、ストレスや不安は締めつけられるような感じがして、喜びには広がりを感じることがわかったのではないだろうか。

行動の瞬間に意識を向けることによる気づきのメリットを挙げておこう。

● 古い行動の報酬価値をアップデートできる。
● それ自体がそもそも内面に支えられた行動である(別の何かを買いに走る必要がない)。
● 習慣ループという〝ハムスターの滑車〟から脱出できる。

サードギアとは一言で言えば、古い習慣の代わりになる行動を見つけることだ。そしてそれがＢＢＯ（もっと大きく、もっと良いもの）であるがゆえに、より好ましい行動となる。ＢＢＯは報酬価値が高いので、古い習慣ループから抜け出そうとする際に役に立つし、いったん定着すれば、脳にとっての新しい常套手段（すなわち新しい習慣）となる。

さて、本書はここから、マインドフルネスのさまざまなテクニックを学び、実践することに焦点をあてる。きっと自分に合うテクニックが見つかるはずだ。

もう一度、馬と騎手の喩えに戻れば、行動の瞬間に意識を向けるマインドフルネスは、欲求（馬）を弱めるわけでもなければ、意志の力（騎手）を強くするわけでもなく、両者の関係を変える。要は、馬を屈服させようとして戦うのではなく、うまく乗りこなす方法を学ぶということだ。有害な衝動の持つエネルギーと力を、気づきによって制御することで、馬と騎手は調和して一つになる。二項対立の状態を乗り越えて、対戦相手からダンスのパートナーのような関係へと移行できるのである。

何を使って解決するかという問題

サードギアについて述べた2通りの説明――広い意味のものと、より具体的で長持ちする（持続可能な）もの――を比べていただきたい。

Ａ　広義のサードギア＝古い習慣ループから抜け出すのに役立つものなら何でも使う。
Ｂ　より具体的で持続可能な狭義のサードギア＝古い習慣ループから抜け出すのに役立つ内面ベースのＢＢＯを使う。

Ａの問題は、「何でも使う」というところにある。たしかに、悪い習慣（ケーキを食べすぎてしまうなど）からただ抜け出すだけなら、食べたくなるたびにハンマーで自分を殴りつければすむが、もちろん実際にはそんなわけにはいかない。

永続的に習慣を変えるには、ハンマーではなく、いつでも必要なときに使える現実的な手段が必要だ。さらに、その行動自体がどんな報酬を伴うかが重要となる。古い行動より報酬が大きくなければならないし、それを定着させる過程において古い習慣ループを強化するようなものであってもいけない。すでに説明したことだが、タバコのかわりにキャンディを舐めても結局体重が増えてしまうだけだ。

そのことの重要性がわかる、イート・ライト・ナウ・プログラムに参加したある女性のコメントを紹介しよう。

今日、ある出来事のせいで動揺して、とても感情的になりました。嫌な気分を紛らわしたいとき、私は大きくて甘い、味の濃い食べ物やおやつを買い求めます……ベーカリーのカウンターの前に立って、ケーキやパイ、クッキーを眺めながら、あまり罪悪感を感じず

に食べられるのはどれだろうと考えていました。

あれこれ物色していると、パック入りの新鮮なブラックベリーが目に入り、「これは自分へのご褒美になるし、お菓子よりもいいかもしれない」と思いました。そこで、甘いパンのかわりにブラックベリーを買って、一粒一粒を味わいました。食べ終えるととても満足しました。そして、いわゆる普通のデザートには手を出すことなく店をあとにしたんです。

でも、その日の出来事はいま思い出しても心穏やかではいられません。ブラックベリーを食べて自分をなぐさめましたが、それでもまだ心の穴を埋めたい、不快感を和らげたいと思っている自分がいます。何かによって心を満たしたいという気持ちが続いているんです。

ただ、いつもならその〝何か〟は、食べ物でしたが、いまは食べたくありません。では、いままでなら食べ物で紛らわせてきた心の痛みがまた起きたとき、私はいったいどうすればいいのでしょうか？


この女性は、自分の習慣ループをしっかり観察している。心が動揺する出来事があって、それを紛らわすために食べ物に手を出す。彼女にとって食べることは気持ちの動揺を鎮めるための常套手段だった（デイブを覚えているだろうか？　彼もまた不安から目をそらすために食べていた）。気を紛らわせるために何か違うことをしたり、何かを食べたりといった代償行為は、たしかに一種のBBOではあるのだが、習慣ループを強化してしまうという問題は残ってしまう。

自分の心のフォースを操る〝ジェダイ・マスター〟になりたいなら、ある習慣を別の習慣に置き換えるだけでは足りないし、どんなBBOでもよいということでもない。デイブは自らそれに気づき、代償行為として食べ物に手を伸ばすことをやめてはじめて、不安を克服できたのだ。

心の穴は何で埋めればいいのか？

では、この女性はこのような苦しい時間をどうやって乗り越えればいいのだろうか？

その方法は「いつでも使える方法」でなくてはならない。したがって、友達や家族に電話をするという方法は選べない。誰も電話に出ないことだってあるのだから。かわいい子犬の動画を見るというのも、別の習慣ループを強化するやり方にすぎず、適切な方法とは言えない。

さらに、子犬の動画を見るという方法には、ある顕著な問題がある。馴化《じゅんか》――すなわち〝慣れ〟だ。

はじめて酒を飲んだときのことを思い出してほしい。1杯でも強烈に効いただろうし、飲みすぎればおそらく二日酔いになっただろう。だが、何度も飲んでいるうちに脳がアセチルコリン受容体を調整して、同じことが起きても大丈夫になった。さらに日常的に酒を飲みつづけると、脳は受容体の数を減らして（馴化）、アルコールへの耐性を形成し、同じくらい酔うのにより多くの量を飲まなければならなくなる。

それと同じで、インスタグラムで子犬の動画を見ることを古い習慣の代償行為にすると、脳はかわいい子犬を見るのに〝慣れ〟はじめ、馴化する。要するに、「これはもう見た」と脳が言い出すのだ。たくさん飲まなければ酔えなくなるように、もっとかわいい子犬をもっとたくさん見なければ癒やされなくなっていく。これでは長期的な解決策とは言えない。

このプロセスは「ハングリー・ゴースト」（餓鬼）と呼ばれることもある。巨大な胃袋と長くて狭い食道を持つ幽霊を思い浮かべてみてほしい。この化けものはどんなに食べてもお腹を満たすことができないため、いつまでも満足することがない。食べたものが胃に届く頃には、さっき食べたものは

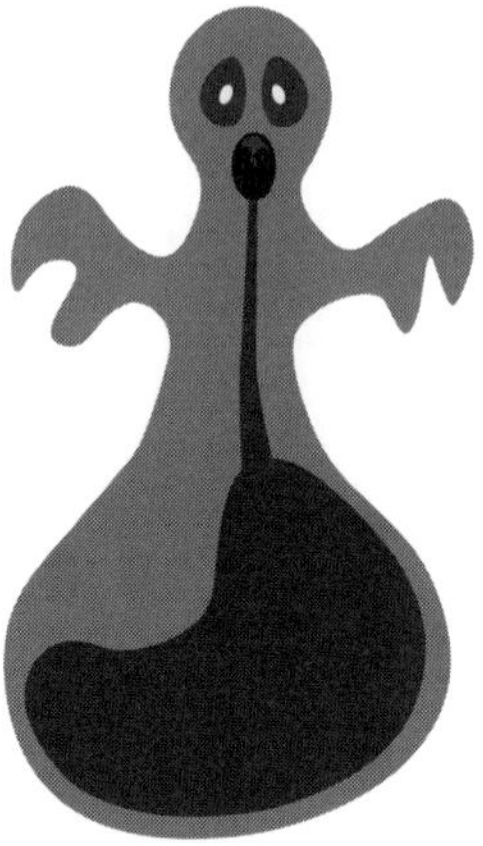

大きな胃のなかですっかり消化されてしまっているのだ（上図参照）。
満たされない大きな胃袋と同様、心の空洞も気持ちの良いものではない。だから脳は考える。「何かをしてこの空洞を埋めなければ！　怖い！　絶望の穴に吸い込まれそうだ」。だが、結局はその空洞は埋まらないし、その無益な努力の過程で別の習慣ループにはまることになる。
しかし、その空洞が、なんのことはない、自分の思考や感情、体の感覚によって生じたものであることがわかれば、習慣ループから一歩身を引いて、ファースト、セカンド、そしてサードギアで前に進んでいける。

「気づき」は前進するためのエンジン

その際、気づきは各段階でエンジンの役割を果たす不可欠なプロセスとなる。サードギアで

は、感覚や感情におおらかな好奇心を向けることで、状況を改善するためには頑張って何かしなければならない、という思い込みが消え、ただ自分がいま体験していることを見つめるだけで問題は小さくなり、自然と消えていく。

好奇心は「何かをしなければ！」という落ち着かない気持ちを鎮めてくれる。以前とは違う、開放的で広がりのある感覚をもたらしてくれるからだ。それはとても気持ちがいい。しかも好奇心を持ってその瞬間を見つめ、気づきを得るという、自分の内面に足場のある行動は大いに報われることなので、習慣ループから抜け出すのを可能にするだけでなく、気分をよくして学習の機会も与えてくれる。つまりそれ自体が特別なＢＢＯなのだ。これが心配癖をはじめとしたその他の習慣のループにどのように影響するかは、まずは好奇心について学び、親しんだあとに、詳しく解説することにしよう。

さて、ギアをサードに入れる準備はできただろうか？

まず、どんなタイプのＢＢＯを古い習慣の代わりにするか、計画してみよう。それは習慣ループを強化するようなものではないだろうか？　落ち着かない閉じた気分になるものではないだろうか？　一時的な解決策にすぎないということはないだろうか？　さらに多くのものを求める馴化の兆候はないだろうか？　それとも、これまでとは違う道に足を踏み出す手助けをしてくれるものだろうか？　それがＢＢＯに何を選ぶかの基準となる。

第16章　好奇心の科学

私に特別な才能はない。ただ強烈な好奇心があるだけだ。
――アルバート・アインシュタイン

子どもはみんな科学者

2007年、ニューヨーク市が地下鉄に画期的な仕組みを導入した。ロンドンの地下鉄では何十年も前に導入されていたし、ワシントンDC、サンフランシスコ、カナダのトロントなどでも導入済みだったので、遅ればせながらではあるが、地下鉄を含む駅の大半に電車到着を知らせる「カウントダウン・クロック」を設置したのだ。[1] 1760万ドルを超える設備投資だったが、それに見合う価値はあった。

市営地下鉄の計画担当者たちは、乗客の心を和ませ、通勤の負担を軽くするために、好奇心と学習方法を結びつけるという方法を用いたのだ。

その理屈と方法を理解してもらうにあたって、まずはネットで好奇心の定義を検索すると、

「何かを知りたい、学びたいという強い欲求」といったことが出てくる。好奇心とは生まれながらにして自然に備わった、誰もが持つ普遍的な能力であり、子どものときにもっとも大きく花開くものだ。好奇心を引き出せれば、世界の仕組みを発見することができ、子どものときのような新鮮な驚きを感じられる。フェルミ研究所の2代目所長で、1988年にノーベル物理学賞を受賞したレオン・レーダーマンは、次のように言っている。

子どもは生まれながらの科学者だ……。彼らは科学者がやるべきことをすべてやっている。物の硬さを試したり、落ちる速さを測ったり、自分の体のバランスをとってみたり、身のまわりの世界で物理を学ぶためのあらゆることをしている。子どもはみんな完璧な科学者だ。「なぜ？　なぜ？　なぜ？」と問いつづけて親を困らせる。[2]

だが、すべての好奇心が同じわけではないし、いいことばかりでもない。アダムとイブがエデンの園から追い出されたのは、好奇心のせいだとも言える。17世紀には哲学者のトマス・ホッブズが好奇心を「心の渇望」と表現し、ブレーズ・パスカルは「ただの虚栄心」とつけくわえた。

だとしても、神経生物学的な視点から好奇心の働きを知ることは、子どものような驚きを取り戻し、その力を引き出すための最初の一歩だ。

「興味による好奇心」と「欠落による好奇心」

2006年、心理学者のジョーダン・リットマンとポール・シルビアは、好奇心をその特色によって大きく2つに分け、それぞれを「I好奇心」と「D好奇心」と名付けた。[3] I好奇心の〝I〟は興味（interest）のIであり、何かを知りたいという健全な知識欲を指す。一方、D好奇心の〝D〟は、欠乏（deprivation）のDであり、情報の欠落を埋めなければ落ち着かないという心の状態を指す。

言い換えれば、情報への欲求である好奇心は、心地よさを生む方向に働くものと、嫌な気持ちを軽減する方向に働くものがあるということだ。

欠乏から生まれる好奇心

欠乏による好奇心（D好奇心）は、情報が不足しているときに起こるが、それは具体的な情報であることが多い。たとえば、映画スターや有名人の写真を見て名前が出てこないときなどがこれにあたり、思い出そうとして脳はフル回転しはじめる（「あのラブコメに出てたな……どのシーンだったか……なんていう名前だっけ？」）。

思い出そうとすると、まるで記憶を脳から絞り出すように、ぐっと体が縮まるような感覚になるだろう。どうしても思い出せなければ、映画のタイトルで検索するかもしれない。それで俳優の名前がわかれば情報の欠落が埋まり、安心する。

この種の心の動きは、メールやソーシャルメディアと接触するときにも起こる。たとえば、会議や食事の最中にメールの着信に気づくと、気になって落ち着かなくなり、まるで携帯電話が燃えだしてバッグやポケットに穴が開きはじめたように、今やっていることに集中できなくなることがある。〝不安の炎〟は、携帯をとりだしてメールの差出人を確認するか、中身を読むまで消えない。

もう1つ例を挙げよう。先の見えない渋滞に巻き込まれたとき、あなたはどういう気持ちになるだろう。グーグル・マップやカーナビで、どれくらいで抜けられるかがわかれば気分はぐっと楽になる。渋滞を抜けるのにかかる時間が短くなるわけではないが、見込がわかっただけで不安は軽減される。知識の欠乏が埋まったことで不安が減ったわけだ。

次の電車が到着するまでの時間を表示するのも、いつ来るかわからないというストレスを軽減するためだ。いつ来るかわからない電車は、2分待つのも辛いが、15分後に確実に来るとわかっていれば我慢して待つことができる。

嫌な気持ちから解放され、気になるむずがゆいところに手が届くことは、それ自体が報酬だ。だからこそテレビ番組には興味をひっぱるような見せ場があるのだ——欠乏による好奇心を刺激された視聴者は、このあとどうなるか知りたくて、つい続きを見てしまう。

興味から生まれる好奇心

興味による好奇心（I好奇心）は、何かについてもっと知りたいと思ったときにわきあがる。

俳優の名前のような断片的情報ではなく、もっと広いものが対象となるのが普通だ。たとえば、あなたは死ぬまで大きくなりつづける動物がいるのをご存知だろうか？　そういう生き物は非決定成長生物と呼ばれ、サメ、ロブスター、カンガルーなどが該当する。体重が9キロを超えるロブスターが発見され、その大きさから140歳と推定されたこともある。なんとも長生きで巨大なエビがいたものだ！　大いに興味をそそられる話ではないか。

インターネットで何時間も検索をして、たくさんのことを知り、知識欲が満たされる。興味による好奇心とはそのようなものだ。新しいことを学ぶのは気持ちがいい。

これは欠乏による好奇心とはまったく別物だ（そもそもここには欠乏が存在しない。さきほどの例で言えば、あなたはそもそもロブスターがそんなに大きくなることなど知らなかったはずだ。だがその事実を知ったときに興味をそそられ、楽しくなった）。欠乏による好奇心が、目的地に向かうものだとすれば、興味による好奇心は、目的地よりもそこに至る道のりに焦点をあてる旅のようなものだと言えるだろう。

サバイバルのための好奇心

そもそも私たちはなぜ好奇心を抱くのだろう？　いまでは好奇心は報酬ベースの学習のうえに成り立っていることがわかりつつある（そのことに驚くのは私だけだろうか）。

そして報酬ベースの学習は正と負の両方の強化に依拠している。私たちは、気持ちいいことを増やし、気持ち悪いことは減らしたい。洞窟に住んでいた時代には、それは食料を見つけ、危険を避けるうえで重要なことだった。

同じ事が好奇心にもあてはまる可能性があるのだ。好奇心の働きが、報酬ベースの学習と一致しているという仮説は、多くの研究によって裏づけられている。

カリフォルニア大学デービス校のマティアス・グルーバーらの研究では、学生たちに雑学のクイズ問題を見せ、答えを知りたいと思う気持ちの強さを自己評価させた。[4] 好奇心がピークに達すると、脳内のドーパミン経路が活性化し、報酬中枢と海馬《かいば》（記憶に関連する脳の領域）の結びつきが強くなった。その状態にある学生は、クイズの答えだけにとどまらず、より多くの情報を記憶することができた。

トミー・ブランチャードらがおこなったロチェスター大学とコロンビア大学の研究は、情報を得ようという好奇心が、眼窩前頭皮質でどのように処理されているかを調べた。[5] 眼窩前頭皮質は報酬価値とつながっていて、さまざまな物（たとえばブロッコリーとケーキなど）に報酬価値を割り振る脳の部位だ。ブランチャードのチームは、霊長類を対象とした実験で、動物たちがたとえば水を飲むといった報酬を犠牲にしてでも情報を得ようとする場合があることを発見した。

こうした研究結果を考えあわせると、「知識欲」という表現はたんなる比喩ではないことがわかる。知識の獲得は、その他の報酬ベースの学習と同じ経路をたどって進むし、脳にもちゃんと報酬価値が設定されている。つまり、私たちの〝サバイバルに必要なものリスト〟には、食べ物や水だけでなく「情報」もあるということだ。食料探しや危険回避のために働く古い脳と、情報を集めて計画を立て、未来を予測する新しい脳が手をつなぐことで、私たちは今日の世界を生き延びることができる。

では、好奇心には適量というものがあるのだろうか？　情報が多すぎるということはあるのだろうか？

健全な好奇心を保つための知識量

じつは好奇心にはさまざまな〝風味〟があって、種類によって体がどう感じるかが異なる。欠乏による好奇心は閉鎖的、興味による好奇心は開放的な感覚をもたらす。行動をうながす報酬の仕組みについては、欠乏による好奇心は答えを得ることが報酬であるのに対し、純粋な興味からの好奇心は、好奇心を抱く過程自体が心地よい報酬となる。これは2つの意味で重要だ。

● 興味による好奇心はそれ自体が報酬であるため、報酬を得るにあたって好奇心以外の何かを必要としない。
● ゆえに、本質的に尽きることがない。

興味による好奇心は、欠乏による好奇心がもたらす〝閉じた〟感覚よりも気持ちがいい（報酬が多い）。では、この事実を利用して、好奇心にもとづく学習をより効果的に進めるにはどう

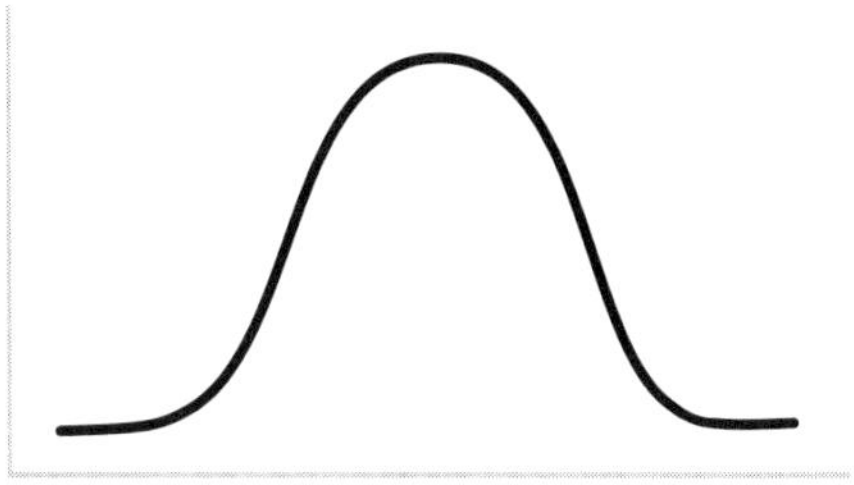

すればいいだろう？　好奇心と知識の関係を示す曲線は逆U字型のベルカーブとなる（上図参照）。好奇心の強さが縦軸、知識量が横軸だ。ほとんど知識がないことについては、それに対する好奇心も弱い。知識が増えるにつれて好奇心は高まるが、そのうちに頭打ちになって、さらに知識が増えると情報の欠乏が埋まっていくので、好奇心も減っていく。

言い換えると、好奇心と情報のあいだにはゴルディロックスの法則〔人は何かが多すぎても少なすぎてもいやで、「ちょうどよい程度」のものを選ぶという意味〕が成り立つようだ。知識が増えて不確定要素があまりに少なくなると欠乏による好奇心は刺激されなくなるが、知識が乏しく不確定要素が多すぎると不安になる。好奇心を高い状態に保つには、このベルカーブの頂点にとどまるのにちょうどよい量の情報を手に入れる必要がある。

2種類の好奇心をあわせる

ほとんどの人は、自分自身や世界に対して「欠乏による好奇心」を持って向き合っている。たとえば、解決すべき問題があるとか、これを知る必要があるといったことだ。

だが欠乏による好奇心と興味による好奇心を組み合わせれば、尽きることのない好奇心を育み、維持することができる。この相互作用を使って、古い習慣を断ち切り、新しい習慣をつくることもできる。

この本をここまで読んだあなたは、報酬を意識することによる習慣形成をはじめとして、すでに心と脳の働きについて多くのことを学んだ。脳は行動の報酬を記録することで学習し、習慣を形成する、ということも理解した。欲望や習慣の奴隷状態から抜け出し、脳の力を自分にとってプラスになるように働かせる方法も知った。ここでさらに足を踏み出せば、好奇心の逆U字型曲線をのぼっていくことができる。

これはキャロル・ドウェックのいう成長マインドセットともつながる。失敗したとき——つまり、逆U字型曲線から滑り落ちて関心を失い、フラストレーションを感じたようなとき——心を閉ざしてしまうのではなく、この経験から学ぼうと決めて心を開き、興味を向けることができる。

ここまで知識をインプットしたあなたは、自分の体験に以前より強い興味を持ち、そこに意識を集中できるようになっているはずだ。そうすれば、思考に頼って不安から抜け出したり行動を変えようとするのではなく、好奇心の報酬という内なる力を味方につけられるようになる。これにより、好奇心のベルカーブの頂点にとどまれることを、あなたはおそらくもう理解しているはずだ。

不安についてはもう十分にわかったと思い込んだり、不安やストレスは絶対になくせないとあきらめたり、不安を解消する魔法の薬やテクニックを探さなくてはならないと考えるのではなく、不安というものがどのように感じられるのか、それがいかにして心配癖や先延ばしのループを引き起こすかということを、好奇心を持って観察しよう。そうすれば、どんな習慣にも対応できるようになるし、習慣ループに巻き込まれたときも、そこから何を学ぼうかと興味を持てるようになる。

アインシュタインは次のように言っている。

「好奇心が存在するのにはわけがある。永遠なるものや生命の謎に思いを巡らせ、現実《リアリティ》の驚くべき構造に接したとき、われわれは畏敬の念を抱かずにはいられない。だから日々、少しでもその神秘を解き明かそうとする。それだけで十分なのだ。好奇心は失ってはならない神聖なものだ[6]」

私に言わせれば、好奇心は、人間が持つもっとも重要な能力だ。生き残る方法を学んだり、発見の喜びや驚きを生みだす、まさに脅威の力である。

金メダリストも唱えた「好奇心のマントラ」

2019年の秋、私は親友のロビン・ブーデット博士と一緒に、アメリカの女子水球チームの1週間にわたる瞑想合宿を指導することになった。

ロンドンとリオのオリンピックで2大会連続金メダルを獲得した強豪で、コロラド山中のリトリートセンターに集合したのは、世界選手権とパンアメリカン大会で優勝した直後だった。

文字通り、世界一のトップアスリートたちに、何を教えればいいのだろうか？

合宿中盤の3日目、私とロビンは、選手たちを山上から深い谷を見下ろすすばらしい景色の場所まで登らせた。

ここまで、瞑想でも食事でも、いかなるときも好奇心を持つことの重要性を強調してきたが、それをかき立てる具体的な方法については、適切なタイミングを見計らって、あえて伏せていた。

ついにそのときがきた。

私とロビンは、「1、2、3」と数えてから。大きな声で「フーム」と唸って沈黙を破った（これは何かに興味を持ったときに自然と出る声であり、伝統的なマントラである「オーム」とは違うので混同しないように）。彼女たちにも、あとに続いて同じような声を出してもらった。この〝世界の屋根〟とでも言うべき場所で、みなの「フーム」という声が響き渡る。これにより選手たちは、考えることをやめ、好奇心にどっぷり身をゆだねることができた。

合宿の残りの期間、彼女たちは水を得た魚のように、「フーム」を繰り返した。瞑想中に雑念が生じたり、フラストレーションや行き詰まりを感じても、「フーム」という声を発することで、それを変えようとか抑え込もうとかするのではなく、体や心がどう感じているかを探る方向に好奇心を向けられるようになった。

心配癖や自己批判のループにおちいったときも、「フーム」と発声することでギアをサードに入れ、そこから抜け出すことができた。心が暴走しかけたとき、習慣化していた自己批判をはじめるのではなく、「フーム」と発声することで立ち止まり、習慣ループを構成している要素

――思考と感情――を見つめることができたのだった。

彼女たちは何かを経験したとき、好奇心によって、価値判断を下すことなくその瞬間にとどまれるようになった。好奇心は、それまで習慣的に使ってきた意志の力やその他のどんな力より強いことがわかったし、瞑想合宿に遊び心と喜びももたらしてくれた。実際、一日中「フーム、フーム」とやっていたら、堅苦しい雰囲気になりようがない。

私は長年にわたってこのシンプルなツールを教えてきた。そして言葉や文化、バックグラウンドを問わず多くの人々が、自分の感じている経験に直接入り込み、自然と好奇心を引き出すのを見てきた。この方法は、知識によって心の隙間を埋めようとする「思考の罠」を避け、心を開放してその瞬間に没頭し、好奇心を高めるのにも役立つ。

興味による好奇心は、サードギアの条件を完全に満たしている。それは内面をベースにしたいつでも可能な行動であり、古い習慣ループから不可逆的な形で抜け出すことを可能にするBBOである。

もう1つ、好奇心がいかに有用かを物語る、アンワインディング・アングザイアティ・プログラムに参加したある患者の例を挙げよう。


――プログラムをはじめたばかりの頃は、好奇心のメリットをあまり信じていませんでした。でも、たまたま今日、パニック発作が起こりそうになったとき、私は恐れや恐怖を感じるのではなく、とっさに「フーム、これは興味深いな」と言いました。自然に口から出てきたのです。すると、それだけで風向きが変わりました！　私はそのとき、ただ「興味深い」と口に出しただけではなく、心から興味深いと感じていました。

こうした話をすると、「好奇心が湧いてこなかったらどうするんですか？」と質問されることが多いのだが、それに対して私はこう答える。

「マントラを使って、好奇心がわかないという経験のなかに飛び込んでください。〝フーム、好奇心がわかない。これって、どんな感じかな？〟と問うわけです」

こうすれば、思考や固定観念にとらわれた状態から、体の感覚や感情を興味を持って見つめる状態に移行して、〝考える頭〟から〝感じる体〟への切り替えができる。

好奇心のエクササイズ

ここでアンワインディング・アングザイアティのアプリで一番最初に出てくる、好奇心のエクササイズをやってみよう。不安に襲われたときに〝非常ボタン〟として使える2分間ほどのものだ。

まずは静かで快適な場所を確保する。座っていても、横になっていても、立っていてもかまわないが、気が散らず集中できる環境に身を置く必要がある。

そして、習慣ループにおちいった最近の出来事を思い浮かべ、その場面を詳しく思い出して、回顧的セカンドギア（170ページ参照）に移る。価値判断や自己批判をするのではなく、行動そのものに焦点をあてることがポイントだ。

記憶のなかでその経験を再現し、古い習慣を繰り返しかけたその瞬間に、自分がどう感じているかに意識を集中させる。「食べちゃえ」「飲んじゃえ」とあなたを駆り立てた衝動は、どんな感覚をあなたにもたらしただろう?

そこで体に意識を向ける。いま、いちばん強く感じられるのはどんな感覚だろう? 次の選択肢のなかから、もっとも強く感じているものを1つ選ぼう。

□締めつけられる感じがする
□プレッシャーを感じる
□身が縮むような感じがする
□落ち着かない
□呼吸が浅くなっている
□感情が激しく乱れている
□緊張している
□歯を食いしばっている
□体が熱い
□胃が痛い
□ぞくぞくっと震えるような感じがする

その感覚は、体の右側と左側、前と後（あるいは体の中心）のどこで強く感じられるだろう。

ここでついに、あなたの内なる「フーム」を解放するときがきた。その「フーム」が向かう先は体の右側なのか左側なのか、はたまた前なのか後なのか真ん中なのか。

それがどこであってもまったく問題はない。体のどこで感じているかに興味を向けてみて、何か気づいたことはあるだろうか？　好奇心によって、その感覚に近づくことはできただろうか？

体の感覚が新鮮なままなら、ついでに他の部分も探ってみよう。いま、ほかにも何かしらの感覚を感じているだろうか？　そこに好奇心を向けるとどうなる？　感覚は変わっただろうか？　その感覚が体でどのように感じられるかに〝本当に〟興味を持ったとき、何が起きるだろう。

エクササイズの最後の30秒間、その感覚を追いかけてみてほしい。それに対して何かをしようとするのではなく、ただ観察するのだ。興味を持って観察することで、何かすこしでも変化は生じただろうか？

以下に引用するのは、このエクササイズを行った人の感想だ。

——このエクササイズはすごい！　ストレスが体のどこにたまっているのかがわかるし、その感覚を掘り下げることで、ストレス体験がまったく違うものになります。ストレスや不快感に目を向けるなかで、それが体にもたらす感覚が好奇心の源に変わり、自分自身が生みだしていたネガティブな勢いが弱まっていくのがわかりました。

「好奇心は不安に勝る」。これは何度も聞いた言葉ですが、ただ聞くのと、実際に自分の体で実感するのとではまったく違います。この仕組みがどのように機能するかわかったので、これからもやれると思います。

「いま、この瞬間」に意識を向けるための好奇心

この短いエクササイズは、好奇心の感覚を味わうためのものだ。なすすべもなく習慣ループにはまってしまうのではなく、意識を澄ませて、その瞬間に体と心に起きていることに興味を持つという、人間にもともと備わっている能力を目覚めさせるためにある。好奇心を持つことで、思考や感情、体の感覚に以前よりもすこしでも長く寄り添えるようになれば、大きな一歩を踏み出したことになる。

サードギアとは、古い習慣ループから抜け出し、その瞬間に自分がどう感じているかを観察するプロセスのことだ。

「フーム」というマントラを使えば、子どもの頃のような驚きを蘇らせることができる。久しく好奇心を眠らせていたなら、とくにその効果は大きい。頭で考えて力ずくで習慣ループを修正しようとするのではなく、「フーム」によって、経験そのものに意識を向けられるようになる。

悪い習慣になっている行動をとりたくなる衝動を感じたら――あるいはその行動の渦中であっても――サードギアにシフトできるかどうか試してみよう。「この行動から自分は何を得るのか？」と問いかけるセカンドギアにも好奇心を向けてみよう。そうすれば、その経験に心を開いて、「観察と学習」の成長マインドセットに入っていくことができる。

第17章 好奇心で不安が消える

30年続いた不安を克服した気づき

これまで何度か登場してもらったあのデイブ（7章・11章参照）、が、どのように好奇心を育て、恐怖や不安を克服したかをお話ししよう。

ある日クリニックを訪れたデイブは、子どもの頃に父親から身体的虐待を受けていたことを告白してくれた。何の気なしにただ座っていただけなのに、いきなり殴られたのだという。叩かれる理由があったわけでもなく、彼は父にとってサンドバッグのようなものだった。

父親は何の根拠も規則性もなく、まったくの気まぐれで彼を叩いた。これはすでに述べた「間欠強化」（65ページ参照）にあたる（間欠強化は人をスロットマシンやソーシャルメディア中毒にさせるだけではなく、こうした形でも作用する）

この虐待のせいで、デイブは子どもの頃から、つねに危険なことがないかと警戒するようになった。つまり彼の脳は、どこが安全で、どこが根拠をもって危険と判断すべき場所なのか、まったく見分けることができなくなっていたのだ。

デイブの脳は、報酬ベースの学習プロセスを使って行動の安全性を評価することができず、たんに「すべての行動は安全ではない」と仮定していた（そのほうが〝安全〟だと思い込んでいたからだ）。要は、彼は30年以上にわたって強い不安を感じたまま警戒状態で歩きまわってきたのだ。だがデイブは、あるときふと、つねに警戒状態にあるというのが、自ら自分のなかにアイデンティティとして取り込んだ習慣だということに気がついた。

そこでこの習慣を打ち破るため、私は彼にシンプルな練習法を教えた。それは警戒状態に入ったと感じたら、そのとき自分が何を感じているかに興味を向けたうえで、実際に危険が迫っているかどうかをチェックするというものだ。

まずは診察室で試してみて、どんな感じがするか話してもらった。エクササイズを終えたデイブは「あっ！　何を感じているかに意識を向けたら、その感覚が消えました！」と言った。

私が「いまこの場所に危険はありますか？」と尋ねると、

「危険はありません……とても静かで落ち着いています」と彼は答えた。

警戒状態モードとは、要するに危険に関する感覚が過敏な状態のことだ。だが、診察室のような安全な場所で、その状態に興味を向けたことで、これまで自分が実体のない危険を警戒していたことに気づいた。危険だという感覚は間違っていると認識したとき、デイブの不安は自然と消えた。

私は、家でもこの練習を続けるよう伝えて、デイブを見送った。脳に刻まれた「危険」という古い記憶を「安全」に書き換えるために必要なのは、あとは時間と練習だけだった。

ここで重要なことは、私は「危険なんかない」とデイブを説得したわけではないし、そう納得するよう諭したわけでもないということだ。私たちはただ、彼の脳が正確な情報をとりいれるよう訓練しただけだ。

やがてデイブは、四六時中不安におびえる必要はないことを学んだ。以前は、珍しく穏やかな気分が続くと、古い習慣の眼鏡をかけた脳がそれを異常事態だと感じて、「何かおかしなことが起こっていないか？　心配すべきことはないか？」とささやきかけていたのだと悟ったのである。

安全地帯から踏み出せば成長できる

かつてのデイブは典型的な「サバンナの行動」をとっていたと言える。人間の脳は「安全第一」を旨として進化してきたことを思い出そう。サバンナで未知の場所に足を踏み入れるときには、危険がないか警戒しなくてはならなかった。何度も確かめて、それでも危険の兆候が見つからなかったときにはじめて安心することができた。

現代の「コンフォートゾーン」という概念もここからきている。私たちは、安全で慣れ親しんだ場所にいるときに心地よさを感じる。それは物理的な場所であったり（たとえば自宅）、自分の得意な活動であったり（得意なスポーツや楽器演奏など）、精神的に居心地のよい空間（私の場合は習慣を変えるためのセミナーで教えているとき）であったりする。

だがコンフォートゾーンの外に出ると、サバイバルのために働く古い脳が「未知の場所に接近中。危険の可能性あり」と警告を発する。たしかに世界が〝安全〟か〝安全でない〟かの二者択一なら、すべては快適か危険、つまり「コンフォートゾーン」か「危険ゾーン」のいずれかということになる（私の患者の多くは、後者を〝パニックゾーン〟と呼んでいる。パニックを起こしかねないほど恐ろしいからだ）。

デイブが私に説明したのも、そういうことだ。彼は不安がない状態に慣れていなかったために、〝不安がないことが不安〟だったのだ。静かで穏やかな空間にいても、はじめての場所だという違和感が引き金となって、生存のための脳が危険を探しはじめた。まさか安らぎに危険を感じるとは、脳の仕組みは一筋縄ではいかないものだ。

だがここで、じつはもう1つとりうる選択肢がある。キャロル・ドウェックの固定マインドセットと成長マインドセットに話を戻すと（173ページ参照）、コンフォートゾーンと危険ゾーンのあいだに、「成長ゾーン」がある（聞いたことがある人も多いだろう）。じつのところ安全地帯の外がすべて危険なわけではない（**左図参照**）。危険かどうかは確認すればいいだけのことだ。

新しいアイディア、見知らぬ場所、はじめて会う人など、未知の領域に踏み込むとき、私たちは恐怖を感じて尻込みすることもあれば、好奇心を持って前に出ることもある。好奇心を持てれば、違和感を感じた瞬間に心を閉ざしたり、安全な場所に逃げ込むのではなく、その探検から学び、成長することに前向きになれる。変化は恐ろしいものになる〝可能性はある〟が、それは必然ではないことを心に刻むべきだ。

これまでと違うものに感じる違和感に、まずは寄り添えるようになろう。ナーバスになって

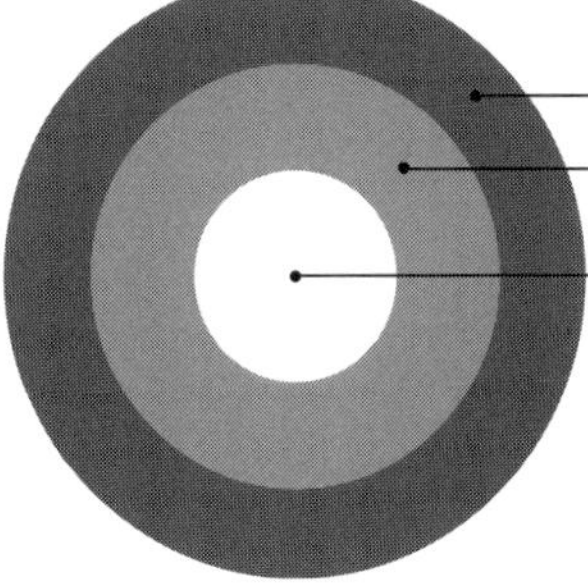

いるのはたんに初めてだからにすぎないと自覚できれば、無理なく成長ゾーンにとどまれる。結局、私たちはそうやって学び、成長していくのだ。成長ゾーンの居心地がよくなれば、その範囲も広がっていく。

私とデイブはこれを友人関係にたとえて話し合った。古くからの友人は気心も知れ、楽に付き合えるが、一緒にいるのが好ましい相手だとは限らない（いつもあなたをからかってくる子ども時代の友人のように）。デイブはこの点にも意識を向けて気づきを得た。つまり、慣れ親しんでいるからこそ、逆説的だが「不安が自分を安心させてきた」ということに気づいたのだ。

いまや彼はその状態を卒業した。古い不安の習慣ループを解体していくうちに、デイブは成長ゾーンでより多くの時間を過ごせるようになり、くつろげて、穏やかで、嬉しいと感じる状態に慣れ親しんでいった。末永くつきあっていける新しい友人もできた。

好奇心があれば不安と向き合える

ここまで何度も好奇心の重要性を強調してきた。好奇心こそ、古い習慣に引きずられた行動を、興味をもって気づくというシンプルな「行動」に置き換える驚異の力だ。

嫌なことがあると（それが不安やパニックであるときにはとくに）私たちは逃げ出しがちで、その行動を学習して記憶に定着させてしまう。だが好奇心があれば、嫌なことに向きあったり、寄り添ったりできる。体と心の状態に意識を向けられれば、嫌だと思っていたものの正体が、たんに思考や感覚が乱されていた結果だったことがわかる。好奇心は古い習慣ループ――心配することによって安心を感じるというループ――から抜け出し、前に進むのを助けてくれる。

好奇心は意志の力ややり抜く力《グリット》とは違う。やり抜く力には決意が必要だが、それには大量のエネルギーが要り、それが枯渇すれば、私たちは疲れ切り、敗北感に打ちひしがれ、最悪の状態に落ち込む。要するに、がんばるために、がんばらなくてはならないという問題があるのだ。

自転車で山に登るとき、意志の力は、ローギアでジリジリと登っていくのに役立つし、そのおかげで山頂にたどり着ける。だが、テクニックのいる下り坂や岩場や木の根っこが多い難所では、根性は役に立たない。岩を力ずくで乗り越えようとしても転倒するだけだ。

だが好奇心は違う。何かに興味を持てば、あなたはがんばらなくてもそこに引き込まれていく。興味を持つことはそれ自体が心地よく、報酬になるからだ。その経験に興味を持ち、心を開けば開くほど、それを追求するエネルギーも大きくなる。自転車の山登りで難所にさしかかったときも、やみくもに突っ込んでいくのではなく、好奇心を刺激すれば、頭を使ってうまく切り抜ける方法をみつけることができる。

精神的なハードルや古い習慣を乗り越えるにあたっては、進むべき道のりはとては長い。心の中に無限に広がる豊かな世界を探検していくときはとくにそうだ。だから無理やり前に進もうとして自分を疲れさせてはならない。好奇心にしたがって無理なく前に進むことで、行く手に待っている挑戦を乗り越えるパワーを養い、必要なときのためにスタミナを蓄えておこう。

好奇心を持てば、固定マインドセットから成長マインドセットへと自然に移行できる。好奇心が強く、経験に心を開いていれば、そのぶん探検に使えるエネルギーも大きくなる。好奇心には学びを助ける働きがある。そして、好奇心は物事に積極的に関わることを通してしか得られない。

デイブは私のクリニックにきてから数カ月で、好奇心の持つ力を自覚した。彼からのメールを引用しよう。


最初はベッドから出るのも怖かった私が、昨日はウーバーの配達員としてロードアイランドを車で走りまわっていました。そのことをみなさんに知ってほしいです。

3週間前は、運転が怖くてガールフレンドを空港に送っていくこともできませんでした。それが昨日は何の不安もなく行けたんです。いまでもスーパーで買い物するのは好きじゃないですけど、2カ月前にはホールフーズに足を踏み入れることすらできなかったことを思えば、ずいぶん変わりました。

われながら、健康的な方法でずいぶん前進したと思います。薬漬けでもないし、頼らなくても生活できるようになりました。なにもかも変わって、いまでは幸せな人生です。

デイブの不安は、突然魔法のように消えたわけではない。彼は好奇心を、不安に駆られたときの反応のかわりとなるBBOとして使うことで、それ以上不安をつのらせることなく〝運転席〟に戻り、自分なりの方法で人生を歩みはじめたのだ。

呼吸を意識して好奇心をキープする

大人はだれでも、なにかと自意識過剰になりがちだ。小声で自然な口調を心がけるとしても、人に聞こえるかもしれない場所で「フーム」とは言いづらい。誰もいない場所で発する独り言でも同じだ。

だとしても、人もいない、自意識も感じない、たとえばシャワーを浴びているようなときにしか「フーム」を使えないわけではない（「フーム、この石けんはいったいどんな匂いなのだろう？」というように）。幼い子どもがいる人なら、3歳の子どもと遊び、行動を観察すれば、自由奔放な好奇心がどんなものかわかるだろう。

ここからは、古い習慣ループから抜け出すためにいつでも使える、サードギアのテクニックをお教えしよう。その場に誰かがいても、あるいは職場であっても、気兼ねなく使える、目立たない方法だ。

サードギアとは、一言で言えば、古い悪癖から抜け出すのに役立つ、すぐに利用可能な、かつ別の習慣ループを強化しないようなＢＢＯを見つけ出すことだ。

そんなＢＢＯの最たるものが呼吸だ。

医師は意識不明になった患者の応急処置をするとき、まず「Ａ－Ｂ－Ｃ」からはじめる。すなわち気道（airway）、呼吸（breathing）、循環（circulation）だ。最初に気道の確保をするのは、これが詰まっていたら呼吸しようがないからだ。次に呼吸を確認する。呼吸さえしていれば患者が助かる可能性は高く、体へのダメージもそこで食い止めることができる。

たとえば会議で椅子に座っているとき、当たり前だがそこにいる全員が呼吸をしている。そこで古い習慣ループにはまりそうになっている自分に気づいたら、意識を呼吸に向けることが効果的だ。会議中の習慣ループとしてありがちなのは、たとえば誰かの発言中に割り込んだり、反論されると過剰反応したりするといったことだ。呼吸を意識することで、そんな〝習慣という獣〟に餌を与えずにすむ。呼吸はサードギアで使える典型的なＢＢＯだ。

なぜなら――

- ●呼吸は、いつでもどこでも意識を集中するのに使える手段である。
- ●自分の呼吸に意識を向けることは、古い習慣ループから抜け出すのに役立つ。
- ●呼吸は別のやっかいな習慣ループを強化することがない。

いまという瞬間に自分を〝つなぎとめる〟にあたって、どのように呼吸に意識を向ければいいかについては、それこそ山のようにノウハウがあり、本もたくさん出ているので、気に入ったものを選べばいいだろう。ちなみに私のお気に入りはバンテ・ヘーネポラ・グナラタナの『マインドフルネス――気づきの瞑想』（邦訳サンガ）（*Mindfulness in Plain English*）だ。

会議中でもできる呼吸法

ここでは会議中に使える簡単な方法を紹介しよう。

まずは座って（というか、すでに座っているだろう）、楽な姿勢をとる。立ったままのミーティングなら、楽な立ち姿勢をとる。居眠りしていると思われてしまうので目は閉じない。

そして、「どうしたら、いま自分の呼吸を意識できるだろうか？」と自分に問いかけ、その感覚を体のどこで感じているかに興味を持つ（つまり、声を出さずに「フーム」をやるわけだ）。お腹のあたりが動いているのに気づくかもしれないし、ナーバスになって呼吸が浅くなっている場合には胸が動いているかもしれない（鼻で呼吸を感じるようなら、それはかなり繊細な感覚なので、呼吸への意識の集中がかなりうまくいっている証拠だ）。

呼吸を体のどこで感じているかがわかったら、そのまま呼吸に集中してもいいし、飽きたり疲れたりしたら、呼吸をコントロールしている体の動きに好奇心を移してもいい。たとえば、息を吸うことと吐くことがどのタイミングで入れ替わるのか、折り返しのときに体がどれぐらい止まっているかなどだ（やってみればわかるが、自分の呼吸を観察するのは面白い）。

次に、呼吸を使って不安や衝動などの習慣ループに対処する方法を紹介しよう。

● 不安や（同僚の発言を訂正したいという）衝動が体のどこにいちばん強く感じられるか、好奇心を持って観察する。

● ゆっくりと鼻から息を吸い、体のその部分に送り込んでいく（解剖学的に不可能だ、などと考える必要はない。ただそう思ってやればいい）。

● 不安や衝動を感じる部分に空気を送り込んだら、数秒間息をとめ、それから吐き出す。そのとき、不快な感覚も息と一緒に外に出ていくのだと考える。そんな非科学的なことは信じられないという人は、その呼吸で攻撃的な気分が変わったかどうかをチェックしてみるだけでかまわない。

● ここまでを最初からもう一度繰り返す。ゆっくりと深く息を吸い、やさしくて好奇心に満ちた空気が不安を感じている体の場所に染み込んでいくのを想像する。その息は、暖かい毛布のように不安を包み込み、息を吐くと不安といっしょに体の外に出ていく。息を吐くとき、不安がほぐれていくか確認してみよう。

この呼吸法は数回だけでもいいし、1分でも2分でも、それこそあなたが静かすぎるのを上司が不思議に思うまで続けることもできる。

では、この呼吸法による気づきをうまく活用した、アンワインディング・アングザイアティ・

プログラムのパイロットテストに参加したある人の実体験を紹介しよう。その人はそのとき、たまたま仕事中だった。

会議中、難しい発言をしようとしたとき、自分が不安になるのがわかりました。呼吸がすこし浅くなっているのを感じたので、そこに興味を持って、「なぜだろう」「ああ、ここに不安があるな」と心の中で言葉にしてみました。すると、不安を乗り越え、解消することができたんです！　まさにこれがサードギアなんですね！

この例では、呼吸と好奇心のほかに、まだ説明していない「記録《ノート》」という方法を組み合わせているが、問題なく理解できるだろう。

もう1つ例を挙げよう。

今日のミーティングでは、自分の発言に対して厳しい意見が返ってきて驚きました。顔が赤くなり、ストレスを受けたときの反応が出ましたが、それが興味深く感じられ、すぐに一歩引いたところから観察してみることにしました。すると落ち着いて意見に耳を傾けることができただけでなく、逆に、ほかの人たちがストレスを感じて高ぶっているのがはっきりわかったんです。おかげで私はすごく落ち着き、クリアな思考で筋の通った受け答えをすることができました。

呼吸を意識して、いまこの瞬間にとどまる

ここで一つ断っておくが、好奇心は魔法のように人の心を読んだり、たちどころに会議で理路整然と話せるようになる超能力ではない。たんに、一歩引いて、不安の習慣ループに巻き込まれないようにするのを助けてくれるだけだ。

だとしても呼吸は、崖から滑り落ちそうになったときに都合よくつかむことのできる、木の根っこのようなものだと言えるだろう。変えようとしてもどうしても変えられず、そのことで自分を責めつづけてきた悪癖から抜け出せないでいるのと、そこから一歩踏み出すのとでは、どちらが気持ちいいか？　考えるまでもなく答えはあきらかだ。

呼吸に注意を向けるのは、たんに気をそらしているだけなのではないか、と思う人がいるかもしれない。だがそれは違う。なぜなら、呼吸を意識することで、あなたはいまという瞬間を体で感じるからだ。つまり、呼吸を意識するというのは、気を紛らわせて不安から逃げるのではなく、その瞬間の直接的な経験にとどまる行為なのだ。

さあ、まだ好奇心のエクササイズをしていない人は、無意味な自意識を捨てて、好奇心の筋肉を鍛えてみよう。さらにそこに呼吸を意識するエクササイズを加えてみよう。いずれもサードギアのすぐれた練習法であり、古い習慣ループを抜け出し、もっとよい報酬を得られる習慣を身につけるための鍛錬になる。

第18章 RAIN――平常心を保つ方法

指を切ってしまった少年

インターネットなどの〝大量破壊兵器〟が発明される前、雨の日に家で過ごすときは、想像力を働かせて何かしらの楽しみを見つけなければならなかった。

私の場合、それは〝科学の実験〟という体《てい》で、おもちゃをバラバラにすることだった。「どうやって動いているのかを知りたい」という大義名分のもと、ハンマーやドライバーをひっぱりだしては、おもちゃを分解して仕組みを調べていた。

ある日、自分の部屋でいつものように解体作業を進めていて難所にぶちあたったとき、私は愚かにもナイフが必要だと考えた。ボーイスカウトで使い方を習っていたので、自分専用のナイフを持っていたし、ときには持ち歩くことも許されていた。ところが、ナイフを使って分解を再開してすぐ、力を入れすぎて刃が滑り、親指の真ん中をざっくりと切ってしまった。

未来の医師の第六感が働いたのか、私はとっさに「まずは911に電話」という救急処置の基本を実行しようとした。当時は携帯電話がなかったので、1階にいる母を呼びに階段を駆け下りた。走りながら、もう片方の手の人差し指と親指で傷口を押さえて即席の止血帯にした。

そして、なんとか気絶することなく母のもとにたどり着いた。解剖学も医学も何も知らない子どもだったが、「動脈を切っちゃったよ！」と叫んだのを覚えている（自分の名誉のために言っておくと、実際この傷はかなり深く、いまでも左手の親指の指紋を真っ二つに分ける痕が残っている）。私より人生経験も知識も豊富だった母は、動脈は切れていないとなぐさめながら、包帯を巻いてくれた。

なぜこんなことが起きたのか？　そう、おもちゃをバラすという目的に集中しすぎて、どうやってそれを進めているかにまったく注意を払っていなかったからだ。

トリガー　おもちゃをバラせないことへのいらだち
行動　正しいナイフの使い方を無視して、鋭利な刃を力を込めて押し出す
結果　親指のスライスの出来上がり

習慣ループはルールに従わない

このときの習慣ループについて補足しよう。私には親指を切る習慣があったわけではないが、たとえばどこかのネジが緩んでいたり、組み立てが必要な新しい機器があったりすると気に

なって、その問題が片付くまで、ペースを緩めることも、休憩することも、適切な道具を探すこともせずに作業を続けるという根深い悪癖があった。

トリガー　適切な道具を探すために、作業を中断したくないという焦り
行動　緩んでいたキッチンの食器棚のネジを、フォークの先で無理に締めつづける
結果　ネジ山を潰してしまい、取り外して交換しなければならなくなる

大人になってかなりたってから、私はようやくこの癖に気づいた。この悪癖を取り払えたのは、いつものように間に合わせの道具で取り外したネジやボルトを見て（セカンドギア）、ガレージにある道具を使っていれば（取ってくるのにかかる時間はせいぜい30秒）、同じ仕事をもっと早く、きれいにできていたことに気づいたときだった（サードギア）。

習慣ループにはまると、自分で自分に課したルールの効力はなくなる。あなたはこれまでに「甘い物は食べない」「つねに親切にする」「クリーブランド・ブラウンズがスーパーボウルで優勝するまで酒は飲まない」といったルールを決めて、習慣を変えようとしたことがあるのではないだろうか？

それはうまくいっただろうか？　3日間の糖分断ちをしたあと、禁断症状におちいったのでは？　イライラと不機嫌になり、店の棚から酒を取りだしたのではないか？　〝ブラウンズの誓い〟をしたときには酔っていたのだから、そもそも誓いは無効だなどと自分に言い訳したの

ではないだろうか？

要するに、やっかいなことだが、〝ルールは破られるためにある〟わけだ。決まり事なんかくだらないと考えがちな子どもたちには、とくにそれがあてはまる。なぜなら、彼らはまだ経験から学んでいないからだ。前頭前皮質は大脳辺縁系にナイフが危険であると伝えることはできるが、実際に痛い思いをしたことがないので、大脳辺縁系がその理性の声に応答しないのだ。ルールは守らなくてはならないという教訓を得るには、傷を負って痛みを感じるしかない。まさにそれが私の身に起こったことだった。あの〝致命的な〟負傷から学んだ私は、以降、誰に言われるでもなく、「ナイフを使うときには細心の注意を払う」という当たり前のルールに自ら従うようになった。

患者が死んだと勘違いした医師

習慣ループにとらわれて、目の前のことしか目に入らなくなると、パニックを起こして（指から血が出たのを見て重傷だと思い込み）、間違った結論に飛びつく（「動脈を切ったに違いない」）という、困った連鎖が生じる。

ではもう1つ、血がからむ出来事については、とくに注意して冷静に対処する必要があることを教えてくれるエピソードを紹介しよう。

私がまだメディカルスクールの3年生で、ドキドキしながら患者を診ていた頃のことだ。夕方になって病棟が落ち着いたとき、チームリーダーの指導医が医学生と研修医を集めて、チームの絆を深めるために、「いい機会だから一つ勉強をしよう」ということになった。こういう場合、たいていは汚物の処理やある種の〝通過儀礼〟をやらされることが多いので、私は覚悟を決めた。

だが意外なことに、リーダーは私たちに難行を命じるのではなく、自分がかけだしの研修医だった頃の話をはじめた。そして、「誰かが死んだときは、まずは自分の脈を測りなさい」と教えてくれたのである。

彼がまだ研修医だった頃、集中治療室で考え事をしていると、患者の心拍計が「ピー、ピー、ピー（この人は生きています）」という音から、ふいに「ピーーーーーー！（この人は死にかけています）」に変わったのに気づいた。その瞬間、飛ぶようにして患者のもとに駆け寄った彼は、自分の右拳を患者の胸のしかるべき位置に叩きつけた――救命のための前胸部叩打法《こうだ》をおこなったのである（要は胸を強打すること。意外かもしれないが、止まった心臓をふたたび動かすのに非常に有効な方法だ）。

だが、驚いたことにその患者は「おい、何でそんなことするんだ！」と言った。あきらかに生きている患者を前に、バツの悪い思いをした彼が事後検証をおこなったところ、自分が居眠りをしているあいだに、ただ患者の体から心拍計が外れてしまっただけだったことがわかった。同じ部屋とはいえ離れた場所にいて、バイタルサインの確認を怠れば、ただ寝ているだけの患者を死んでいると勘違いしても不思議ではない。

彼はそのときの自分についてこう分析した。

- 患者ではなく他のことに気をとられていた。
- 心拍計の音を聴いてパニックにおちいった。
- その結果、バイタルサインを確認することもなく結論に飛びついた。
- そのため、間違った行動をとり、あわや気の毒な患者を傷つけかけた。

患者に飛びつく前に、〝自分の脈を測って〟いれば――つまり落ち着いて一呼吸入れていれば――まずは患者の脈があることを確かめ、状況を確認して、たんに心拍計が外れているだけだと気づいたはずだ。そうすれば、急激なストレスを感じたり、前頭前皮質がオフライン状態になることもなく、寝ている患者を起こさないよう静かに心拍計を元に戻すという結論を導き出せただろう。

この一件が、彼が恥をかいただけで済んだのは幸いだった。

前頭前皮質を眠らせるな

たいていの場合、悪い習慣を断ち切るのは骨が折れる。私たちはそれを克服するために、つい無理をしがちだ。この「何としても克服する」という姿勢は、力ずくのやり方が通じないときに高まるイライラやストレスなどを含め、往々にして大きな代償を伴う。

そうした方法をとりがちなタイプの人は、ストレス衝動を感じたとき、いらだちのループに呑み込まれるのではなく、その瞬間に意識を向けて、波を乗りこなす方法を見つけよう。そうすれば前頭前皮質はオフラインにならず、事態をそれ以上悪化させずに済む。

好奇心というのはありがたいもので、好奇心を育むためのサードギアは、私のかつての指導医が直面したような状況でも役に立つ。何回か自分の呼吸に意識を向けるのも、前頭前皮質をオンに保つのに有効だ。そうすれば、まずは落ちついて〝自分の脈を測り〟、間違った結果を避けることができる。

それでは、サードギアを強化するための練習方法を、もう1つ紹介しよう。これは本格的なパニック発作だけでなく、さまざまな衝動や渇望などに対処するのにも役立つ。

ＲＡＩＮ──平常心を保つ方法

渇望や不安は静かに忍び寄るので、気がついたときにはなんらかの習慣ループに完全に巻き込まれていることが多い。だが、そんなループの奴隷になる必要はない。衝動や欲求は、波にのみ込まれかけていると感じる身体感覚にすぎないとわかれば、波を乗りこなす方法もわかってくる。

不安のループに襲われたときにパニックを起こさないよう、その瞬間に意識を向けるためのルールを紹介しよう。４つのステップから成る方法で、それぞれの頭文字をとって「ＲＡＩＮ」と呼ばれている。[1]

R　生じているもの（欲求など）を認識し、リラックスする（Recognize / Relax）
A　それがそこにあることを認め、受け入れる（Accept / Allow）
I　体の感覚、感情、思考を徹底的に調べる（Investigate）
N　その瞬間瞬間に、何が起きているかを〝記録〟する（Note）

最後の「記録する」というのは、物理学でいう「観察者効果」のようなもので、観察という行為によってその対象である事象が変化することを指す。要は、自分のなかで、欲求を形成する体の感覚がわきおこってきたのに気づいた時点で、すでにそれにとらわれなくなっているわけだ。この「記録」だけを別個に練習する方法についてはあとで説明しよう（296ページ参照）。まずはここでは、RAINの基本練習を紹介する。

R――認識しリラックスする

まずは、ストレスや不安の波を「認識」しつつ、なるべく「リラックス」することを心がける。歯を食いしばって辛さをこらえようとしてはならない。自分ではどうしようもないのだから、ただそれを感じるままにしておく。ニヤリとほほ笑めるぐらいになれば素晴らしい。

A――受け入れる

その〝波〟の存在を「認め」、「受け入れる」。押しのけようとしたり、無視したりしない。気をそらしたり、逆になんとか片をつけようとしてもいけない。それはあなたの経験なのだから。やって来たな、と言って受け入れよう。

I――調べる

ストレスや不安の波を乗りこなすには、まずは注意深く観察し、波ができていく過程を「徹底的に調べる」必要がある。「自分の体にはいま何が起きているんだろう?」と問いかける好奇心を持とう。

ただし、その感覚を無理に〝探しに行って〟はならない。自分の意識にもっとも強くわきあがるものを見つめつつ、それが流れ寄ってくるのに任せる。

好奇心を持って自分を観察しよう。体のどこでストレスや不安を感じているだろう? それは実際のところ、どんな感覚だろう? 胸が締めつけられるような感じだろうか? お腹のなかが燃えているような感じだろうか? 逃げ出したくなるような、何かをせずにはいられないような焦燥感のようなものだろうか?

N――記録する

最後にその経験を「記録」する。これによって、その瞬間にとどまり、好奇心と集中力を持って波を乗りこなすことができる。

記録は、単語一語、もしくはごく短いセンテンスでおこなおう。そうすることで、考えたり理解しようとすることなく、自分の体験そのものにとどまれる。

たとえば、感覚のピーク時には、「歯を食いしばっている」「頭に血がのぼっている」「焼けつくような感じ」「熱がある」「落ち着かない」などといった感覚があるかもしれない。それが鎮まっていくにつれて、「震え」「緊張」「チクチクする感じ」、あるいは「弛緩」「リラックス」「解放感」などといった感覚に移っていく場合が多い。

もし頭で考えはじめてしまったら、たんに「考えている」と記録し、分析や解決策を探す方向に意識を向けないようにすること！　ただひたすら、実際の体験だけを記録するのだ。

その〝波〟が完全に収まるまで追いつづける。気が散ったり、他のことに意識が移ってしまったら、「I（調べる）」に戻ろう。好奇心を持って、「いま自分の体には何が起きているんだろう？」と問いかけ、完全に感覚が消えるまで、RAINをつづけよう。

不安が面白く感じられるようになる

RAINが、すでに述べた「好奇心の練習」の延長線上にあることに気づいた人がいるかもしれない。自分の感覚を徹底的に調べれば、瞬間、瞬間の経験に集中でき、好奇心を持つことができる。それがうまくできるようになると、不安の波を見るのが面白いとすら思えるようになる（本当だ！）。

そんな体験をした、アンワインディング・アングザイアティ・プログラムに参加したある女性の例を挙げよう。

自分の習慣ループについて深く考えるようになった私は、一日中、それを観察してみました。とくに注目したのは仕事中のトリガーです。わかったことは、会議で私が何か発言したあとで上司が話すと、自分の説明に不足があったと思われているような気がすることでした。

するとと自分は仕事の役に立っていないのではないかと不安になり、その後の発言に気を使うようになります。そのせいでさらにナーバスになって、もっと発言しなければと思ってしまうんです。結果として、逆にスイッチが切れたように何も言えなくなったり、挽回しようとして何か変なことを言って後悔したりして、しゃべることにどんどん自意識過剰になっていくんです。

そこで彼女は、ＲＡＩＮを使ってギアをサードに入れた。

ＲＡＩＮをやってみたら面白いことが起きました。今日は会議があったのですが、私の苦手な人も出席することがわかっていました。以前は親しかったのですが、向こうから離れていったので、彼のことを考えたり、実際に会ったりすると、とても辛くてネガティブな気持ちになっていました。

でも、自分がこの会議を怖がっていると気づいたとき、その恐怖がいったいどのようなものなのか興味が湧いてきました。また、会議中に不安な気持ちが出てくるのがわかっていたので、心の中でその感覚をできるだけ〝記録〟しておこうと決めました。

するとこれがかなりうまくいって、「締めつけるような感じ」がしたり、「心臓の鼓動が速くなっている」ことがわかりました。議事進行役も任されていたので、それと〝記録〟を同時にやるのは難しいんじゃないかと思っていたんですが、〝記録〟は一瞬で終わるので、まったく苦になりませんでした。

というか、感覚を〝記録〟しようとすると、自己批判や自虐の思考ループにおちいるひまがなくなって議事に集中できて、むしろプラスだったかもしれません。

会議自体は楽ではありませんでしたが、うまくやりきった自分を誇らしく思いました。成功を実感し、感謝できたので、その日は一日中明るく過ごせました。


ここで注目してほしいのは、ＲＡＩＮの練習をすこしやっただけで、前頭前皮質がオンライン状態になったということだ。彼女は、自己批判のループにおちいらずに、その瞬間に集中して、議事を進行させることができた。

次に習慣ループの波が来たと感じたら、ぜひＲＡＩＮを試してみてほしい。

第19章 慈悲の瞑想

過食性障害に苦しんでいた女性

かかりつけ医からの紹介で、過食性障害の30歳の女性が私のもとを訪れた。ボディマス指数（BMI）が40以上（18・5から25が正常値）という「極度の肥満」だった。かなりの早食い、気持ち悪くなるまで食べる、空腹を感じていないのに大量に食べる、食べすぎたあとで自己嫌悪や憂鬱や罪悪感を感じるなど、過食性障害の基準をすべて満たしていた。

これまでの人生について訊いたところ、8歳の頃から母親に精神的虐待を受けていたことがわかった。慢性的なトラウマを抱えた彼女はいつしか、食べることによって「自分の感覚を麻痺させて」、不快な感情を和らげられることに気づいた。私のもとを訪れる頃には、1カ月のうち20日は大きなピザを丸1枚——ときには1日に何枚も——食べるようになっていた。

彼女に何が起きているのかをマッピングしてみよう。

トリガー　不快な感情
行動　暴飲暴食をする
結果　感覚を麻痺させることで、つかのまの安らぎを得る

だが、彼女のような人たちは、悪い感情が消えて前頭前皮質が機能を再開すると、また罪悪感が芽生え、望ましくない行動の揺り戻しに襲われる。それが引き金となってネガティブな感情が生まれ、ふたたび前頭前皮質のスイッチが切れ、原始人の脳が目を醒まして暴飲暴食を繰り返すことになる。これは暴飲暴食の習慣ループが元となって山びこのように引き起こされる〝エコーの〟ループだと言えるだろう。

彼女がこのループにはまったのは、古い脳が1つの芸しかできない仔馬のように働くからだ。つまり、新しい脳（考える脳である前頭前皮質）が、そんな行動は非合理的だと判断しても、古い脳はただ生き延びることしか考えず、意志の力もそれを制御できない。

それを思えば、診察室で習慣ループのプロセスを書き出せただけでも、彼女にとっては大きな前進だった。私は説教をしたり、意志の弱さを責めて嫌な気分にさせるようなことは一切しなかった（そんなことをすれば、また習慣ループを誘発するだけだ）。すると彼女は、自分の心の奥底にある不安への理解を深めたうえで、私が彼女の気持ちを理解していることを認めた。この共感が信頼の扉を開き、私たちは次のステップに進むことができた。

それから数カ月のあいだ、月に数回クリニックを訪れる彼女に、さらに習慣ループのマッピ

ングを続けてもらい、その報酬価値を自覚させるとともに、ループから抜け出すためのマインドフルネスを教えた。

この章で彼女のケースをとりあげる理由は、エコーの習慣ループを論じるためのうってつけのケースだからである。

トリガー　暴飲暴食してしまい、そのことに不快な感情（罪悪感）をおぼえる
行動　ふたたび暴飲暴食をする
結果　またも、自分自身を麻痺させるという形でつかのまの安らぎを得る

マッピングによって、この習慣ループが何の助けにもならないことがわかってくると、暴飲暴食の激しさがやわらぎ、頻度も低下し、時間も短くなっていった。

さらに重要なのは、この回復の過程で、自己批判というもう1つの習慣ループの存在をつきとめたことだ。彼女は鏡を見るたびに、「太りすぎだ」「魅力がない」などと自己批判をしているのに気づいた。そのことが人前に出たり、デートをしたりといった、人生のほかの側面にも影響していた。自己批判ループのせいで孤立し、憂鬱になっていたのだ。

暴飲暴食は収まってきたが、それでも心は癒やされなかった。そこで次のステップとして、「慈悲の瞑想」と呼ばれるマインドフルネスを導入した。

慈悲の瞑想

慈悲の瞑想（古代インドの言語であるパーリ語では「メッタの瞑想」とも呼ばれる）は、固くなった心をほぐし、他人も自分自身も、ありのままに受け入れるのに役立つ。過去の出来事に執着することなく、そこから学び、いまを生きることができるようにもなる。

これは、落ち込んだときにポジティブな自己暗示をかけたり、背中を叩いて励ましたりすることとは違う。慈悲の瞑想は、誰もが持つ、いつでも引き出せる能力だ（これは持続可能なBBOの条件でもある）。

その力の源は、あなたが自分自身や他の人に向ける本物の善意だ。前にも同じような実験をとりあげたが（217ページ参照）、私の研究室では、慈悲の瞑想が自己批判のループを起こす後帯状皮質などの脳領域の活動を鎮めることをあきらかにした[1]。慈悲の瞑想を経験すると、自分がそのまったく逆のこと――すなわち自己批判――をはじめたとき、それをはっきりと自覚できるようになる。そして自己批判が役に立たないことが明確になるにつれ、悪癖を断ちやすくなる。慈悲のほうが心地いいからだ。

慈悲の瞑想は具体的には以下の3段階に分かれている。

① 慈悲の瞑想のマントラを唱え、自分の気持ちを落ち着かせる

② 慈悲の気持ちを送る相手をイメージする

③自分の体の中に湧いてきた慈悲の感覚に意識を向ける

まずはじめに、静かな場所に楽な姿勢で座り、体が呼吸している感覚に意識を向ける（一応注意しておくが、車の運転中にやらないように！）。

ストレスを感じたり不安になったりした最近の出来事を思い浮かべ、そのときの体の感覚を感じる。それは体が縮むような感覚だろうか？　伸びていく感じか？　しばし、よみがえってきたその感覚を味わってみよう。

今度は、長く会っていない親しい友人がドアを開けて入ってくるのを想像してほしい。どんな感じがするだろう？

その感覚と、不安なときの感覚はどう違うだろう？　締めつけられ、身が縮む感じがするのはどちらだろう？　温かく、開放的で、広がりを感じるのはどちらだろう？

ふたたび、親しい友人を思い浮かべよう。人生のお手本になった人や、あなたに無償の愛を注いでくれた人、心の広い人や聡明な人でもいい。あるいは可愛がっていたペットでもいい（ペットは無償の愛を表現するのがとても上手だ）。

その人（あるいは動物）の愛すべき部分や、あなたに向けてくれたやさしさについて考えてみる。体に何か感じるものがあれば、そこに意識を向ける。それは温かさだろうか？　解放感だろうか？　おそらく胸や心臓のあたりにそれを感じるかもしれない。

すぐには何も感じられなかったとしても、それはそれでかまわない。エクササイズを続けつつ、体の感覚を意識し続けよう。

他者に向ける慈悲の言葉

次に、その大切な人に贈る、幸運のお祈りの言葉を考えよう。以下にいくつか例を挙げる。あくまでも例なので、本当に自分の心に響くものを見つけること。しっくりする言葉が見つからなければ、言葉にすることにこだわらず、ただ心の中の感覚に焦点をあわせるようにする。

- 「**あなたが幸せでありますように**」と言って息を吸って吐き、「あなたが幸せでありますように」ともう一度言う。そして空気を体全体に行き渡らせるように息を吸う。
- 「**あなたが健康でありますように**」と言って息を吸って吐き、「あなたが健康でありますように」ともう一度言う。そして空気を体全体に行き渡らせるように息を吸う。
- 「**あなたに災いが降りかかりませんように**」と言って息を吸って吐き、「あなたに災いが降りかかりませんように」ともう一度言う。そして空気を体全体に行き渡らせるように息を吸う。
- 「**どうぞご自分を大切にしてください**」と言って息を吸って吐き、「どうぞご自分を大切にしてください」ともう一度言う。そして空気を体全体に行き渡らせるように息を吸う。

こうしたフレーズを静かに自分のペースで1分ほど繰り返す。そして、言葉と、体に湧いてきた無償の愛の感覚を足がかりにして、〝いまこの瞬間〟に意識をあわせる。感覚が弱かったり、あるいは無理やりつくったように感じられる場合は、ただリラックスして言葉にだけ集中しよう。この生まれつき備わった能力を目覚めさせることができれば、感覚はときとともに自然と強化されていく。だから無理やりつくろうとしてはいけない。

また、途中で心がどこかに迷い出てしまったら、そのことを〝記録〟だけして、いまのフレーズをもう一度繰り返し、無条件の愛の感覚を心に定着させる。

自分に向ける慈悲の言葉

今度は、自分自身に思いを馳せる。自分のいいところをいくつか思い浮かべよう。その際、気が進まなかったり、抵抗を感じたりするかもしれない。何といっても、私たちは自分には価値がないと思いがちだからだ。この場合、その感覚がどう感じられるかに注意しつつ、いったんそれを脇にどけられるか試してみる（お望みならあとで戻ってきて、それを味わってみてもかまわない）。

そして、さっき大切な人に贈った言葉を、自分自身に向けて語りかけるのだ。

- 「**私が幸せでありますように**」と言って息を吸って吐き、「私が幸せでありますように」ともう一度言う。そして空気を体全体に行き渡らせるように息を吸う。
- 「**私が健康でありますように**」と言って息を吸って吐き、「私が健康でありますように」ともう一度言う。そして空気を体全体に行き渡らせるように息を吸う。

- **「私に災いが降りかかりませんように」**と言って息を吸って吐き、「私に災いが降りかかりませんように」ともう一度言う。そして空気を体全体に行き渡らせるように息を吸う。
- **「自分を大切にできますように」**と言って息を吸って吐き、「自分を大切にできますように」ともう一度言う。そして空気を体全体に行き渡らせるように息を吸う。

他者のために願ったときと同じように、これらの言葉を自分のペースで静かに繰り返す。その言葉と、体の中に温かく広がる無条件の愛の感覚をよすがにして、〝いまこの瞬間〟に意識をあわせる。

途中で心がさまよい出てしまったら、そのことを〝記録〟だけして、同じ言葉をもう一度繰り返し、温かく広がる感覚があるか、胸のなかを探ってみる。抵抗感や締めつけられる感じがあるなら、「フーム、締めつけか、面白いな」と、身体感覚に興味を向けてみよう。その感覚をただ〝記録〟して、もういちど言葉の繰り返しに戻るのだ。

慈悲の瞑想の方法の説明はこれぐらいにするが、この方法は、自分自身や大切な人だけでなく、たんなる知り合いや、場合によっては苦手に感じている人にも適用することができる。身が縮こまるような感覚から温かくて開放的な感覚に移る練習をくり返し実践することで、いつしかやさしい気持ちになれることに気づくだろう。

わざとらしく感じても続ける

慈悲の瞑想は、最初はうまくいかないかもしれない。

私自身、初めて慈悲の瞑想のやり方を習ったときには、すごく抵抗があった。あまりにもわざとらしくて、こんな浮世離れしたことはやっていられないという気持ちになったのだ。この方法がいかに有効で価値のあるものかを理解したのは、数年間練習を積んでからだった。

研修医として働きはじめた時点で、私の瞑想歴は約10年だったが、そのうち慈悲の瞑想をやっていたのはせいぜい2、3年だった。それでも慈悲の瞑想をしていると、胸が温かくなったり、体のこわばりが取れたりすることに気づきはじめた（つねにではなくときどき、だったが）。

当時は病院から数キロの場所に住んでいたので、自転車で通っていた。通勤の途中にクラクションを鳴らされたり、怒声を浴びせられたりすると、体にこわばりを感じた。そこで自分が奇妙な習慣ループにおちいっていることに気づいた。

トリガー　クラクションを鳴らされる
行動　怒鳴り返す。指で罵りのサインをつくって突き出す。あえてその車の前に出る
結果　自分は正しいことをしたという、ひとりよがりな思いに浸る

問題は、そのこわばったひとりよがりな態度を、病院にまで持ち込んでしまうことだった。

患者に機嫌よく対応できていないことに気づいた私は、車に向かって怒鳴り返すのではなく、クラクションを鳴らされたら、それをトリガーとして慈悲の瞑想をやってみることにした。それによって、こわばりとひとりよがりな態度にどんな変化が起きるか試してみたのだ。

まずは自分自身に「私が幸せでありますように」と言い、次にそのドライバーに向かって「あなたが幸せでありますように」とつぶやく。これによって、ひとりよがりの習慣ループから抜け出すことができ、こわばるような感覚も消えていった。

トリガー　クラクションを鳴らされる
行動　2つで1組の慈悲の瞑想をおこなう。1つは自分自身のために。もう1つはドライバーのために
結果　気持ちが軽やかになり、開放的になる

試してすぐ、職場に着いたときに気分が軽くなっているのに気づいた。こわばりもとれていた。そのときひらめいた――人々の幸せを祈るのは、クラクションを鳴らされたときだけに限る必要はない。誰にどんな形で出会ったときでも、この方法は使えるはずだ、と。

続けているうちに、ほとんど毎日、楽しく仕事をはじめられるようになった。2つの異なる習慣ループ――心を閉じてこわばらせるものと、心を開いて喜びを開放するもの――の結果の違いを実感したことで、私は慈悲の瞑想の有効性を理解した。もはやこの方法に抵抗を感じな

くなっていた。

私と同じように、あなたも最初は慈悲の瞑想をはじめるのが難しいと感じるかもしれない。ピンとこなかったり、自分を卑下したり、「できない」「正しいやり方がわからない」「心が乱れていて、こんなことはやっていられない」と悩んだりするかもしれない。そんなふうに思っている人には、レナード・コーエンの『アンセム』という曲の一節を言い換えた言葉を贈ろう。「完璧であろうとしなくていい。誰もが持っていて、欠点や弱点だと思い込んでいるそのヒビは、じつは私たちの強みなのだ」

喜ばしい変化のおとずれ

この章の冒頭で紹介した過食性障害の患者のケースでは、慈悲の瞑想を、孤独と憂鬱の下降スパイラルから抜け出すためのBBO（より大きなよりよい選択肢）として導入した。

練習は必要だったが、しばらくすると彼女は、自己批判をはじめそうになったら、慈悲の瞑想をするようになった。するとたいてい、「抑鬱的反芻」から抜け出すことができ、最終的にはほとんど完全に暴飲暴食がとまった。医師の助けはいらなくなり、定期的に通院する必要もなくなった。

4カ月後、経過報告のためにクリニックを訪れた彼女はすべてが順調なようだった。体重は20キロちかく減っていたが、それよりも大きかったのは、こんなふうに言えるようになったことだ。「この方法には感謝しています。人生を取り戻せた感じがします。ピザを一切れだけ、おいしく食べられるようにもなりました」

ここで注目してほしいのは、彼女は習慣ループを断ち切るために、そこから逃げたり他の戦略に頼る必要がなかったということだ。彼女に起こったことは奇跡などではなく、たんに3つのギアを実際の生活に適用した結果にすぎない。まずは習慣ループをマッピングして（ファーストギア）、自分いじめがいかに苦痛であるかを見極め（セカンドギア）、慈悲の瞑想というBBOに置き換えることで（サードギア）、そこから抜け出してもっと美しいもののなかに――つまり彼女自身のなかに――入っていくことができたのだ。

あなたも、ぜひ慈悲の瞑想を試してみてほしい。そして、好奇心とやさしさが、あなただけでなくまわりの人にも恵みを与えることを体験してほしい。そうすれば問題は解決しやすくなり、世界との関わり方もよいものになる。

椅子や坐蒲《ざぶ》（瞑想用のクッション）に座ってやるのが正式な方法だが、寝る前に横になってやっても問題ない。なんなら道を歩きながら、この章で挙げたような言葉を自分自身に、あるいは通りすがりの人に投げかけてもいい。

そんなふうに続けていれば、自己批判をして懲罰的になるのではなく、心を開き、今という瞬間に意識を置き、自分が自分としてそこにいることを赦せるようになる。そして、心の中にあるいつでも取り出せる自然な報酬――温かさ、解放感、穏やかな気持ち（その他、過去に経験したことのある、ありとあらゆるプラスの感覚）――を上手に使えるようになっていく。

第20章「なぜ？」と問いつづけても答えはない

幸せなのに不安なのはなぜ？

私の患者にエイミー（仮名）という女性がいた。歳は30代後半で、幸せな結婚生活を送っており、10代の子どもが3人いる。

彼女はとても忙しかった。子どもたち（そして夫）の面倒を見ながら仕事もするという、この年齢の女性にありがちな不可能とも思える難題に取り組んでいた。たしかに世の中には、彼女より大変な状況に置かれている女性はたくさんいるだろう。たとえば4人の子供を育てながら、夜にはロースクールに通っていた私の母親などがそうだ（母は私のヒーローだ！）。ただ、エイミーはこの役割を果たすことに深刻な不安をおぼえていたため、私のもとを訪れた。

治療にあたって、私は彼女に習慣ループのマッピングをはじめるよう指示して、最初の診療を終えた。

次の面談までにちょっとした宿題をやってもらうと、そのあとが楽になる。診察室ではなく、実際の生活のなかで習慣ループを書き出すことで、何が起こっているかがより明確になるからだ。次の来院時に、限られた時間を割いて過去の出来事を思い出してもらわなくても、いきなり習慣ループ自体への対処をはじめることができる。

最近来院したとき、彼女は慌てた様子で、椅子に座るやいやなすぐに話しはじめた。ささいなことがきっかけですぐ不安におちいってしまうこと、多くの責任が肩にかかっていること、以前は普通にこなせていたことが最近は重く感じられること、愛しているはずの子どもや夫にわけもなく八つ当たりしてしまうこと、仕事は好きだしストレスが大きいわけでもないのに、出社することを考えただけで不安になること、などなど。

不安がつのるにつれ、未完了の仕事のリストが長くなっていった。リストにやるべきことを書き出しても、着手しようとする気力が湧かず、リストを見るだけで不安になった。そのストレスで疲れ、いつの間にか長いうたた寝をしてしまい、起きてはまた不安になって同じことを繰り返すありさまだった。

エイミーはエネルギーを生産的な方向に使えていなかった。不安にエネルギーを吸い取られて燃料切れになり、ちょっとしたきっかけで爆発させていたのだ。

その日の診察で、彼女がどこで行き詰まっているかを知るための大きなヒントとなる発言があった。

「不安が押し寄せて来るのを感じると、なぜこんなに不安になるのか、いつまでも考え込んでしまうんです」

エイミーによれば、不安はこれといったきっかけがあるわけではなく、ランダムに湧き上がってくるという。夫や友達が善意で、「どこか悪いの？　精神科に行ってみれば？」と言ってくるのも辛いという。

「つまり、『どうして、いつまでもそんな調子なの？』と訊いてくるということですか？」と尋ねると、

「そうなんです。なぜそう言われてしまうのか知りたくて……」という答えが返ってきた。

「なぜ？」にはまる思考の罠

エイミーは多くの人と同じ思考の罠にはまっていた。理由がわかれば、魔法のように不安は消えると思い込んでいたのだ。車や食器洗い機ならそうかもしれないが、心は機械ではない。

この間違った考えのせいで、精神科に行けば医師が修理工のように心を〝修理〟してくれると期待してしまう。なぜ心の問題が発生するのか、何がトリガーとなって問題が生じるのかをつきとめることさえできれば治る、と考えてしまうのだ。

自分の外にある何かをトリガーとして特定したくなるのは無理もないことだが、トリガーは、刺激と行動を関連づけた私たちの学習の結果なので、ありとあらゆるものがトリガーになりうる。何かを見たり、感じたり、あるいはただ考えただけでも、それがトリガーとなって習慣的な反応が誘発され、習慣ループが動きだすことがある。

私たちはトリガーを突き止めて過去を変えることに固執してしまうが、当たり前だが過去は

変えられない。できるのは、そこから学ぶこと、現在の習慣的な行動を変え、新しい習慣ループをつくることだけだ。

エイミーは〝なぜ〟の迷路にはまり込んでいた。自分が不安になる理由を必死になってつきとめようとし、答え（原因）さえ見つかれば、そこを修理して不安が消えると思っていた。だが皮肉なことに、その過程でますます〝なぜ〟の習慣ループに巻き込まれていったのだった。

トリガー　不安
行動　なぜ自分が不安なのかをつきとめようとする（そして失敗する）
結果　もっと不安になる

彼女はなぜ自分が苦労しているかを私に説明しようとして、診察の最初の10分間だけで、3回も〝なぜ〟の習慣ループにはまっていた（医師にとって、患者が目の前で問題を実演してくれることほど、何が起きているかを把握しやすい状況はない）。

3巡目のループが終わったとき、私は「不安の理由がわからないとき、どんな気分になりますか？」と尋ねた。

エイミーは「もっとひどい気分になります」と答えた。

たとえトリガーを特定できても、それは枝葉末節にすぎない。真の問題は「なぜ」と問う行動にこそある。

そこで私はまず、彼女に深呼吸をさせて落ち着かせた。それから〝なぜ〟の習慣ループを一緒にマッピングした。するとそれだけで、あきらかに不安が減ったようだった。自分の手で不安の火に油を注いでいたことがわかったからだ。私はそこで一歩踏み込み、核心に触れる問いを投げかけた。

「もし、〝なぜ〟が問題ではないとしたらどうですか？」

「えっ？　どういうことですか？」彼女は戸惑った様子で質問を返してきた。

「なぜ起こったのか」ではなく「何が起こっているのか」

実際、何が心配や不安のトリガーになるかは重要ではない。問題なのはそれにどう反応するかだ。際限なく〝なぜ？〟と問いつづける習慣ループに巻き込まれると、火に油を注いで状況を悪化させることになる。逆にループから抜け出せれば、不安の火を消せるだけでなく、将来、別の火を燃え上がらせることもなくなる。

マインドフルネスのトレーニングでは、「なぜ」と「何が」の区別が重要だ。不安を感じたら、その原因を探ろうとするのではなく、そのとき何が起きているかに意識を向ける。自分は何を考えているのか？　どんな感情を味わっているのか？　体にはどんな感覚があるのか？

私はエイミーに宿題を出した。

「〝なぜのループ〟がはじまったと気づいたら、まずは3回深呼吸をしてください。大きく息を吸って、吐き、〝なぜ〟は問題ではない、と自分に言い聞かせてください」

これは不安が生じたことを察知し、そのとき起きていることに集中し、〝なぜのループ〟におちいらないようにするための方法だ。診察室で一緒に深呼吸の練習をして、やり方を覚えてもらった。〝なぜのループ〟から抜け出すためのシンプルで具体的な方法を学んだエイミーは、家に帰って練習をした。

われわれはみな、ときに修理工よろしく、自分の脳をクルマのようなものだと考えてしまいがちだ。もちろん、たとえば脳腫瘍などの生理学的な問題については、西洋医学がそれを修理してくれることもある。だが、習慣ループを形成する原因となった過去の出来事を、自動車を修理するように、きれいさっぱり消し去ろうとしてもうまくいかない。過去は過去であり、もはや変えられないからだ。

そこで効果を発揮するのが、すでに紹介した〝赦し〟の格言――「赦すとは、過去がもっと良いものだったらよかったのにという思いを捨てること」だ（205ページ参照）。

不安のトリガーを避けることで問題を解決しようとする方法では、うまくいかないうえに、問題の根っこにたどり着くことさえできない（それでも私の患者たちは、なかなかその方法をやめられない）。私たちは、過去へのこだわりを捨て、いまこの瞬間に集中することを学ばねばならない。なぜなら、私たちが扱えるのは目の前にあるもの――つまりその瞬間に動いている習慣ループだけだからだ。〝なぜのループ〟をはじめてしまえば、私たちは自分自身を不安の火で焼きながら、そこに油を注いでいることになる。

あなたも自分が〝なぜの習慣ループ〟を持っていないか確認して、不安の火でやけどしたときの感覚を意識してみよう。そして、「なぜ起こったのか」ではなく、「何が起きているのか」に集中してほしい。習慣をマッピングして何が起こっているかを観察し、私がエイミーに教えた呼吸法を使って、「〝なぜ〟は問題ではない」と自分に言い聞かせ、そのループから抜け出してほしい。そのとき、自分のなかでどんな変化が起きるか見てみよう。

目は心の窓（すくなくとも感情の窓）

プロのポーカープレイヤーが、試合のときになぜ濃いサングラスをかけるのか、不思議に思ったことはないだろうか？　それは目を見て意図を読まれないようにするためだ。ポーカーで最悪なのは、自分の手札に関するヒントを与えるような癖を見抜かれてしまうこと。しかし無意識の目の動きや表情は、止めるのも隠すのも難しいので、サングラスをかけるのだ。

目は感情を映しだす窓だ。目と感情がどのように結びついているかを理解すれば、不安や恐怖、フラストレーションといった感情にシンプルな方法で対処できるようになる。それは好奇心を持つ習慣を育むことにもつながる。少し詳しく説明しよう。

まず科学的背景の話から始めるが、人間は恐怖を感じると本能的に目を見開く。19世紀にチャールズ・ダーウィンは、不確実な状況に直面したときに人が目を大きく開くのは、「そこに危険があるか」調べるために視覚的情報をより多く集めようとしているからだ、という説を唱えた。[1]

また、大きく開かれた目は、恐怖を示すその他の表情と組み合わさって、自分が何かを恐れていることを人に知らせる社会的なシグナルとしても機能する。とくに人間の場合、強膜《きょうまく》（眼球の外側の白い膜）とそれ以外の部分のコントラストがはっきりしているため、効果は大きい。何も言わなくても、誰かが目を大きく見開いていたら、それだけで他の人も、「何か危険があるのかもしれない」と察知できる可能性が高い。

事実、無意識に目を広げる行為によって、当人だけでなくそれを見ている人も、その状況で起きている出来事を認知する能力が上がることが知られている。

心理学者のダニエル・リー、ジョシュア・サスキンド、アダム・アンダーソンが2013年におこなった実験で、それを見事に実証している。[2] この実験では、まずは被験者たちに、恐怖を感じたときの表情をつくってもらい、普通の顔に戻したあと、次に嫌悪の表情をしてもらった。すると、恐怖の表情をつくったときには、とくに知覚認知タスクを正確にこなす能力が高まった。嫌悪の表情をつくったとき（こうすると目が細まる）には、その能力は下がった。

彼らは次に、誰かほかの人の目に表れる恐怖の反応を見る側の認知能力がどう変化するかを調べた。すると予想どおりと言うべきか、目を見開いている（強膜の部分が大きく露出している）人物の写真を見ただけで、被験者の認知タスクのパフォーマンスが上がった。

目を見開くのは恐怖を感じたときだけではなく、他のタイプの情報収集をおこなうときにも起こる表情の変化だ。たとえば、何かに強い興味を感じたとき、私たちは目を見開くことが多い。そこでダニエルたちは実験にひねりをくわえ、目を見開いている顔写真を上下逆さまにして被験者に見せた。被験者には、写真の人物が恐怖の表情を浮かべていることはわからないが、目を見開いていることだけはわかるというわけだが、その場合も、やはり認知能力は向上した。その結果、認知能力をアップさせた要因は恐怖という感情（を読み取ったから）ではないことがわかった。つまり、認知タスクのパフォーマンス向上に寄与しているのは、虹彩と強膜の比率（大きく見開き、白目の面積が大きくなった目を見ているから）であって、その目の表情が伝える感情（すなわち恐怖）を読み取ったからではなかったのだ。

こうしてダーウィンの直感は、研究による裏づけを得て、学習理論全般に大きな影響を与えることとなった。習慣を変えるための具体的なヒントや脳をうまく使うコツも、そこから引き出すことができる。

心は体に従う

科学的背景が理解できたところで実践的な話をしよう。そこで重要になるのが、感情と体（感覚、姿勢、動作）を結びつける連合学習によって形成される「身体記憶」だ。

人間は生き残るため、危険にさらされたとき、本能的に体を丸めて外部に露出する体の表面積を小さくしたり、手足を使って頭や重要な臓器を守ろうとする。こうした体勢（表情や目の動きもここに含まれる）と感情を何度も組み合わせているうちに、最終的に両者は切り離すことができなくなる。言い換えれば、一方を抜きにもう一方だけをおこなうのが難しくなる。

たとえば、肩に力を入れて、耳に近づけるようにすくめてみてほしい。すこしストレスを感じないだろうか？　それはこれまでの人生で、ストレスを感じたときに何度も何度も肩に力を入れてきたからだ。幸せな気分のときには、もっとリラックスした体勢をとることが多い。このように、思考や感情と結びつく体の感覚を身体記憶と呼ぶ。

これを使って遊んでみることもできる。気苦労のせいで肩が重くなっていないだろうか？その場合は、まず一度深く息を吸い込んで、3秒ほど止め、息を吐きながら肩をリラックスさせよう。ストレスはどうなっただろう？　減った感じがするのではないだろうか？

目についても同じ実験ができる。私たちは目を見開くという動作と新しい情報をとりいれることを何度も何度も関連づけてきた。恐怖や驚きで目を大きく見開くと、それは脳に向けて、新しい情報をとりいれるべきタイミングだという合図を出しているのに等しい。嫌悪や怒りで目を細めれば、いまは何かを学ぶより行動を起こせという合図だ。いずれも身体記憶が発するシグナルである。

目を見開いて怒るのは難しい

この身体記憶を使ってちょっとした実験をしてみよう。

まず大きく目を開いて、以前に体験した嫌だったこと、悔しかったこと、あるいは腹が立ったことを思いだしてほしい。目はそのままで、どれくらいまでその気持ちを強めていけるか試してみよう。「ああ、ほんとに嫌だ」「悔しい」「腹が立つ」というように。

さて、どうだっただろう？　あまりうまくいかなかったのではないだろうか？

嫌な気分のときや怒っているとき、私たちは「フーム、いま何が起きているんだろう。本当に怒るべきなのかな？ もっと情報を集めてみよう」などとは思わない。脳は情報収集モードにはなっておらず、怒りをかき立てるものを探すため、目は細まり、視線はレーザー光線のように鋭くなる。つまり、怒りの感情は目を細めた表情と強く結びついているため（身体記憶）、目を開けたまま怒ろうとしても、表情と感情のミスマッチが起こり、脳がうまく働かない。目を見開いたまま怒るのは難しいのだ。

目を細めて好奇心をもつのは難しい

もう1つ実験をしてみよう。今度は目をできるかぎり細めながら、何かに興味を持とうとしてみよう。これもやはりうまくいかないはずだ。脳は、好奇心や驚きを目を開いた状態と結びつけるのに慣れてしまっている。好奇心があるときは、情報収集モードになるからだ。

つまり、何かに興味を持つということと、目を細めることのあいだにはミスマッチが起きるということだ。「おい、ちょっと待てよ。本当に興味があるなら、きみの目は開いてなきゃおかしいぞ。本当にいま何かに興味を持っているのかい？」と脳が言うわけだ。

目は感情を伝えるのが上手だ。私たちは長いこと、目の表情と感情を結びつけてきたので、両者のつながりは強い。このシンプルな仕組みを理解しておけば、いらだちや不安を手放して、好奇心を持つために使える。

やり方をまとめておこう。次にいらだちや不安を感じたら、以下のことをやってほしい。

● 立ち止まって、その感情に名前をつける（「ああ、この感情は○○だ」というように）。
● 目が細くなっているか、開いているか確認する。
● 目を見開いて好奇心を刺激する（「フーム」を加えてもいい）。目を大きく開いた状態を10秒間保ち、不安な気持ち（あるいは名前をつけた○○という感情）がどう変わるか見てみる。それは強まっただろうか？　弱まっただろうか？　性質や方向性が変わっただろうか？

コツをつかんだら、このエクササイズを繰り返そう。やっかいな感情が湧いてくるたびに、この方法を使ってそれに寄り添い、そこから（あるいは自分自身から）何を学べるか試してみる。そうして好奇心を持つという習慣を強固なものにしていこう。

第21章 ネガティブな思いにとらわれる必要はない

「反応」するのではなく「対応」する

ここまでくれば、あなたのマインドフルネスの道具箱には、脳をハックして、ファーストギアからセカンドギア、そしてサードギアに至るためのツールがたくさん入っている。好奇心はすべての基礎をつくり、慈悲の瞑想は自己批判の習慣のループを断ち切り、RAINは真夜中のお菓子を食べたいという衝動を乗り越えるのを助けてくれる。

また、1日のうち、いつでも短時間で使える方法の準備はできているだろうか？

マインドフルネスは、出来事に「反応」するのではなく、「対応」する術であるとよく言われる。そして、すぐに何かしなければという衝動は、嫌なことに対する反応であることが多い。ぼんやりしていると、不快な気分をもみ消そうとして習慣に従って反応してしまう。

それはいわば自動運転のようなものだ。私たちの不安解消プログラムに参加したある人は、「目をつぶって運転しているようなもの」と言った。それではどこに向かっているかわからないわけで、正しい道を進める可能性は低い。

だが、出来事の瞬間に意識を向け、不快な感情を受け入れて、その感情に対して好奇心を持てば、あなたの目は開いて、反応ではなく対応する余地が生まれる。RAIN（262ページ参照）によって、習慣的な反応にとらわれなくなれば、それが可能になる。

研究仲間のある女性は、「自分は〝ヒューマン・ビーイング〟（人間）ではなく、〝ヒューマン・ドゥーイング〟になっていたような気がする」と言った――いやな気分を忘れるために、何かをやって《ドゥーイング》、やって、やりつづけたが、その過程で自分の存在《ビーイング》を見失ってしまった、という意味だ。だが、すこし余裕を持てれば、〝ドゥ〟に追われることなく〝ビー〟（ありのまま）を保てる。恐怖や不安といった不快な感情に対する習慣的な反応をマッピングし（ファーストギア）、心配する、避ける、先延ばしにするといった反応によって自分はろくでもないものをつかまされているとわかれば（セカンドギア）、サードギアにシフトアップできる。そうなれば、好奇心を持つとか、RAINを実践するとか、いままでとは違う行動をとる余地が生まれる。簡単にまとめれば、サーフボードで波に乗るのに必要なのは好奇心だけ、と言えるかもしれない。

好奇心があれば、報酬ベースの学習システムをハックして、染みついた反応を〝気づき〟に置き換え、報酬（結果）を「身を縮めて辛さをやりすごす」から「好奇心を広げて、いい気分になる」に変えることができる。好奇心は不安よりも心地よく、好奇心を振り返ることは不安を振り返るよりも新しい習慣として定着しやすいからだ。

しかも、好奇心には飽きがこない。アメリカの作家エレン・パーは「退屈をとめられるのは好奇心だ。だが、好奇心をとめられるものは何もない」と言っている。

サードギアへのシフトを急ぐな

ここで、RAINをおこなったときの感覚を振り返ってみてほしい。とくに、どんな心構えで臨んだのかを意識してほしい。衝動を無理やり押さえつけようとしていなかっただろうか？「RAINをやっているのに、どうしてこの衝動が消えないんだ」といった気持ちにならなかっただろうか？

だとしたら、あなたはファーストギアからサードギアへの移行を急ぎすぎている。〝考える〟ことでは習慣は変えられないのを思い出してほしい（それが可能なら、とっくに変わっているはずだ）。無理にリラックスしようとしてもできないように、RAINで衝動やネガティブな感情を消し去ろうとすると、結局は火に油を注ぐことになる。「RAINをやれば気分が良くなるはずだ！」と考えて、無理やりRAINをやってみたものの気分が改善せず、それが新たなトリガーになるという習慣ループにおちいる危険性もある。

トリガー　不快な感覚や衝動
行動　RAINをおこなう
結果　RAINでは問題が解決しなかったことにいらだつ

興味のない対象に好奇心を持てないように、物事を無理やり受け入れることもできない。だからこそ、サードギアに移行する前に好奇心を育てる時間をたくさんとる必要がある。

何かを強制されていると感じたり、ＲＡＩＮをおこなうことが義務のように感じられたら、すぐにその瞬間に関心を向けて、身が縮むような、無理強いされたときの感覚に注目しよう。もしパターン化された〝反応〟から抜け出せず、思考が制御不能になったときは、ギアをセカンドに戻して、「自分はここから何を得ているのか？」と問いなおそう。

ここで一つ断っておくが、サードギアが、ファーストギアやセカンドギアより優れているわけではない。前に進むにはどのギアも必要だ。

長い坂道を登っているときにはファーストギアしか使わない日もあるかもしれない。それでかまわない。平坦な道やカーブの少ない道では、セカンドギアやサードギアが使える。どのギアもあなたを前に進ませるためにある。その点を勘違いしてはいけない。シフトレバーがどのギアに入っていても、前には進むのだ。

つねにセカンドギアかサードギアで運転していないと、自責の念にかられる人がいる。自分はそうなっていないか、ときどきチェックしてみよう。

あなたはもしかしたら、「そろそろサードギアに入っているべきだろう」とか「もう、あの悪癖から解放されてなきゃおかしい」などとつぶやきはじめているかもしれない。だとしたら、それ自体が１つの習慣ループだ。もしそうなっているなら、「――すべき」をいったんやめて、それをマッピングしてみよう。

どの感覚が働いているかに注意を払う

ＲＡＩＮのなかの「Ｎ」（記録）に集中する練習もおすすめしたい。「記録」は自動運転モードの習慣ループから抜け出すうえで重要な役割を果たすが、効果はそれにとどまらない。記録がうまくできれば、人生のあらゆる瞬間、あらゆる経験に深く意識を向けられるようになる。

人間には視覚、聴覚、触覚、嗅覚、味覚の五感がある。そこに、体が受けとめた感覚（「内受容感覚」という）と思考の２つが加わる。いまこの瞬間瞬間に、これら７つのうちどの感覚がもっとも優位になっているかを意識するのが記録に集中する練習だ。

たとえば道を歩いていて、何かが動いているのが目に入ったら、「私は見ている」（視覚）と自分の心に記録する。鳥の鳴き声が聞こえてきたら、「聞いている」（聴覚）と記録する。「ああ、鳥が鳴いている」という考えが浮かんだら、思考がそのとき優位な経験なので、「考えている」（思考）と記録する。難しいことは何もない。

鳥のさえずりを聞いて幸せを感じるなら、「感じている」（内受容感覚）だ。こうして経験を記録するようにすれば、思考の渦に巻き込まれることも、自動運転モードになることもなく、いまという瞬間に意識を向けることができる。

自動運転では状況に流される人生になってしまう。たとえば、鳥のさえずりを聞いても、「ああ、鳥が鳴いている……すばらしい……あの鳥はなんという種類だろう――ウグイスの一種だろうか？　たしか、ディスカバリーチャンネルの番組で、ウグイスの生息地が破壊されているといっていた……環境を大切にしない人がいるなんて信じられない……そういえば、隣の家の奴はリサイクルすらしてないな……信じられないほどのバカだ」などと思考がとまらなくなる。

楽しく鳥のさえずりを聞いていたはずなのに、いつのまにか隣人への怒りを覚えている。そんなことになるのは自動運転のせいだ。心を訓練しておかないと、あらぬ方向に走りだしてトラブルに巻き込まれることになる。

「記録」の練習をすれば、マインドフルネスの筋肉を鍛えられる。怒りや恐怖のような、自分を傷つける感情の火に油を注ぐこともなくなる。心が暴走をはじめたら、ただ、「考えている。感じている。それは恐怖かもしれない」と記録しよう。記録（あるいはそれ以外のサードギアの方法）をうまく使えば、脳の配線を変えて古い習慣を新しい習慣に置き換えることができる。

短時間を何度も繰り返す

では、いまから30秒ほど時間をとって練習してみよう。

まずは意識を集中して、視覚、聴覚、触覚、嗅覚、味覚、思考、内受容感覚のうち、もっとも優位な感覚を記録してみる。

それが終わったら、いまの感覚と、考えごとをしたり感情に流されていたときの感覚の違いに注目してほしい。これは要するに、火が燃え尽きて灰になるのを見届けるのと、燃えひろがっていくのを見ているときの違いだ。

われわれのプログラムに参加したある女性が、自身のやけ食いの習慣ループについて次のように話してくれた。

以前の私はあまりにも不安で、胸や喉の締めつけ感を鎮めるため、人との約束に遅れるとわかっていても食べ物を手に入れようとしました。それほど不快な気分だったんです……でもいまはそんな感情が出てくると、逆に力が湧いてきます。感情を観察して、「私はお腹が空いてるわけじゃない。ただ、ストレスを感じてるだけ」と考え、そこから何をすべきかを決めることができるようになったからです。

ただ感情を記録するだけで、ちょっとした心のゆとりが生まれ、いま起きていることを把握できているのがわかるはずだ。そうなれば、感情に流されることも、嫌な気分を消すために何かしなくてはならないという衝動に襲われることもなくなる。

記録の練習は比較的シンプルだ。これをやれば、サーフボードで波に乗るように、感情の波に翻弄されるのではなく、いまという瞬間に意識を向けてその場にとどまることができる。すでに集中できているのなら、あえて何かを記録する必要はない。

最初のうちは、記録の練習がめんどうに感じられるかもしれない。でも心配は不要だ。慣れれば楽になる。練習は短時間でいいから、1日に何度もやってほしい（それがポイントだ）。何度もやることで新しい習慣を形成する効果が上がる。新しい習慣を記録する新しい回路が脳にできやすくなるからだ。

「完璧にやらなくては」とか「難しすぎる。何か間違ったやり方をしているに違いない。自分は何をやっても失敗ばかりだ。あきらめてSNSをするか、アイスクリームでも食べよう」などと考える習慣ループにはまることなく、ただ「考えている」とだけ記録するのだ。

RAINや「記録」などのエクササイズを通じてマインドフルネスの筋肉をつけると、習慣ループがはっきりと見えてくる。そのうちに、わざわざその習慣を追い払おうとしなくても、自然と起こらなくなるだろう。

ぜひ今日から「記録」の練習をやってみてほしい。道を歩いているときや、ソファでくつろいでいるとき、あるいは車に乗っているときでもいい。1日のうちに短時間で何度も繰り返すことで、新しい強固な習慣ができていく。

医者もパニック発作を起こす

メディカルスクールに通っていた頃、学生は超人的にタフでなければならない、という暗黙の掟《おきて》があった。疲れや空腹を訴えるなどもってのほかで、自由にトイレに行くことさえ許されなかった。私たちはストレスや不安に対処する方法として、鎧《よろい》で身を固めるような、こんな方法しか教えてもらえなかった。

ストレスを無理やり抑え込んでいた私が、研修期間の後半、夜中に本格的なパニック発作で目が覚めてしまうようになったのも無理からぬことだった。動悸や息切れがして視界が狭まり、悲惨な結末が迫っているという気持ちでいっぱいになった。

医大生の頃から瞑想をはじめていたので、このパニック発作がはじまったときにはすでに10年の瞑想経験があり、「記録」の練習もたくさんやっていた。おかげで、はじめて発作に襲われて夜中に目が覚めたとき、自然と記録をはじめていた。「締めつけるような感じ」「息ができない」「視界が狭くなっている」「鼓動が速くなっている」などと、ただただ記録していったのだ。そしてパニック発作が終わったあと、自分の心の診断チェックリストを眺め、本格的な発作を起こしたのだと確信できた。

じつはここにポイントがある。私は「パニック発作を起こしてしまった」とは記録していない。余計な判断や注釈を加えることなく、ただ何が起きているかを記録しただけだ。そうした余計なものこそが、たんなるパニック発作を「パニック障害」に変える要因になる。それが不安材料となって、また再発するのではないかという心配にとらわれてしまうからだ。

たしかにパニック発作には、動悸や発汗、震え、息切れ、失神、死への強い恐怖など、パニック障害の症状がそろっている。だが、発作が起こるだけではパニック障害とは言えない。パニック障害と診断されるためには、発作の発生以外に次のことが要件とされる。[1]

- ふたたび発作が（場合によっては連続して）起きるのではないかという不安、
- もしくは発作のせいで著しく不適応な振る舞いが起きるのではないかという不安が、
- 1カ月以上続くこと。

自分自身がパニック発作を繰り返していた研修医時代、私は、このパニック発作とパニック障害の決定的な違いに気づいていなかった。

要するに、パニック発作はあくまでパニック発作にすぎず（発作など怖くないと言っているのではない）、それが本当に問題となって生活に悪影響を及ぼすのは、また発作が起きるのではないかと心配しはじめたときというわけだ。

デイブが私のもとを訪ねたきっかけは、運転中にパニック発作が起きるのではないかという心配で、ほとんど車に乗れなくなってしまったからだった（ハイウェイでは運転できず、家から雑貨屋に行くのもやっとという状態だった）。彼はパニックを引き起こすトリガーを避けようとして、不適応な習慣ループをつくりあげてしまっていたのだ。

トリガー　運転（とくにハイウェイでの運転）
行動　運転を避ける
結果　パニック発作だけは嫌だ、起きたらとんでもないことになる、と不安になる

パニックの原因は脳の「つくり話」

私たちの脳はサバイバルを目的として進化してきたことを忘れてはいけない。脳は危険を避けることを最優先するし、パニック発作はたしかに危険のように感じられる。私自身、もっと

も症状がひどく出たときには、そのまま窒息して死んでしまうのではないかと思ったほどだ。

デイブの脳も、「パニック発作を起こすかもしれないものは、何であれとにかく避けなくてはならない」という思考しかできなくなっていた。

だが彼は幸い、脳には大きな適応力があることを知った。脳の学習メカニズムを理解して、不安から逃げるのではなく、別の考え方をとりいれることができた。つまり、またパニック発作が起こるかもしれないという心配は、自分の脳がつくりだしている〝物語〟にすぎないという決定的な事実に気づいたのだ。それは事実ではなく、起こるかもしれないことを先取りしたストーリーにすぎない、と理解したのである。

恐怖や不安の物語は、私たちがそれを信じることで力を持ちはじめることがある。「運転中にパニック発作が起きるかもしれない」と不安をつぶやくたびに、それは脳の中で具体化されて強固なものになり、ついには事実になってしまう。

さらに、私たちはそれと特定の感情と結びつけることを学習し、「また発作が起きるかもしれない」と考えただけで、恐怖や不安といった感情のトリガーが引かれるようになる。前章で身体記憶の形成について述べたが（288ページ参照）、それがここにもあてはまる。

この本の前半で、不安の習慣ループについて、それが自分の人格の一部として〝骨の髄まで刻み込まれている〟女性について触れた（126ページ参照）。そうなってしまうのは習慣ループだけではない。私たちは思考や感情、物語にとらわれるあまり、何が現実なのかわからなくなってしまうことがある。心が強烈に押し込まれたバネのような状態になり、誰かに肩をポンと叩かれるといった、まったくなんでもないことがきっかけで怒り狂ったり、泣きだしたりしてしまうことさえある。

マインドフルネスは研修医時代の私に大切なことを教えてくれた。それは、「私という存在は、私の思考でもなければ、感情でもなく、体の感覚でもない。それらを自分と同一視する必要はない」ということだ。

私たちには不快なものを遠ざけようとする習性がある。だが、パニック発作を起こしたとき、感覚や感情、思考をただ観察・記録するなら、そこから逃れようとするのではなく、それがやって来ては去っていくのを見つめることができる。そのおかげで私は、不安や悲しみの物語をつくったり、脚色して不安を広げたりすることなく、そこで終わらせることができた。自分に起こった出来事をひきずることも、過度に思い煩うこともなかった。

さらにマインドフルネスは、動悸などの生理的体験と、また発作が起きるかもしれないという思考のあいだに、連想的な身体記憶が形成されるのを防いでくれた。階段を駆け上がると鼓動は速まるが、それはたんに心臓が正しく働いている――すなわち、筋肉により多くの血液を送っているにすぎず、したがって、パニックとは関係がないと理解できるようになったということだ。

私はマインドフルネスの練習をしていたおかげで、「事象の地平面」（情報を知りうる領域とそうでない領域の境界を意味する相対性理論の概念）を超えてパニック障害というブラックホールに吸い込まれずにすんだ。心の働き方を知っていたので、適切な対処ができ、パニックを自分の人格の一部だと誤解したり、また発作が起きたらどうしようという不安ループにおちいることもなかった。その後も何度かパニック発作を経験したが、結局は同じように治まった。そのたびに好奇心と自信が育ち、自分は心をうまく扱える、と思うようになっていった。

この話を聞いて「あなたは10年も本格的にマインドフルネスの訓練をしていたからできたのであって、ぼくには無理だ！」と思う人がいるかもしれない。だが、そんなことはない。誰でも、どんな習慣でも――それがどんなに古くからある、根深い、凝り固まった悪癖でも――克服することができる。私がこの本を書いているのは、それを訴えるためだ。

よいマインドフルネスの習慣は、短時間の練習を1日に何度もおこなうことで身につく。デイブが数ヵ月でやりとげたように、誰もが心の扱い方を学べる。要はこれは、つねに好奇心を持つことをはじめとした、よい習慣を身につけようという話なのだ。

ネガティビティ・バイアスを断つ

本書で紹介した練習を実践している人は、すでに自分の経験から、好奇心や親切心といった、「より大きなよりよい選択肢」（ＢＢＯ）を発見していることだろう。サードギアの練習をしている人も、ＲＡＩＮや「記録」の練習をしている人もいるだろう。私の実体験からもおわかりのように、〝記録〟ぐせをつけたほうが、パニック発作を起こして、思い悩むあまりパニック障害に至ってしまうよりも、はるかにいい。

どの練習をするときも、報酬の大きさを意識し、実感し、脳に記憶させることが大事だ。その実感と記憶は、サードギアに進んだあとでもセカンドギアにシフトダウンすることで強化できる。つまり、「このサードギアの練習（あるいは体験）によって自分は何を得ているのか？」と自らに問いかけて、報酬の気持ちよさを味わうということだ。

これをやっておくとそれ以後、サードギアでのエンジン回転数が上がるので、私はこれを「ターボチャージ・セカンドギア」と呼んでいる。これによって練習が脳に記憶させる報酬価値が高まる。

自己評価が低い人は、一時的に報酬の気持ちよさを感じてもすぐに元に戻ってしまうことが多い。そんな人にとって、ターボチャージ・セカンドギアはとくに重要だ。自己評価が特に低くなくても、日々あわただしく生活をしていると、差し迫った危険がなくても、報酬に意識を集中させることを忘れ、脳に記録されないことが多いので、これを取り入れるとよいだろう。

ポジティブな刺激や出来事よりネガティブなものを記憶しがちな傾向を、心理学では「ネガティビティ・バイアス」あるいは「ポジティブ－ネガティブ非対称性」と呼ぶ。褒められた喜びよりも叱られたショックの印象が強いのはこのためだ。

だが、ターボチャージ・セカンドギアは両者のバランスを取り戻すのに役立つ。マインドフルネスも、ネガティブなこととポジティブなことの両方を、一方に偏ることなく感じられるようにしてくれる。

生活の場をマインドジムにする

親切心や好奇心を持つのは、それ自体がよい習慣であるとわかってもらえたと思う。ただ、念のために言っておくと、そういう気持ちを持ったからといって、いきなり〝鬼コーチ〟が現れ、あなたを〝心のジム〟にひきずり込んで、トレーニングをしろと檄を飛ばしてくれるわけではない。

好奇心や親切心の効果はそういうものではなく、気持ちがいいから自然に繰り返すという形で表れる。もしあなたが、鬼コーチに叱咤されなければモチベーションが上がらないと思っているなら、その経験に意識を向けて、そんな鬼コーチに頼るような方法には効果がないことを実感してほしい。

ジムはトレーニングに適した場所かもしれないが、人生のすべての時間をジムで過ごすことはできない。もちろん、毎日一定の時間をとって決まった場所に座り、フォーマルな瞑想の訓練に取り組めば効果は出る。何にも邪魔されずに瞑想し、呼吸を意識したり「記録」の練習をしたりするための時間と空間を確保できればすばらしいことだ。だが、それはジムで筋トレをするようなものだ。

ジム通いより重要なのは、ＲＡＩＮや「記録」を日々の生活に組み込み、カジュアルな方法で心の筋肉を鍛えることだ。エレベーターではなく階段を使うことで身軽な体をつくれるように、気づきと好奇心を持つことで、いつでも心のトレーニングができるようになる。最終的には、フォーマルとカジュアルが融合し、世界全体が心のジムだと実感できるようになることが理想だ。

3つのギアを駆使して脳の中にある報酬価値を更新しつづければ、報われない習慣（座りっぱなし、ジャンクフードを食べる、無駄な心配をするなど）の順位はどんどん落ちていき、報われる習慣（活動的にすごす、健康的な食事をする、好奇心を持つなど）は上がっていく。

いまという瞬間に意識をあわせ、マインドフルでいることを習慣化するには、短い時間でいいから、1日のうちに何度も繰り返すのが大切だということを忘れないでほしい。

新年の誓いが三日坊主で終わってしまいそうなら、無理やり自分を奮い立たせるのではなく、本書で解説したやり方を試してみよう。やってみて本当に楽しいと思える心や体のエクササイズを見つけ、その報酬に注目して、それをBBOとして脳に定着させることを目指そう。

ランニングをする気が起きないときは、前回走り終わったときの気持ちよさを思い出せば、自然に走り始めることができる。同じく、誰かに親切にしたときの気持ちよさを思い出すことで、普段からやさしくなろうというモチベーションを高められる（すくなくとも私にはこのやり方が効く）。

あなたは健康的な食事や運動、ボランティアなど自分が育みたいと思っている習慣のなかに、心地よさを見つけることができるだろうか？

第22章 マインドフルネスの効果の証拠

自分の中からやってくる報酬

本書も終わりに近づいてきた。練習の進み具合はどうだろう？　今という瞬間に意識を集中させ、エンジンを始動させてギアをシフトするのに使える、自分用のマントラやフレーズは見つかっただろうか？　その大切なおまじないは、ギアをサードにあげて、より大きな報酬をもたらす新しい行動のトリガーとなる、マインドフルネスの鐘を鳴らしてくれるだろうか？

あなたは私の患者や生徒のように、「後戻りせずに、本当の意味で変われるのだろうか？」と心配しているかもしれない。率直に言って、それはあなたが腰を据えて取り組むかどうかにかかっている。試験と同じで、限界まで自分を追い込まなくても、日々コツコツ努力を続けていれば、いずれ結果は出る。

心のスキルを学ぶのは難しくはない。ただ、新しい習慣として定着させるにはたくさんトレーニングする必要がある。心を鍛えるには練習が不可欠だ。

習慣ループをマッピングする練習、自分の行動の結果をより詳細に見つめる練習、「とにかく何かをしなければならない」という衝動を抑える練習、どんな考えや感情が浮かんでも対応できるようにする練習……こうした練習を重ねることで、脳の働きを調整できるようになる。練習によって、うずきや衝動や不安による締めつけられるような感覚や身がすくむ感覚も、その対極にある、やさしさや好奇心による解放感も、両方とも敏感に感じられるようになる。それはとりもなおさず外部報酬と内部報酬の違いを理解できるようになるということだ。不快感を消してくれる自分の外にある何かが「外部報酬」で、やさしさや好奇心から自然と湧いてくる解放感が「内部報酬」だ。

有効性の科学的根拠

新しいスキルを学ぶときに重要なのは自分を信頼すること、「自分にはできる」という信念を持つことだ。基本的に信念には2つのタイプがある。

1つ目は、自分で経験したことはなくても、他の人がやっているのを見たり、直感で間違いないと思うなどして、飛び込んでいくような信念だ。「信念の跳躍」は、未知の領域に飛び込むことなので、しばしば恐怖を伴う。初めてRAINを使って衝動や渇望を乗り越えたとき、あなたはこの種の飛躍を経験したかもしれない。

2つ目のタイプの信念は、1つ目のうえに立脚するもので、私はこれを「根拠《エビデンス》にもとづく信念」と呼んでいる。

医療の分野では、ある治療法が有効であると言うためには、それを支持する科学的証拠がなくてはならない。血圧を下げる薬を処方するなら、その効力があることを示す証拠が必要だ。医学の研究者はそれを見つけるために研究をする。「根拠にもとづく医療《エビデンス・ベースド・メディシン》」（ＥＢＭ）という言葉はここからきている。

私の研究室では、喫煙習慣や過食や不安症に対するマインドフルネスの治療的効果を調べる臨床実験をおこなった。まずは被験者に対面で治療をし、その後マインドフルネスの実践をサポートするデジタルアプリを併用した臨床実験だが、要するに、この本であなたが学んだのと同じ方法論を使ったものだ。その実験で、マインドフルネスには効果があることが証明された。

禁煙に関して言えば、前にも述べたが、マインドフルネスは現在主流となっている治療法の5倍も有効であるという結果が出た（１０６ページ参照）。ちなみにタバコは中毒から抜け出すのがもっとも難しい化学物質である（コカインやアルコール、ヘロインより難しい）[1]。

食べすぎや不安に対する効果としては、衝動的なむちゃ食いが40％減少し、その報酬価値も減った。不安については、被験者となった医師の不安が57％、全般性不安障害のある被験者の不安が63％減少した（付章参照）。マインドフルネスの効果を裏づける証拠を発見したのは、私の研究室だけではない。いまや、マインドフルネスの臨床効果はもちろんのこと、その裏にある神経科学的なメカニズムを説明する科学論文が、数百本も発表されている。

私の研究室では瞑想中の人の脳をスキャンして、練習さえ積めば、瞑想は脳の基本的な活動パターンを変えうることを発見した。それどころか、脳の大きささえ変える効果があると発表している科学者もいる。マインドフルネスをエビデンス・ベースで支持する動きは、日に日に勢いを増している。

自分の経験をエビデンスとする

とは言え、読者のみなさんには私の話を鵜呑みにしてほしくはない。他の人に効果があったというだけで、私が勧める方法を無批判に受け入れてほしいとも思わない。あなた自身の経験を通して、この方法は信じられるという証拠を集めてほしいのだ。

これまでに、自分の体が感じる不安を興味を持って観察できたことが何回あるだろう？　習慣的な行動やそのトリガーを何回マッピングできただろう？　３つのギアを使ってどれくらい前に進めただろう？

心を騒がせる衝動を落ち着かせ、不健康な欲求をＲＡＩＮで乗り越え、人のやさしさの温かさを感じ、それを「記録」することで否定的な思考パターンを取り除くことによって、あなたはデータを集め、自分独自の証拠を積み上げてきた。

今という瞬間に意識を集中させて〝気づき〟を得たとき（自分を見失っているときと比べて）、あなたはリアルタイムでこの方法の効果をよりはっきりと観察し、ちゃんと機能するという証拠を集めたはずだ。

これまでに集めた証拠の数々を振り返ってみよう。ここまできちんと練習を積んできたなら、すでにかなりのデータが蓄積されているはずだ。それを証拠として、心のトレーニングをやりぬくのに必要な、あなた独自の「根拠にもとづく信念」を固めてほしい。

疑いや猜疑心が湧いてきたら、「疑い」「猜疑心」とだけ記録して、脇にどけておこう。そして、自分には信念の根拠となる膨大な証拠があることを思い出そう。このトレーニングに効果があるという信念は、盲信ではなく根拠にもとづいたものなのだ。あなたにはできる。気持ちを楽にして、トレーニングをやりつづけよう。

われわれのプログラムに参加したある人が自身の体験を以下のように振り返っている。

私たちは、マインドフルネスの練習を続けられるという信念を持つ必要があります。そして、その信念は自分の体験を通して集めた証拠によって強くなっていきます……私は、このプログラムが実際に機能することを知っていますし、しっかり実践したときの効果も実感しています。さぼってしまうと簡単に元の悪癖が戻ってくることも知っています。マインドフルネスの実践を新しい習慣として定着させるには、努力が必要です。あきらめて古い習慣に逆戻りすることなく、マインドフルネスを新しい習慣にできると信じることも、その努力の一部です。

まさにその通り。本質をとらえたコメントと言えるだろう。楽器の演奏と同じように、高度なスキルを保つには練習が必要なのだ。練習を続けて、「根拠にもとづく信念」を築き、疑いが起きたときにはただ記録し、それにとらわれることなく、去っていくのを静かに見守る。その

とき感じる喜びに目を向けよう。

一日を通じて、マインドフルな好奇心を持った状態で過ごしてみよう。コーヒーを淹れるのを待つあいだ、家を出て車やバスに乗るまでのあいだ、あるいは風呂に入っているあいだも、そのときどきに意識を向けられるか試してみてほしい。3つのギアによる運転に慣れ、自信と勢いを持って前に進んでいくうえで、短時間の練習の繰り返しがもたらす効果は計り知れない。

私の先延ばし体験

いつも何かに夢中だった子ども時代、私にはとてつもない集中力があった。何かしたいことを見つけたら、やりとげるまで没頭した（ナイフの一件でもわかるように、それには代償もあったが。集中のあまり、私は自分が何をしようとしているのかを、立ち止まって考えてみることができなかった）。

その集中力の源は興味だ。興味があることは苦もなく進めることができた。逆に興味がないことをするときは、無理やりひきずられ、足をバタつかせて泣きわめきながらやった。それも、とりあえず終わらせるために最低限のことしかしなかった。

そこで母は、私に何かをさせる必要があるとき、無理やりやらせるよりも興味を持つように仕向ける方が楽であることにすぐに気づいた。興味さえ持てば、ただこなすだけでなく、上手くやることもできたからだ。

だが20代になり、母の目も届かなくなった私は、何かやらなければならないのに気乗りがしないとき、気を紛らわして先延ばしをするようになっていた。

たとえば、好奇心からではなく「キャリアにプラスになる」といった理由で学術的なレビューを書くことになったとき、机に向かうと恐怖が胃に沈殿し、熱を帯びた塊になった。ニューヨーク・タイムズのサイトをチェックして、前に見たときと同じ世界がそこにあるのを確かめるのが私の〝鎮痛剤〟になってしまった（たった5分前にチェックしたばかりだというのに）。

トリガー　論文執筆の締め切り
行動　ニューヨーク・タイムズのウェブサイトを何度もチェックする
結果　ニュースに気を取られて仕事が遅れる

私がはまっていた習慣のループは、医者や患者、あるいはマーケティング会社にいたるまで、誰もが知っている単純な公式そのものだ。すなわち――

トリガー　痛み
行動　鎮痛剤を飲む
結果　痛みから解放される

その後、胃に感じる痛みは、書こうとしている論文のテーマについて十分に理解しておらず、何を書いたらいいかわからないことに起因しているのに気づいた。それでも私は、焼けるような胃の痛みを感じながらパソコンのディスプレイを空しくにらみつづけるか、ニューヨーク・タイムズのサイトをチェックして気を紛らわすしかなかった。

その後、何年も瞑想の訓練をして、神経科学を学び、患者と接するようになって、自分自身の心の仕組みについて多くを知った。先延ばしがいかに報われない行動であるかがわかってきたし、なぜ自分が先延ばしをしてしまうかも見えてきた。

この習慣ループが有益ではないことに気づいてからは、書きはじめる前に綿密に調査をしておくことで、「ウェブサイトをチェックする」という行動を減らし、執筆する時間を増やすことができた。

私のフロー体験

私はさらに、この好ましいプロセスを加速させるものを見つけた。それは私自身の体験だ。こうして、先延ばしの悪習慣と縁を切る新たな公式を獲得したのだ。

興味 + 知識 + 体験 = 書く喜び + よい成果物 = フロー

フローとは、俗に〝ゾーンに入る〟とも言われるもので、ある活動に没頭して集中力がみなぎり、完全にそこに入り込んで、しかもその過程自体を楽しんでいる精神状態のことだ。

要は、自分にとって興味のあるテーマを選び、それについて（不安でお腹が張らずにすむくらい）十分な知識を持っていれば、楽しみながら論文を書けるということだ。

たとえば私は、マインドフルネスと、悪習慣に悩む人を助けることに興味があった。報酬ベースの学習や神経科学について知識の蓄積もあった。自分自身でも瞑想や、病院での診療や治療法の開発などの経験を積んできた。だから、こうしたテーマで書くときは、執筆に集中できただけでなく、書いていて楽しかった。

2013年のある土曜日の朝、私は運命的に、文字通りこの公式に偶然〝出会った〟。それはよく晴れた寒い冬の朝だった。何かを書かなければという不思議な衝動を覚えた私は、いつもより早く起き、資料をひっつかんでダイニングテーブルの前に座り、ノートパソコンを開いた。そして、ときを忘れ、途中休憩もはさまずに書きつづけて3時間が経った頃、『なぜ集中するのはこんなに難しいのか？　マインドフルネス――〝気づき〟と報酬ベースの学習の要素』と題する論文ができていた。「できていた」とは、学術論文として完成していたということだ。

通常、査読付きの論文は、査読者と細かいやりとりがあり、さまざまな編集の手が加わって仕上がるものだが、この論文は違った。共著者になる可能性のある2人の人物に送って問題がないことを確認し、ほとんど編集することなく投稿し、しかもほとんど修正指示を受けることなく受理された（学術論文の発表プロセスとしてはかなりまれなことだ）。

この出来事を振り返ってみると、すべてがうまくいったのは、私がこのテーマについて長いあいだ実践し、研究し、人に教えてきたからだと気づいた。だからこの論文は、書きはじめる前から、すでに十分すぎるほど材料が溶け込んでいる過飽和溶液のようなものであり、核となる小さな〝種〟を加えるだけで一気に全体が結晶化したのだ。その〝種〟とは、そのすこし前にある人と交わした「マインドフルネスは報酬ベースの学習と相性がいいのではないか」という会話だった。

私はそれまでにフローという概念を取り扱ってきたし、実際に経験したこともあったが、論文を書いているときにフローの状態になるとは思っていなかった。そこで善良な科学者の義務として、これが実験で再現可能かどうかを検証することにした。

私の実験──フロー状態で本1冊書き切れるか？

まず論文やブログの文章で試したところ、再現に成功した。そこで次に、規模を大きくして、本1冊をフロー状態で書ききれるか試すことにした。

手順として、まずフローに必要な条件が自分にそろっていることを確認した。

- 興味　私はマインドフルネスと依存症の科学に関する本を書くことに興味があった。
- 知識　マインドフルネスについては約20年、依存症については約10年、研究を重ねてきた。
- 経験　マインドフルネスを約20年実践し、依存症の患者を9年ほど診てきた。

条件はすべてそろっていたので、次に環境を整えた。

● 食べ物を用意する
● 気が散るものをなくす
● 緊張をほぐす手段を設けておく

フロー状態で本1冊を書き上げるには、空腹であってはいけないし、気軽にニューヨーク・タイムズのサイトを見られる環境でもいけない。また、「次に何を書けばいいのか」と考えて胃が痛くなったとき、それをほぐす手段も必要だった。

こうして2015年12月の下旬、私は自宅で自主的に、2週間の瞑想合宿を敢行した。すべてのテクノロジーを遮断して、ペットの猫以外は誰からも邪魔されない環境を整えた。この〝実験〟に協力してくれた妻は、休暇をとって西海岸の親戚のところに行くことになった。執筆の開始にあたって、お腹が空いたときに電子レンジで温めるだけですむよう、十分な量の食料を調理し、冷凍しておいた。

すべての準備を整えたところで、私は自分にシンプルな指示を与えた。すなわち、「座る（座禅）、歩く（歩行禅）、書くを繰り返す。ただし書くのはフロー状態のときだけ」。つまり、いつもどおり座ったり歩いたりしながらたくさん瞑想をして、書きたいと思ったときだけパソコンに向かうことにした。なかでもいちばん重要なことは、すこしでも辛さを感じたら――フロー状態から普通の状態に戻るサインを感じたら――すぐに書くのをやめて瞑想をするということだった（この〝実験〟の目的は瞑想で執筆の辛さを和らげることにあるのだから）。

結果として2週間後、私の初の著書である『あなたの脳は変えられる』（邦訳ダイヤモンド社）（*The Craving Mind*）のしっかりとした草稿が書き上がった。実験は成功したのだ！　仮説は証明された。しかも執筆中はとても楽しかった。

だが「再現性」こそが科学の証だ。これが真実だと言うためには、もう一度やっても同じ結果が出る必要がある。

そこで2019年の12月下旬、ふたたび妻には西海岸の親戚のところに行ってもらい、私は1人で（猫とともに）自主合宿をおこなった（実験の条件をそろえるため、前回と時期は一緒、猫も残し、その他の環境もすべて同じにした）。ただ、期間は9日間だけだったし、今回は本1冊を書き上げるのではなく、商品として販売する予定の、習慣を変えるための練習方法を簡単に説明したカード集をつくるつもりだったので、前回の実験を完全に再現したわけではない。ただ、これでも十分なはずだった。

だが合宿を開始して座ったり歩きまわったりして3日半が経っても、まったく書く気になれなかった。「何かを書かなければいけないのだろうか？」という考えが浮かぶたびに、お腹のあたりが痛くなった。そのため、私は座禅と歩行禅を続けた。するとその翌日、12月24日の火曜日の朝になって胃の痛みが消えたので、座禅をして様子を見てみた。書ける準備が整ったのかまだ確信が持てなかったので、すこしだけ〝蛇口〟をひねってみることにした。結局のところ、書くのはただのカードにすぎない。本1冊を書き上げようという話じゃない。たいしたことはない、と自分に言い聞かせながら。だが、それでも今回のこのやり方にはなんらかの圧力がかかっていたのだろう、きれぎれになったこれまでの経験の断片や、以前に書いた文章の破片のようなものがコンピューターの画面に〝噴出〟することになった。そして書きはじめてから7日目の2019年12月30日。ちょうどいま、私は最後の章を書き終えようとしている。

さて、実験結果は再現されたと言っていいのだろうか？

すくなくとも、「興味＋知識＋体験＝書くことの喜び（＋よい成果物）＝フロー」という前述の公式の、「よい成果物」を除いた部分については正しいことが示されたはずだ。

それに、今回もまた、私にとっては楽しい経験となった。書いたものが「よい成果物」かどうかは時間が経ってみないとわからないし、それは読者がどのように道を進んでいくかにかかっているとも言えるが。

あなたは「根拠にもとづく信念」を築くうえで、本書で紹介している3つのギア以上のものが必要だと思っていないだろうか？　たとえば、不安をたちどころに消したり、悪癖を魔法のように直してくれる薬があればいいのにと思っていないだろうか？　もしそうであれば、自分にこう問うてほしい。「ディズニー映画以外で、そんな願いが叶うことがありうるだろうか？」と。

そんな虫のいい話ではなく、科学と自分の体験にもとづく根拠を得たいなら、これまでに自分がなにを達成してきたかを振り返ってみよう。あなたは心の仕組みを知り、さまざまな方法で心に働きかけることによって、ここまで進んできたのだ。あせることなく一歩ずつ、自らの信念を築いていってほしい。

第23章 不安と決別する

明日どうなるかが不安

私は毎週、不安などの悪癖に苦しみ、それを変えようとしている人たちに向けて、オンラインでのグループセッションを開催している。はじめてから何年も経つが、世界中の人がZｏｏｍのビデオ会議機能を使って、共同ファシリテーターであるロビン・ブーデット博士と私とともに、1時間にわたって深い議論を交わしている。こちらが特定のテーマを設定して、上から目線で知恵を授けるようなものではなく、テレビのリアリティ番組のように、参加者が自ら議論を進めていく形式だ（とはいえこれは、〝本当にリアル〟なので、目的は視聴率ではなく、みなを助けることだが）。

そこから、参加者が何に悩んでいるのか、どこで行き詰まっているのか、そして行き詰まらないためにはどうすればいいのかを探っていく。こうすることで議論は真に迫ったものになり、ロビンも私も気が抜けない。誰が質問に来るのか、その人が何を議論したいか、事前にはわからないからだ。

これは従来のグループセラピーとはまったく違う。2次元の空間に150人を超える人が集まった場合、どのような状況になるのか予測するのは難しい。私たちは、参加者の抱える問題を理解するためにまずは簡単な質問をして、すこしやりとりをしたあと、あの『ミッション・インポッシブル』の「さて今回の君の使命だが……」という有名なフレーズとともに、次の週から試してもらう簡単なマインドフルネスのコツを伝えるという方法をとっている。

ここで大切なのは、1つの問題に関する議論をなるべく10分以内におさめ、可能なかぎり多くの話題に触れるようにすることだ。そうしないと、そもそも画面の向こう側にいて、指先一つで暇つぶしができるスマホという〝大量破壊兵器〟が手元にあるいまどきの参加者たちは、集中力が続かなくなってしまう。ここでは本書でも紹介した3つのギアをフレームワークとして提供し、各自がそれを足がかりにして練習に取り組む。これによって見学者も、そこで出されたヒントや他の人が取り組む姿から学ぶことができる。

ある週のセッションで、30代と思しき男性が悩みを打ち明けてくれた。不安な気持ちが湧いてきたとき、RAINをはじめとしたサードギアのマインドフルネスを使って、そのときは冷静になれるものの、そのあと一日中落ち着いていられるとはとても思えないという。

その方法を使えることはわかったし、効果があることも確かめたが、すぐにその先のことが不安になってしまうようだ。本人の言葉を借りれば、「でも、その次の24時間はどうなるんでしょう?」となる。

「今日一日だけ」と考えることの力

彼の悩みを聞いて、私は「不安それ自体というより、普通の精神状態をいかに維持していくか」に悩んでいるクリニックの患者たちのことを思った。

私の患者の多くは、「アルコホリックス・アノニマス」（ＡＡ）〔アルコール依存症から抜け出すための自助グループ〕やその他の12ステップ・プログラム〔依存症や問題行動から抜け出すためにＡＡが開発した方法論〕に加わって、飲酒や薬物、その他の行動への依存を断とうとしている。

ＡＡのメンバーは、意志の力では自分の行動をコントロールできないことを認めたうえで、[1]過去の過ちを振り返り、償うべきものがあれば償い、同じ悩みを抱えるほかの参加者たちを助けるというプロセスをたどってアルコール依存を克服していく。

ＡＡのメンバーが口にする言葉のなかで、おそらくもっとも広く知られているのは、「今日一日だけ《ワン・デイ・アト・ア・タイム》我慢する」だろう。

数十年も飲酒量をコントロールできない状態が続いたあげく私のもとを訪れた人にとって、1カ月の断酒など想像できない。1週間ですら難しい。「明日からは飲まない」と自分に言い聞かせる癖がついているからだ。「これを最後の1杯にしよう。明日からはアルコール漬けの生活を捨て、しらふの道を進もう」と誓うのである。

タバコもアイスクリームでも事情は同じだ。今日はストレスも予想外の出来事も多かった、無事に1日を乗り切った自分にチェーンスモーキングや一気食い程度の褒美は許されるだろう、明日からやめればいい、と彼らは考える。

　酒についても飲まないのがいちばんだし、その方が体にいいのがわかっているのに、なぜか、今日に限れば飲酒こそが自分へのご褒美だと、自らを納得させてしまうのである。[2]

　そして案の定と言うべきか、翌日になると、酒を飲みたいという衝動が、「明日からは肝臓を酒漬けにするのはやめよう」という昨日の誓いを蹴散らしてしまう。「そんなこと言ったっけ？」（これを意味する表現にはさまざまなバリエーションがある）、とばかりに飲んでしまうのだ。

　たしかに昨日から今日にかけて多くのことが起きたのだろう。朝起きてから昼を迎えるまでにも、いろいろなことがあったに違いない。血中アルコール濃度が下がると脳が落ち着かなくなる人にとって、酒を口にしない数時間は永遠のように感じられる。

　だが、ここであの「今日一日だけ我慢する」という言葉の出番がやってくる。

　ほんの数日でも、酒を飲まずにしらふで過ごせたアルコール依存症患者にとって、「今日一日だけ我慢する」という言葉はまさに命を救うパワフルなマントラだ。いまこの瞬間はしらふでも、明日は永遠の彼方、1日という時間は長すぎると思うなら、1時間、10分、あるいは一瞬一瞬に分割すればいい。

　患者が「明日も飲まずにいるなんて無理です」と言ったら、私は、「では、〝たったいま〟はどうですか？　あなたはいま飲んでいませんよね。いまから5分間ならどうですか？」と尋ねる。もちろん、これは一種の誘導尋問だ。患者はいま診察室にいるのだし、私の診察があと5分で終わるわけでもない。

患者はしばし考えたのち（私の質問の意図を探るのだろう）、普通は「いいえ、飲まなくても大丈夫です」と答える。「なるほど、じゃあ診察室を出たあとはどうですか？　これから1時間、飲まずにいられますか？」と私は続ける。

我慢できなくなりかけたときの対処法を学んでいたり、自助グループの集会に定期的に参加していたり、電話をすれば手を差し伸べてくれる人がいたりすれば、たいていの患者はしらふの状態を続けられる。

「今日一日だけ我慢する」という言葉のいちばん大切な部分は――というか、それが持つ力のすべては、それ以上先のことは考えないという点にある。

不安を予想するから不安になる

脳は不確実性を嫌う、ということを思い出してほしい。先のことほど、何が起こるかわからない。つまり不確実性が高まる。

患者の多くが、もう二度と飲まないと厳粛に誓うが、その瞬間から次の日までに、その決意を挫くありとあらゆる出来事が起きる。脳にとって〝明日〟は不確実性の塊なのだ。「明日までにはたくさんのことが起こる、失敗せずに切り抜けるなんて無理だ」と彼らは考え、その日ベッドに入るまでに起こるかもしれない不穏な出来事を数えはじめる。

だが、1時間後までなら、起こりうる出来事の数が減り、そのぶん事故や失敗の可能性も低くなり、しらふでいられる可能性は高まる。5分後ならなおさらだ。不安とは「不確実な結果についてあれこれ考える」ことなのだから、不確実な結果の数自体が減れば、不安が減るのは当然だ。

それを理解した患者は、深呼吸をして、今日一日のことを考える。つまり「今日一日だけ我慢する」ことを誓うのだ。それでもまだ不安なら、1時間に縮めればいいし、それこそ一瞬でもいい。その一瞬を積み重ねることで、何時間か飲まずにいられる。それを積み重ねれば、何日か飲まずにいられる。人生は瞬間瞬間の積み重ねだ。

本章冒頭に登場した男性は、不安に対処できないと訴えた。そのときは落ち着けても、次の日も不安にならずにいられることが想像できないと言った。

私はＺｏｏｍの画面に映る彼に、私の患者は「明日のことを考えない」ことによって禁酒を続けていると説明した。明日のことを考えても不安が増し、失敗の可能性が高まるだけだ。

彼がうなずいて理解を示したところで、その原則をあなたの不安にも適用できるかと尋ねた。明日までとか、今日の午後までというのではなく、いまこの瞬間だけでいいから、不安を振り払っていられますか、と。彼はふたたびうなずいた。5分間なら、マインドフルネスのスキルを使って、不安を鎮められることを知っていたからだ。

ここで重要なのは、彼が「明日は不安になるかもしれないという考えが、いま自分を不安にさせている」と気づいたことだ。そして、そう気づいた瞬間に、不安のループから抜け出せると理解したことだ。

私は「不安断ち」という課題を与えて画面の向こうの彼にエールを送った。明日まではなく、いまこの瞬間だけの不安断ちだ。明日のことを思って不安が湧いてきたら、マインドフルネスのスキルを使って、いま自分は先のことを思いわずらっているとだけ意識し、思考それ自体は手放すのだ。

「いま何をするか」が人生を決める

これは不安やその他の悪習慣に苦しんでいる人にとって、とても重要な考え方だ。「過去の行動」で「将来の行動」が予測できるのはたしかだが（だからこそ行動が習慣化する）、本当にその通りになるかは「現在の行動」によって決まる。

月並みな表現だが、私たちは〃いま、この瞬間〃だけを生きている。真珠がつながってネックレスができるように、1秒前の瞬間と現在の瞬間がつながったものが時間であり、さらにそれが長くつながることで人生となる。未来を思いながら、ネックレスに加える真珠を探しつづけるのが人生だと言うこともできるだろう。

脳は過去の経験から未来を予測する。だが、私たちは現在からしか未来を思うことができない。未来はいま現在の心の中にあるからだ。要するに、私たちはいまという瞬間に未来のことを考えている（心配している）ということだ。ミュージシャンのランディー・アームストロングが言うように、「心配しても明日のトラブルはなくならない。心配はただ今日の平穏を奪うだけ」なのである。

私たちの手の中にあるのは〃いま〃だけであり、〃いま〃をどう使うかで人生が決まる。過去から未来を予測すると言っても、それは現在の行動をくぐり抜けたあとの話だ。重要なことなので繰り返す。いま何を選択するかが、人生が進んでいく方向を決める。いま不安を選択すれば、不安な人生を送ることになる。不安を選び続ければ、不安がつながったネックレスができあがり、私たちはそれを（ときに誇らしげに）どこに行くときでも身につけるようになる。

逆に、いまこの瞬間の選択によって不安のループから抜け出すことができれば、不安ではなく好奇心や親切がつながったネックレスをつくれる。それができたとき、私たちはついに不安や悪習慣のネックレスをはずすことができるのだ。

エピローグ　よりよい社会の心の習慣

脳は〝やりがい〟に突き進む

私は極端な人間だ。妻からは、あなたは全速力か止まるかのどっちかしかないわね、とからかわれる。前に触れた子供のときにナイフで指を切ってしまったエピソードからもわかるように、物事をゼロか１００かで捉えがちなのだ。

６歳ぐらいの頃、私はカウボーイになりたかった。バイオリンのレッスンに行くときにもカウボーイ・ブーツを履き、おもちゃの銃を入れたホルスターを身につけ、バンダナを巻いてカウボーイ・ハットをかぶって行った。

小学生のときは、家に向かうスクールバスのなかで宿題を全部終わらせようとした。そうすればバスを降りたあと、森で遊んだり、もっと大事なことにエネルギーを使えるからだ。

新聞配達をしていた頃は毎日、新聞をどこまで小さく丸めて輪ゴムで止められるか、どれだけ早く配り終えられるか、自己記録に挑戦した（お客さんには迷惑だっただろう）。

高校生のときは、おやつを楽しむクラスメートを横目で見ながら、スポーツのパフォーマンスを向上させるため、何日連続して糖質制限できるか数えていた。

大学院生のときの好きな言葉は「大きなことに挑戦しろ！　さもなくば大人しくしていろ！」だった。だからＭＤ（医学修士）だけでなくＰｈＤ（医学博士）も取ってしまおうと決めた。

「生存のための本能」が招いた「生存の危機」

これだけ言えば、私が極端な人間だと示すには十分だろう。いま思えば、どれも熱意と集中力があったからできたことだ。ただ、やりがいを見つけてそれを追求し続けるのは、程度の差こそあれ誰もがやっていることだろう。

そのこと自体に問題はないが、行き過ぎると問題が生じる。生存のために進化してきた人間の本能は毒にも薬にもなる。今日では、報酬ベースの学習が、生存が危うい状況にまで人間を追い込んでしまった。

神経科学は脳の働きのごく一部を解明しはじめたにすぎないが、それでも人間の生存のために発達してきた脳のメカニズムが、ダーウィンの自然選択説に従う形で淘汰され、すぐにも消滅してしまうということはないだろう。

自分の例を持ち出して人間の極端さについて考えるのは（多少は他の事例を加えたとしても）、とても科学的な態度とは言えない。だが、痛みを和らげるために特定の行動を続けてばかりいると、つまづいて転ばないためには靴紐を結ぶべきだと学ぶのと同じ学習メカニズムによって、習慣が強化され、〝それをしないなんてありえない〟という極端な状態に至ることは間違いない。

今日では、壮大な規模の社会実験が、被験者の同意を得ることなくおこなわれている。ソーシャルメディアやニュースサイトにアクセスするたびに、アルゴリズムが好みの記事を選んで表示し、クリックするよう仕向ける。私たちは知らず知らずのうちに、個人の好みにあわせてコンピューターが選ぶコンテンツに〝投票〟しているのだ。そのコンテンツに馴染むことで、今後選ぶであろう記事の傾向がさらに固まっていく。

そのため、ネットの記事をクリックすればするほど、意見は極端に傾きがちだ。一方で、白黒はっきりしない問いの答えを模索することや、さまざまな事実や意見を検討することには曖昧さがともなう。それより、同じ考えの人々の集団のなかで、単一の意見や見解を共有するほうがはるかに楽だからだ。

顔を合わせて行う会話は、相手の身振りや声のトーンなど、解釈しなければならない要素が多く、複雑で曖昧だが、SNSでのフィードバックは○《マル》か×《バツ》かの二者択一だし、共感や同意も「いいね!」やリツイートの数で測れて曖昧さがない。10代の若者が、隣に座っている友だちとも携帯電話でコミュニケーションをとるというのもうなずける。脳はそれほど不確実さを怖がるのだ。

適者生存の知られざるポイント

だが、異質な存在を排除した同質集団のなかで感じる安心は、大きな対価をともなう。過激思想――極端に偏ったものの見方――が強化されるだけでなく、他者にどんな感情を向ければいいのか、どんな行動をとればいいのかがわからなくなってしまうのだ。人種差別、性差別、階級差別は、〝他者〟と認定された人々にストレス、不安、トラウマを押しつけるという巨大な代償をともなうのである。

そのことを考えるとき私は、サバイバルに不可欠な学習に関する、ダーウィンの興味深い所見を思い出す。それは自身の進化論の脚注とでも言うべきもので、まずダーウィンは進化の本質を「適者生存」という一言で端的に表現した。

その上で彼は、集団を支配するための剥き出しの闘争ではない何かが、サバイバルの原動力になっていることにも気づいていた。著書『人間の進化と性淘汰』にはこう記している。「深く共感しあえるメンバーの数がもっとも多いコミュニティが、もっとも繁栄し、もっとも多くの子孫を育てることができる」[1]

これは、サバイバルの観点からも、他人に意地悪をするより、親切にしたほうがいいという意味だと解釈できるのではないか。これもまた、極端な意見だろうか？

「思いやり」を強化しよう

カリフォルニア大学バークレー校の研究者であり、同学に「グレーター・グッド・サイエンス・センター」を設立したダッチャー・ケルトナーは、2004年に「思いやりのある本能」と題した論文で、思いやり《コンパッション》（同情、共感、慈悲と訳されることもある）の生物学的根拠を裏づける膨大な研究結果をまとめた。[2]

そこではたとえば、自分の赤ちゃんの写真を見た母親が抱くポジティブな感情に脳の特定の領域が反応することや、逆に、誰かが危害を加えられている場面を思い浮かべたときにも脳の同じ領域が働いていることなどが報告されている。ケルトナーは「この一貫性は、思いやりがたんなるきまぐれや非合理的な感情ではなく、人間の脳に組み込まれている生得的な反応であることを強く示唆している」と結論づけている。

だが、それでもまだサバイバルのための本能と思いやりのあいだにはミッシングリンクがあるように思える。報酬価値が行動を促すのはいいとして、その行動を「向社会的行動」（自分のためではなく他者の利益のために自発的に起こす行動）」へと向かわせるものは何か？　さらに言えば、過激思想に傾倒する人がいることを、報酬価値によってどう説明するのか？

感情と報酬価値がどれほど密接に関係しているのか知りたくなった私は、実験をおこなった。世界各国の人々に、14種類の異なる精神状態について、それぞれどのくらい好きかをランク付けしてもらうというシンプルなものだ。人間は報酬をもたらす行動や状態を自然と好むので、この順位はそのまま報酬価値の高さの指標となる。

数百人の被験者に短時間のオンライン調査に答えてもらってデータを収集したところ、人間は一貫して、不安や恐怖や怒りを覚えるような状態よりも、あきらかに親切心、好奇心、他者とのつながりを感じる状態を好むことがわかった。

この結果は、「親切にしたときの気分」と「意地悪をしたときの気分」の違いを感じることのほうが、カントやヒュームの提唱する理性ベースの理論より、倫理的行動の基盤としてよほど強固だという哲学上の主張とも合致する。[3]

別の言い方をすれば、独りよがりな怒りは一時的には人に力を与えるが、結局は親切のほうが、意地悪より気持ちがいいし、力を与えてくれるということだ。これら相反する感情から生まれる行動がもたらす結果を見れば、とくにそう言える。意地悪と違い、親切心が暴走してもビルが破壊されたり人が負傷したりすることはない。

リンカーンは自身の信条を尋ねられたとき、「いいことをすればいい気分になる。悪いことをすれば悪い気分になる。それが私の信じるところだ」と端的に答えている。これは私がおこなった実験結果の簡潔な要約でもあるし、彼が現代に生きていれば、社会に充満する悪意に対して同じ言葉をツイートしたかもしれない。#AwarenessMakesItHardToBeAHater（気づきがあれば、悪意の人間にはまずならない）というハッシュタグつきで。

あなたは何の過激派？

「研究《リサーチ》は自己探求《ミー・サーチ》である」とはよく言ったものだ。実際、私がおこなった研究の結果は、私自身の経験と見事に一致している。

批判や怒りという感情は、それを抱く自分自身にとってだけでなく、それを向けた相手にとっても苦痛であるということを私は身をもって痛感してきた。ある分野のエキスパートになるには1万時間の練習が必要だという、マルコム・グラッドウェルの「1万時間の法則」が正しければ、私は大学を卒業するまでに他人を批判するプロになっていたと言えるだろう。

だが、私は怒りを消すためにつづけた瞑想によって、親切はつねに意地悪より良い結果をもたらすことをはっきりと悟った。親切は紛れもなくBBOなのだ。これが極論に聞こえるのは承知のうえだ。

私の患者や行動改善プログラムの参加者は、タバコはひどい味がするとか、満腹なのに食べつづけると気持ちが悪くなるとか、好奇心はいい意味で不安を忘れさせてくれるということをはっきりわかっている。それと同じように、私は意地悪すると気分が悪くなることを知っている。いまや私は〝やさしさの過激派〟なのだ。

つまり、意識さえしっかりしていれば、私は意地悪をしようとしてもできない。なぜか？意地悪な行動の結果を想像すると、腹の底に痛みが走るからだ。考えるだけで嫌な気分になる。脳は意地悪がすっかり嫌いになり、親切ばかりを求めるようになった。極端だと思うかもしれないが本当の話だ。私はコカインよりも、親切に中毒している。ダーウィンは正しかった。

政治でも思想でも、いまの社会は極端に走りがちだ。そんな世の中で生き延びるため、私は人種主義や性別主義、部族主義を捨て、親切心主義《カインディズム》を大切にしようと叫びたい。悪意や暴力はもううんざりだ。

私はインディアナ州で、裕福とはいえないシングルマザーの家庭で育った。それでも、白人の男性であったために、そうではない人々が日常的に体験する小さな差別《マイクロ・アグレッション》や敵意、あるいはあからさまな虐待などから守られていた。

キング牧師は1963年に書いた「バーミンガム監獄からの手紙」のなかで次のように述べ

ている。「問題は、私たちが過激派になるかどうかではなく、どんなたぐいの過激派になるかということだ。憎悪の過激派なのか、愛の過激派なのか。激しく追求すべきことは、不正をそのままにすることなのか、正義を広めることなのか[4]」

人々の考えが極端に傾いて分断に向かいがちな現代において、私は自分に賛同してくれる人を増やしたいと思っているが、それは結局、キング牧師をはじめとする多くの人がこれまでくり返し訴えつづけてきた、自分の頭で考えよう、という言葉に帰着する。

あなたは、何の過激派になるのだろう？　好奇心や親切という生まれ持った力を、よりよい人生と世界を築くことに使うのか？　それとも恐怖や私利私欲の波に飲み込まれてしまうのか？

涙の跡を残して、知らず知らずのうちに海に流されてしまいたくないのなら、気づきの碇《いかり》をおろして行動の結果に意識を向けよう。すでにあなたは、不安を解消して、幸せで温かな、人とつながることのできる人生に、勢いをつけて向かっていくために必要な知識と道具を手に入れたのだ。

付章　医師のストレスと不安を改善する試み

燃え尽きる医師の増加

燃え尽き症候群に苦しむ医療関係者は多く、医師も例外ではない。コロナウイルスが流行する前ですら、プレッシャーに押しつぶされ、周囲からストップをかけられる医師の数は警戒すべき水準に達していた。

プレッシャーの多くは、個人経営のクリニックが企業経営の病院に統合されたことで、経営陣や現場管理職の権限が増して医師の裁量権が狭まったり、電子カルテなどのシステム化に伴って患者の顔を見ている時間よりもコンピューターのディスプレイの前に座っている時間のほうが長くなったりしたことが大いに関係している。

メディカルスクールでは、ストレスや不安には〝鎧で身を固めて対処しろ〟と教えられる。医師が自分のストレスや不安に負けたら、苦しんでいる患者を助けられなくなるからだ。自己犠牲を強いられるそんな医師の日常を、ある外科教授のアドバイスが物語っている。「ドーナツを見つけたらすぐに食べろ。眠れるときに眠れ。膵臓《すいぞう》をいじめるな」。これは医師の基本的ニーズより患者のケアが優先されるという主旨に加えて、膵臓を手術するのは難しいというおまけを付けたアドバイスだ。だが、いま振り返ると、これは長続きする健全な方法ではなかったと思う。

医師の不安と燃え尽き症候群のつながりを示す決定的な研究結果はまだ出ていないが、経験的に見て、そこにつながりがあることはあきらかだ。メディカルスクールで自分の感情を扱う方法についてまともな訓練を受けていないうえに、現場での裁量の低下と、相対評価単位（RVU）〔医師が提供する診療行為を定量化するための評価単位〕の目標値を満たすために多くの患者を診察しなければならないというプレッシャーが相まって、不安と燃え尽き症候群の嵐が巻き起こっているように思える（ちなみに、私の診療行為のパフォーマンスもRVUで測られている）。

アプリを併用した診療効果の実証

そこで私の研究室では、病院に予算をつけてもらい、マインドフルネスによって心配が習慣化していることを医師たちに自覚させることができるかを調べる簡単な研究をおこなった。最終的な目的は、不安と燃え尽き症候群を減らすことだ（この研究では、私のリサーチ・アソシエイト〔助教〕であるアレクサンドラ・ロイがすべてのデータを集め、解析するという大活躍をしてくれた）。

報酬ベースの学習は特定の状況と結びついて行動を強化するものなので（そもそも食料確保の方法を学ぶという生存上の必要から進化した）、この実験はなるべく日常に近い環境でおこないたかった。そのため、われわれは病院や実験の場でマインドフルネスの知識やテクニックを教えるのではなく、「アンワインディング・アングザイアティ（Unwinding Anxiety）」（不安を解きほぐす）というアプリを使って、普段の生活のなかで実施できる介入治療という形をとった。

このアプリから毎日、10分以下の短い動画や、解説アニメーションが被験者として協力してくれた医師に配信される。アプリには、不安になったときにすぐ実行できるエクササイズもセットされていて、マインドフルネスのトレーニングを自分1人でおこなえるようになっている。内容的には30のコアモジュールがあり、不安を誘発する自分の習慣ループを把握し、それに対処する方法（いずれも本書で紹介している方法）を学ぶことができる。他人を助けるためにすぐ不健全な自己犠牲モードに入ってしまう多忙な医師を配慮した構成になるよう工夫した。

治療をはじめる前、被験者となった医師の6割が中程度から重度の不安を抱えており、さらに全体の半数以上が、すくなくとも週に数回、仕事で燃え尽きたと感じる瞬間があると報告した。また、不安と燃え尽き症候群のあいだには強い相関関係があることもわかった（0が相関なし、1が完全な相関関係というスケールで、0・71という数字が出た）。

アプリを3カ月使ったあとで、ふたたび調査したところ、被験者全体でなんと57％も不安スコアが減少していた（臨床的有効性が検証されている「全般性不安障害7項目スケール（GAD－7）」によって測定）。

この介入の狙いは全般的な不安の軽減だったので、特に燃え尽きを意識した対策は組み込んでいなかったが、燃え尽き症候群も大幅に減少した。とくに、昨今の医療体制に対する強い懐疑から生じるシニシズム（不安によって慢性化しやすい）が大幅に減少したことがわかった。

トリガー　相対評価単位の達成度が低いことを知らせるメールを受け取る。
行動　そんなもので医師の成果を測るシステムはろくなものじゃない、いまの医療体制は悪化の一途だ、と考える。
結果　冷笑的な態度が強まり、燃え尽きてしまう。

念のために断っておくが、私はアプリ一つで医療を取り巻く状況を改善できると言っているわけではない。実際、この研究によって明らかになった医師を燃え尽きさせる要因は、組織的なものというよりも個人的な性質のものである。

たとえば、我関せずのシニシズムは半減したが、感情的疲労は20％しか減らなかった。シニシズムは本人次第で改善できるという面があるが、感情的疲労は医師が所属する組織の体制と深く結びついていることを考えると、この結果は納得できる。

医師が、利益を確保するために診療の質を犠牲にして量を稼ぐことを強いられて疲れているとしたら、習慣ループのマッピングの効果は、感情の疲労に対してよりも、シニシズムに対して大きく表れるはずだ。今回の調査ではまさにそういう結果が出た。私の望みは、マインドフルネスのトレーニングによって、医師をはじめとする医療従事者たちが、習慣的シニシズムゆえに浪費しているエネルギーを、体制の問題点を見抜き、変革を求めるのに向けられるようにすることだ。

対象を拡大した実験でも認められた顕著な効果

この実験結果で勢いづいた私たちは、アメリカ国立衛生研究所から研究資金の提供を受け、さらに大規模なランダム化比較試験（できるだけ同一の性質を持つ2つのグループに違う治療を受けさせて比較すること）を実施した。一般人を被験者とし、医療現場に限らず、より広い文脈で不安に対処できるかを調べたのだ。

具体的には、全般性不安障害の基準を満たした人をランダムに2つのグループに分け、一方にはそれまで受けていた薬物療法やセラピーをはじめとする臨床治療を続けてもらい、もう一方には、それに加えてアンワインディング・アングザイアティのアプリを使ったマインドフルネスのトレーニングをしてもらった（この実験を主導したのは、またしてもアレクサンドラだ）。

すると2カ月後、後者のグループは不安が63％も減少した（**次ページの図参照**）。マインドフルネスのトレーニングがどのように機能したかを見るために実験結果を数学的にモデル化したところ、心配することが減り、それが不安の解消につながったことがわかった。つまり、心配が習慣化しているのを自覚し、それに対処する訓練をすることで、臨床的に有意な治療効果が確認できたのだ。実験前は中程度から重度の水準にあった不安も、正常な状態まで回復していた。

実験の参加者たちは不安が減って喜んだ。実際、63％の減少というのは大きな成果だ。だが

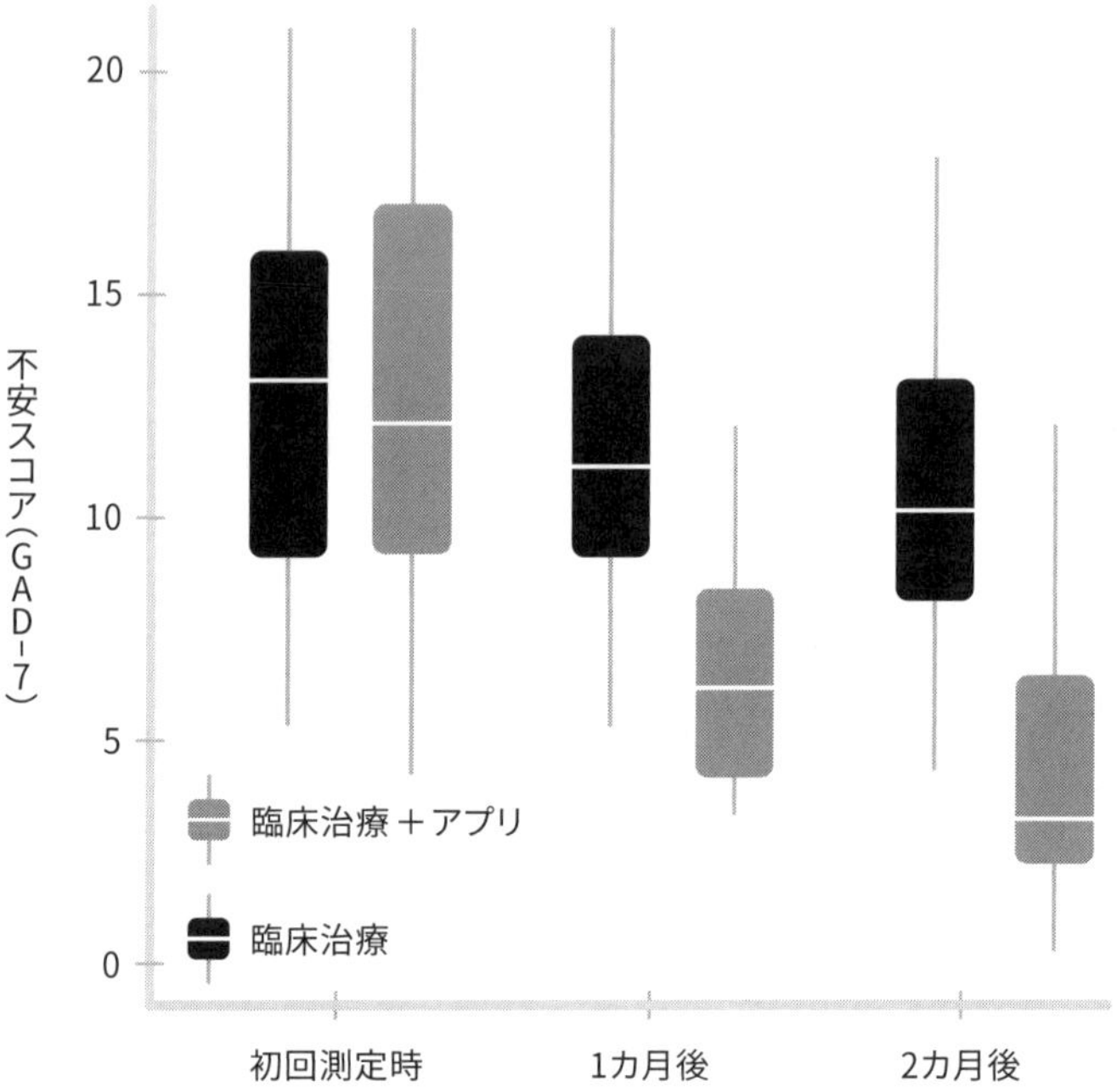

アプリを使ったマインドフルネスのトレーニングにより不安が有意に減少した。全般性不安障害を持つ被験者を、従来どおりの臨床治療だけを継続するグループと、そこにアプリでのマインドフルネス・トレーニングをくわえたグループにランダムに割り振ったところ、後者のほうが不安スコアが大きく減少した。

どれぐらい大きいのだろう？　医療の世界には、治療が臨床的に有意か――要はどれほど効果があるか――を判定するための、一種の〝デタラメ発見器〟ともいうべきシンプルな指標がある。医学界のことなので、もちろんこの指標にも名前がある。それは治療必要数（Number Needed to Treat）（何人治療すれば1人に効果が出るか）の頭文字をとってNNTと呼ばれている。

たとえば、不安に対する「ゴールド・スタンダード」（効果が高いものとして普及している手法）として広く処方されている薬（抗うつ薬）のNNTは5・15だ（その薬を5人強に飲ませれば、効果が出る人が1人はいるということ）。薬を飲んだ5人のうち1人だけが当選する（症状が有意に軽減する）、宝くじのようなものだ。

一方、私たちが研究でおこなった治療のNNTは1・6だった。この数値に、私は臨床医として感激した。2枚も買わなくても1枚は当たる計算だ。同じ枚数宝くじを買っても当たる人が多いということだ。

また、マインドフルネスのトレーニングがいかに習慣を変えるかを知りたかった科学者の1人として、そのメカニズムを正しく理解できたこともうれしかった。

謝辞

本書冒頭の献辞を見てもらうとわかるように、私はこの本を〝アマゾン中毒者〟なる人物に捧げている。私はその人の名前を知らない。知っているのは女性であるらしいことだけだ。〝彼女〟のことを知ったのは、私の初の著書『あなたの脳は変えられる』のアマゾンのページに、星3つのレビューを書いているのを見たときだ。そのレビューには、「意図的に情報を隠している」というタイトルが付けられていた。

なぜ私は本書を、妻にでもなければ、せめて名前を知っている誰かにでもなく、〝アマゾン中毒者〟に捧げたのか？（一応断っておくが、妻は優秀な学者であり、世界を良くすることに貢献しようという黄金の心を持っており、最良の友でもある。本書を捧げなくても、妻は私の愛を疑いはしないはずだ。）

〝アマゾン中毒者〟のつけたタイトルは人目を引くものだった。ただ、それ以上に大きかったのは、ネット上に悪気なく投稿されたコメントが一人歩きをはじめるように、彼女のレビューにも多くの「役に立った」という評価がつき、レビューのトップに表示され、サイトを訪れた人の目にいちばん最初に触れるようになったことだ。一等地を先に確保したおかげで、そのレビューは今後も定位置をキープしつづけるだろう。この出来事は、宇宙にはいたずら心があることを思い出させてくれた。彼女は次のように書いている。

渇望の研究に関する議論については、本当に光るものがある。大学院レベルの神経科学を修め、かつ、〝坐蒲《ざぶ》の上で時間を過ごした（瞑想の経験のある）〟者の立場から言っても、この本は魅力的だ。だが、ある重要な点において非常に失望させられたため、残念ながらおすすめはできない。致命的なのは、タイトルの後半部分である〝「やめられない！」の神経ループから抜け出す方法〟がしっかりと書かれていないことだ……著者は一見、人類愛に満ち溢れた人物に見えるのに、なぜ自分の研究者人生の多くを費やした成果を人々に提供しようとしないのか？　それが不思議でならない。

〝アマゾン中毒者〟のこの言葉は、まるで不意打ちのパンチかキックのようだった。私の本を読んだ人は、そこに書かれたコンセプトを生活に適用して、習慣や依存症から抜け出せるだろうと私は勘違いしていたのだ。

いや、実際に『あなたの脳は変えられる』のおかげで中毒を断ち切ることができたという声が多数寄せられていたのだが、それでもこのレビューは、地図とコンパスを渡しただけでは足りない人が多いという事実に気づかせてくれた。彼らには案内人が必要なのだ。だがその本を書いた当時、私はまだ案内人になる準備ができていなかった。依存症専門の精神科医としての経験が足りなかったし、本書で紹介してきたような研究もまだおこなっていなかった（ちなみに『あなたの脳は変えられる』は、人はさまざまな形で依存症になりうることや、マインドフルネスの有効性を裏づける神経科学におもに焦点をあてている）。

それから何年も、そのレビューがアマゾンのトップに残っているのが目に入るたびに、私の脳は無意識のうちに影響を受けていたのだと思う。まるで、ボディについた小さな傷を見るたびにクルマをぶつけたときのことを思い出し、そうすれば傷が消えるとでも言わんばかりに指でなぞってしまうように。

だが、準備が整ったとき、私の脳に刻まれた傷は、本書を結晶化させるための〝種〟になった。だから私は、ちょうどいい〝つっこみ〟を入れてくれた、名も知らぬアマゾン中毒者に感謝しているのだ。

私の研究室での調査にボランティアとして参加してくれた多くの人たち、そして世界を良いものにしようというビジョンを共有し、すばらしいチームとして研究を進めてくれた現役メンバーやOB、OGたちに感謝する。アレクサンドラ・ロイ、プラサンタ・パル、ヴェロニク・テイラー、イサベル・モーズリー、ビル・ナルディ、シュアン・サン、ベラ・ルドウィグ、リンゼイ・クリル、マイ・ガオ、レムコ・ヴァン・ルッテルフェルト、スーザン・ドラッカー、イーディス・ボニン、アラナ・デルティ、パブロ・アブランテ、ケイティ・ギャリソンをはじめとする多くの人々には感謝が尽きない。

患者のみなさんは、つねにインスピレーションの源であり、謙虚であらねばならないことを教えてくれる。精神医学と医療の実践について、私は彼らからどんな教科書よりも多くのことを学んだ。

編集者のキャロライン・サットンにもお世話になった。ほかにも多くの洞察に満ちた意見があるなか、彼女は「不安」を本書のメインテーマに据えるというすばらしいアイディアを出してくれた。ルーク・デンプシーは彼一流のソクラテス式の編集で、私の文章をより高いレベルに引き上げてくれた。ジョシュ・ローマンは何年にもわたって、私がアイディアを磨き、表現するのを巧みにサポートしてくれ、その多くが本書の各章に結実した。ケイトリン・スタルバーグはコピーライティング全般を担当しただけでなく、わかりづらい箇所を指摘するというすばらしい仕事をしてくれた。

そして、妻であるマリ・レナード・フリックマンに感謝を捧げる。考えうるかぎり最高の人生のパートナーであるだけでなく、「アンワインディング・アングザイアティ」というフレーズを思いついたのも彼女だ。本書のプロモーションに尽力してくれたエージェントのメリッサ・フラッシュマンにも感謝する。

本書を通じて、人々が悪癖を克服し、好奇心とやさしさという内に秘めた大いなる力を発見する手助けができたのは、ロビン・ブーデット、ジャッキー・バーネットの両名と密に連携して仕事ができた幸運によるところが大きい。彼らとの仕事から多くを学ぶことができた。また、ロブ・スホーザと交わしたすばらしい会話から得た知見が、本書で提示した数々のコンセプトに彩りを与え、命を吹き込んでくれた。コールマン・リンズリーと一緒に出かけた山登りやサイクリングのおかげで、私は前に進み、自分の人生へのアプローチを表現することができた（とくにウォールデン池のほとりで散歩しているときに、ストレスと不安の類似点をはっきりと理解できた）。

さらに、多くの人々がボランティアとして、本書のさまざまなバージョンの草稿を読み、丁寧なコメントや示唆を与えてくれた。アリス・ブリュワー、ヴィヴィアン・キーガン、マーク・ミシュニク、マイケル・アイリッシュ、ブラッド・スタルバーグ、ケビン・ホーキンス、エイミー・バーク、ミカエラ・ベイカー、アビゲイル・ティシュ、ミッチ・アップブレット、ジェニファー・バンクス、リー・ブラシントン、ジェイム・メロー。ここに名前を挙げるのを忘れてしまった方がいたとしたら、どうかご勘弁を。

図やグラフィックの制作を担当してくれたジュリア・ミロシュニチェンコにも感謝する。

岩波文庫).
2 D. H. Lee, J. M. Susskind, and A. K. Anderson, "Social Transmission of the Sensory Benefits of Eye Widening in Fear Expressions." *Psychological Science* 24, no. 6 (2013): 957-65; doi:10.1177/0956797612464500.

第21章　ネガティブな思いにとらわれる必要はない

1 American Psychiatric Association, *Diagnostic and Statistical Manual of Mental Disorders (DSM 5)* (Washington, D.C.: American Psychiatric Association Publishing, 2013)(アメリカ精神医学会『DSM-5精神疾患の診断・統計マニュアル』医学書院).

第22章　マインドフルネスの効果の証拠

1 これには, タバコを吸うとニコチンが血液に素早く吸収されて, 脳内でドーパミンの分泌が促されることでより中毒が進むなど, 複数の要因が関係している.

第23章　不安と決別する

1 これは1930年代にはじまったプログラムとしては革新的なことだ. それまで数世紀にわたって, 意志の力こそが人間の主だとしてきた哲学者たちの主張に逆らうものだったのだから.
2 余談だが, 詩人メアリー・カー(Mary Karr)の『酩酊』(*Lit*)という回顧録には, 彼女自身のアルコールとの闘いの物語が美しく感動的な文章で綴られており, あの「明日からは」という言い訳についても見事に描かれている.

エピローグ　よりよい社会の心の習慣

1 C. Darwin, *The Descent of Man and Selection in Relation to Sex*, vol. 1 (New York: D. Appleton, 1896), 72(チャールズ・ロバート・ダーウィン『人間の進化と性淘汰』ダーウィン著作集1, 文一総合出版).
2 D. Keltner, "The Compassionate Instinct." *Greater Good Magazine*, March 1, 2004.
3 この点については前著*The Craving Mind*(『あなたの脳は変えられる』)の第8章で詳しく論じた. この実験によってその内容を裏づけることができて安堵している.
4 Dr. Martin Luther King Jr., "Letter from Birmingham Jail," https://www.africa.upenn.edu/Articles_Gen/Letter_Birmingham.html.

8 K. A. Garrison et al., "Effortless Awareness: Using Real Time Neurofeedback to Investigate Correlates of Posterior Cingulate Cortex Activity in Meditators' Self-Report." *Frontiers in Human Neuroscience* 7 (2013): 440; doi:10.3389/fnhum.2013.00440.

第16章　好奇心の科学

1 W. Neuman, "How Long Till Next Train? The Answer Is Up in Lights." *New York Times*, February 17, 2007.
2 Transcript from an interview with Leon Lederman by Joanna Rose, December 7, 2001; https://www.nobelprize.org/prizes/physics/1988/lederman/26243-interview-transcript-1988-3.
3 J. A. Litman and P. J. Silvia, "The Latent Structure of Trait Curiosity: Evidence for Interest and Deprivation Curiosity Dimensions." *Journal of Personality Assessment* 86, no. 3 (2006): 318-28; doi:10.1207/s15327752jpa8603_07.
4 M. J. Gruber, B. D. Gelman, and C. Ranganath, "States of Curiosity Modulate Hippocampus- Dependent Learning Via the Dopaminergic Circuit." *Neuron* 84, no. 2 (2014): 486-96; doi:10.1016/j.neuron.2014.08.060.
5 T. C. Blanchard, B. Y. Hayden, and E. S. Bromberg-Martin, "Orbitofrontal Cortex Uses Distinct Codes for Different Choice Attributes in Decisions Motivated by Curiosity." *Neuron* 85, no. 3 (2015): 602-14; doi:10.1016/j.neuron.2014.12.050.
6 Albert Einstein, "Old Man's Advice to Youth: 'Never Lose a Holy Curiosity.' " *Life*, May 2, 1955, p. 64.

第18章　RAIN―平常心を保つ方法

1 RAINは，アメリカの瞑想指導者ミシェル・マクドナルド（Michele McDonald）が数十年前に初めて考案した．ただし，本書で紹介したのは，ビルマの瞑想指導者である故マハーシ・サヤドー（Mahasi Sayadaw）が広めた「記録の法」を踏まえて，著者がすこしアレンジを加えたものだ．

第19章　慈悲の瞑想

1 J. A. Brewer, *The Craving Mind: From Cigarettes to Smartphones to Love— Why We Get Hooked and How We Can Break Bad Habits* (New Haven, CT: Yale University Press, 2017)（ブルワー『あなたの脳は変えられる』）; K. A. Garrison et al., "BOLD Signal and Functional Connectivity Associated with Loving Kindness Meditation." *Brain and Behavior* 4, no. 3 (2014); doi:0.1002/brb3.219.

第20章　「なぜ？」と問いつづけても答えはない

1 C. Darwin, *The Expression of the Emotions in Man and Animals* (New York: Oxford University Press, 1998)（チャールズ・ロバート・ダーウィン『人及び動物の表情について』

Appleton-Century-Crofts: 1972), 64-99.
3 V. Taylor et al., "Awareness Drives Changes in Reward Value and Predicts Behavior Change:Probing Reinforcement Learning Using Experience Sampling from Mobile Mindfulness Training for Maladaptive Eating," in press.
4 A. E. Mason et al., "Testing a Mobile Mindful Eating Intervention Targeting Craving-Related Eating: Feasibility and Proof of Concept." *Journal of Behavioral Medicine* 41, no. 2 (2018): 160-73; doi:10.1007/s10865-017-9884-5; V. U. Ludwig, K. W. Brown, and J. A. Brewer. "Self-Regulation Without Force: Can Awareness Leverage Reward to Drive Behavior Change?" *Perspectives on Psychological Science* (2020); doi:10.1177/1745691620931460; A. C. Janes et al., "Quitting Starts in the Brain: A Randomized Controlled Trial of App-Based Mindfulness Shows Decreases in Neural Responses to Smoking Cues That Predict Reductions in Smoking." *Neuropsychopharmacology* 44 (2019): 1631-38; doi:10.1038/s41386-019-0403-y.

第15章　もっと大きく，もっと良いもので心を満たす

1 W. Hofmann and L. Van Dillen, "Desire: The New Hot Spot in Self-Control Research." *Current Directions in Psychological Science* 21, no. 5 (2012): 317-22; doi:10.1177/0963721412453587.
2 Wikipedia, "Cognitive Behavioral Therapy," https://en.wikipedia.org/wiki/Cognitive_behavioral_therapy.
3 Hofmann and Van Dillen, "Desire: The New Hot Spot in Self-Control Research."
4 M. Moss, "The Extraordinary Science of Addictive Junk Food." *New York Times Magazine*, February 20, 2013; https://www.nytimes.com/2013/02/24/magazine/the-xtraordinary-science-of-junk-food.html.
5 O. Solon, "Ex-Facebook President Sean Parker: Site Made to Exploit Human 'Vulnerability.' " *The Guardian*, November 9, 2017; https://www.theguardian.com/technology/2017/nov/09/face book-sean-parker-vulnerability-brain-psychology.
6 A. F. T. Arnsten, "Stress Weakens Prefrontal Networks: Molecular Insults to Higher Cognition." *Nature Neuroscience* 18, no. 10 (2015): 1376-85; doi:10.1038/nn.4087; A. F. T. Arnsten, "Stress Signalling Pathways That Impair Prefrontal Cortex Structure and Function." *Nature Reviews Neuroscience* 10 (2009): 410-22; doi:10.1038/nrn2648.
7 J. A. Brewer, "Feeling Is Believing: The Convergence of Buddhist Theory and Modern Scientific Evidence Supporting How Self Is Formed and Perpetuated Through Feeling Tone (*Vedanā*)." *Contemporary Buddhism* 19, no. 1 (2018): 113-26; doi:10.1080/14639947.2018.1443553; J. A. Brewer, "Mindfulness Training for Addictions: Has Neuroscience Revealed a Brain Hack by Which Awareness Subverts the Addictive Process?" *Current Opinion in Psychology* 28 (2019): 198-203; doi:10.1016/j.copsyc.2019.01.014.

Progress in Neurobiology 72, no. 5 (2004): 341-72; doi:10.1016/j.pneurobio.2004.03.006; J. O'Doherty et al., "Abstract Reward and Punishment Representations in the Human Orbitofrontal Cortex." *Nature Neuroscience* 4, no. 1 (2001): 95-102; doi:10.1038/82959.
3 M. L. Kringelbach, "The Human Orbitofrontal Cortex: Linking Reward to Hedonic Experience." *Nature Reviews Neuroscience* 6, no. 9 (2005): 691-702; doi:10.1038/nrn1747.
4 J. A. Brewer, "Mindfulness Training for Addictions: Has Neuroscience Revealed a Brain Hack by Which Awareness Subverts the Addictive Process?" *Current Opinion in Psychology* 28 (2019): 198-203; doi:10.1016/j.copsyc.2019.01.014.
5 https://www.latimes.com/nation/nationnow/la-na-nn-marlboro-men-20140127-story.html.

第12章　過去に縛られず，過去から学ぶ

1 C. S. Dweck, Mindset: *The New Psychology of Success* (New York: Random House Digital, 2006), 179-80(ドゥエック『マインドセット』).

第13章　変えられないものを変える

1 D. M. Small et al., "Changes in Brain Activity Related to Eating Chocolate: From Pleasure to Aversion." *Brain* 124, no. 9 (2001): 1720-33; doi:10.1093/brain/124.9.1720.
2 A. L. Beccia et al. "Women's Experiences with a Mindful Eating Program for Binge and Emotional Eating: A Qualitative Investigation into the Process of Behavioral Change." *Journal of Alternative and Complementary Medicine*, online ahead of print July 14, 2020; doi:10.1089/acm.2019.0318.
3 J. A. Brewer et al., "Can Mindfulness Address Maladaptive Eating Behaviors? Why Traditional Diet Plans Fail and How New Mechanistic Insights May Lead to Novel Interventions." *Frontiers in Psychology* 9 (2018): 1418; doi:10.3389/fpsyg.2018.01418.

第14章　習慣は何日で変えられる？

1 P. Lally et al., "How Are Habits Formed: Modelling Habit Formation in the Real World." *European Journal of Social Psychology* 40, no. 6 (2010): 998-1009; doi:10.1002/ejsp.674.
2 M. A. McDannald et al., "Model-Based Learning and the Contribution of the Orbitofrontal Cortex to the Model-Free World." *European Journal of Neuroscience* 35, no. 7 (2012): 991-96; doi:10.1111/j.1460-9568.2011.07982.x; R. A. Rescorla and A. R. Wagner, "A Theory of Pavlovian Conditioning: Variations in the Effectiveness of Reinforcement and Nonreinforcement," in A. H. Black and W. F. Prokasy, eds., *Classical Conditioning II: Current Research and Theory* (New York:

National Academy of Sciences of the United States of America 98, no. 2 (2001): 676-82; doi:10.1073/pnas.98.2.676.

3 J. A. Brewer, K. A. Garrison, and S. Whitfield- Gabrieli, "What About the 'Self' Is Processed in the Posterior Cingulate Cortex?" *Frontiers in Human Neuroscience* 7 (2013): 647; doi:10.3389/fnhum.2013.00647; J. A. Brewer, *The Craving Mind: From Cigarettes to Smartphones to Love— Why We Get Hooked and How We Can Break Bad Habits* (New Haven, CT: Yale University Press, 2017)(ジャドソン・ブルワー『あなたの脳は変えられる ——「やめられない!」の神経ループから抜け出す方法』ダイヤモンド社).

4 Y. Millgram et al., "Sad as a Matter of Choice? Emotion- egulation Goals in Depression." *Psychological Science* 26, no. 8 (2015): 1216-28; doi:10.1177/0956797615583295.

5 J. A. Brewer et al., "Meditation Experience Is Associated with Differences in Default Mode Network Activity and Connectivity." *Proceedings of the National Academy of Sciences of the United States of America* 108, no. 50 (2011): 20254-59; doi:10.1073/pnas.1112029108.

6 K. A. Garrison et al., "Effortless Awareness: Using Real Time Neurofeedback to Investigate Correlates of Posterior Cingulate Cortex Activity in Meditators' Self-Report." *Frontiers in Human Neuroscience* 7 (2013): 440; doi:10.3389/fnhum.2013.00440; K. A. Garrison et al., "Real-Time fMRI Links Subjective Experience with Brain Activity During Focused Attention." *Neuroimage* 81 (2013): 110-18; doi:10.1016/j.neuroimage.2013.05.030.

7 A. C. Janes et al., "Quitting Starts in the Brain: A Randomized Controlled Trial of App-Based Mindfulness Shows Decreases in Neural Responses to Smoking Cues That Predict Reductions in Smoking." *Neuropsychopharmacology* 44 (2019): 1631-38; doi:10.1038/s41386-19-403y.

第9章　心の習慣とパーソナリティ・タイプ

1 N. T. Van Dam et al., "Development and Validation of the Behavioral Tendencies Questionnaire." *PLoS One* 10, no. 11 (2015): e0140867; doi:10.1371/journal.pone.0140867.

2 B. Buddhaghosa, *The Path of Purification*, trans. B. Ñānamoli (Onalaska, WA: BPS Pariyatti Publishing, 1991), 104(ブッダゴーサ『清浄道論』正田大観訳, Evolving).

第10章　脳のメカニズムを知る

1 S. E. Thanarajah et al., "Food Intake Recruits Orosensory and Post- ngestive Dopaminergic Circuits to Affect Eating Desire in Humans." *Cell Metabolism* 29, no. 3 (2019): 695-706.e4; doi:10.1016/j.cmet.2018.12.006.

2 M. L. Kringelbach and E. T. Rolls, "The Functional Neuroanatomy of the Human Orbitofrontal Cortex: Evidence from Neuroimaging and Neuropsychology."

Science 8, no. 6 (2017): 603-11; doi:10.1177/1948550616679237.
4 A. F. T. Arnsten, "Stress Signalling Pathways That Impair Prefrontal Cortex Structure and Function." *Nature Reviews Neuroscience* 10, no. 6 (2009): 410-22; doi:10.1038/nrn2648; A. F. T. Arnsten, "Stress Weakens Prefrontal Networks: Molecular Insults to Higher Cognition." *Nature Neuroscience* 18, no. 10 (2015): 1376-85; doi:10.1038/nn.4087; A. F. T. Arnsten et al., "The Effects of Stress Exposure on Prefrontal Cortex: Translating Basic Research into Successful Treatments for Post-Traumatic Stress Disorder." *Neurobiology of Stress* 1 (2015): 89-99; doi:10.1016/j.ynstr.2014.10.002.
5 B. M. Galla and A. L. Duckworth, "More Than Resisting Temptation: Beneficial Habits Mediate the Relationship Between Self-Control and Positive Life Outcomes." *Journal of Personality and Social Psychology* 109, no. 3 (2015): 508-25; doi:10.1037/pspp0000026.
6 C. S. Dweck, *Mindset: The New Psychology of Success* (New York: Random House Digital, 2006)(キャロル・S・ドゥエック『マインドセット――「やればできる!」の研究』草思社).
7 J. A. Brewer et al. "Mindfulness Training for Smoking Cessation: Results from a Randomized Controlled Trial." *Drug and Alcohol Dependence* 119, no. 1-2 (2011): 72-80; doi:10.1016/j.drugalcdep.2011.05.027.

第7章　不安をめぐるニセ科学

1 R. M. Yerkes and J. D. Dodson, "The Relation of Strength of Stimulus to Rapidity of Habit Formation." *Journal of Comparative Neurology and Psychology* 18, no. 5 (1908): 459-82; doi:10.1002/cne.920180503.
2 不明点の多かったこの観察結果がときとともに〝法則〟になっていく様子については，マーティン・コーベット(Martin Corbett)が2015年に発表した以下の論文で，専門的観点から説明している．"From Law to Folklore: Work Stress and the Yerkes-Dodson Law," *Journal of Managerial Psychology* 30, no. (2015): 741-52; doi:10.1108/JMP-03-2013-0085.
3 H. J. Eysenck, "A Dynamic Theory of Anxiety and Hysteria." *Journal of Mental Science* 101, no. 422 (1955): 28-51; doi:10.1192/bjp.101.422.28.
4 P. L. Broadhurst, "Emotionality and the Yerkes-Dodson Law." *Journal of Experimental Psychology* 54, no. 5 (1957): 345-52; doi:10.1037/h0049114.
5 L. A. Muse, S. G. Harris, and H. S. Feild, "Has the Inverted U Theory of Stress and Job Performance Had a Fair Test?" *Human Performance* 16, no. 4 (2003): 349-64; doi:10.1207/S15327043HUP1604_2.

第8章　マインドフルネスの科学

1 M. A. Killingsworth and D. T. Gilbert, "A Wandering Mind Is an Unhappy Mind." *Science* 330, no. 6006 (2010): 932; doi:10.1126/science.1192439.
2 M. E. Raichle et al., "A Default Mode of Brain Function." *Proceedings of the*

York: Holt, 2004)（ロバート・M・サポルスキー『なぜシマウマは胃潰瘍にならないか――ストレスと上手につきあう方法』シュプリンガー・フェアラーク東京）をおすすめする．さらに，こうした運動とトラウマの関係性や，エネルギーを安全に排出するための実践的なコツや方法を学びたい人は，*The Body Keeps the Score* by Bessel van der Kolk (New York: Penguin, 2015)（ベッセル・ヴァン・デア・コーク『身体はトラウマを記録する――脳・心・体のつながりと回復のための手法』紀伊國屋書店）および*My Grandmother's Hands* by Resmaa Menakem (Las Vegas, NV: Central Recovery Press, 2017)を参照されたい．

2 A. Chernev, U. Böckenholt, and J. Goodman, "Choice Overload: A Conceptual Review and Meta-Analysis." *Journal of Consumer Psychology* 25, no. 2 (2015): 333-58; doi:10.1016/j.jcps.2014.08.002.

3 多くの人が自分の顔を触っている．2015年に発表された研究では，平均で1時間に26回顔を触るという結果が出ている．Y. L. A. Kwok, J. Gralton, and M. L. McLaws, "Face Touching: A Frequent Habit That Has Implications for Hand Hygiene." *American Journal of Infection Control* 43, no. 2 (2015): 112-14; doi:10.1016/j.ajic.2014.10.015.

第４章　不安は習慣化する

1 これは統計学の用語では「信頼区間」と呼ばれる．実験を繰り返しても結果がその範囲内にあてはまることが，統計学的観点から，かなりの程度まで確信できる数値の範囲のことを言う．

2 このプログラムに登録すると，誰でも無料で週に1回，私の主催するビデオセッションに参加し，マインドフルネスの実践方法と科学的な裏づけについて質問することができる．私のほうも，参加者がコンセプトを理解して正しく練習しているか確認できるし，先に進むためのヒントを与えることができる．こうしたグループセッションをオンラインや，マインドフルネス・センター（当初マサチューセッツ・メディカル・スクール大学に設置され，現在はブラウン大学にある）で実施した．

第５章　マインドマッピング

1 ただし一つ言っておかなければならないことがある．普段かなりの量の酒を飲んでいて，ジョンのように一気にやめようと思っている人は，ぜひその前にかかりつけの医師に相談してほしい．私も，もしジョンがそうすると知っていたら，まずは慎重に飲酒量を減らすことを勧めていただろう．あまりに急にやめると，離脱症状や発作を起こしたり，場合によっては死に至ることもあるからだ．ジョンの場合，幸いにもそうした問題を起こさずに自宅で禁酒できた．

第６章　意志の力に頼るな

1 B. Resnick, "Why Willpower Is Overrated." *Vox*, January 2, 2020.

2 D. Engber, "Everything Is Crumbling." *Slate*, March 16, 2016.

3 M. Milyavskaya and M. Inzlicht, "What's So Great About Self-Control? Examining the Importance of Effortful Self-Control and Temptation in Predicting Real-Life Depletion and Goal Attainment." *Social Psychological and Personality*

原注

第１章　不安が蔓延する時代

1 *The Letters of Thomas Jefferson 1743-1826*; http://www.let.rug.nl/usa/presidents/thomas-jefferson/letters-of-thomas-jefferson/jefl242.php.

2 T. Jefferson, letter to John Homles, April 22, 1820; T. Jefferson, *letter to Thomas Cooper, September 10*, 1814; T. Jefferson, *letter to William Short, September 8*, 1823.

3 Anxiety and Depression Association of America, "Managing Stress and Anxiety"; https://adaa.org/living-with-anxiety/managing-anxiety.

4 National Institute of Mental Health, "Any Anxiety Disorder," 2017; https://www.nimh.nih.gov/ health/statistics/any-anxiety-disorder.shtml.

5 APA Public Opinion Poll, 2018; https://www.psychiatry.org/newsroom/apa-public-opinion-poll-annual-meeting-2018.

6 "By the Numbers: Our Stressed-Out Nation"; https://www.apa.org/monitor/2017/12/numbers.

7 A. M. Ruscio et al., "Cross-Sectional Comparison of the Epidemiology of DSM 5 Generalized Anxiety Disorder Across the Globe." *JAMA Psychiatry* 74, no. 5 2017): 465-75; doi:10.1001/jama psychiatry.2017.0056.

8 Y. Huang and N. Zhao, "Generalized Anxiety Disorder, Depressive Symptoms and Sleep Quality During COVID 19 Outbreak in China: A Web-Based Cross-Sectional Survey." *Psychiatry Research* 2020:112954; doi:1.1016/j.psychres.2020.112954.

9 M. Pierce et al., "Mental Health Before and During the COVID-19 Pandemic: A Longitudinal Probability Sample Survey of the UK Population." *The Lancet Psychiatry*, July 21, 2020; doi:10.1016/S2215-0366(20)30308-4.

10 E. E. McGinty et al., "Psychological Distress and Loneliness Reported by US Adults in 2018 and April 2020." *JAMA* 324, no. 1 (2020): 93-94; doi:10.1001/jama.2020.9740.

11 D. Vlahov et al., "Sustained Increased Consumption of Cigarettes, Alcohol, and Marijuana Among Manhattan Residents After September 11, 2001." *American Journal of Public Health* 94, no. 2 (2004): 253-54; doi:10.2105/ajph.94.2.253.

12 V. I. Agyapong et al., "Prevalence Rates and Predictors of Generalized Anxiety Disorder Symptoms in Residents of Fort McMurray Six Months After a Wildfire." *Frontiers in Psychiatry* 9 (2018): 345; doi:10.3389/fpsyt.2018.00345.

第2章　脳の学習メカニズム

1 これは本書の範囲を超える，より詳しい議論を要する問題だ．これに関する科学について詳しく知りたい人には，Robert M. Sapolskyの*Why Zebras Don't Get Ulcers*, 3rd ed. (New

■著者紹介

ジャドソン・ブルワー（Judson Brewer, MD, PhD）

医学博士。依存症専門の神経科医、神経科学者。ブラウン大学マインドフルネス・センターのリサーチ&イノベーション・ディレクター。同校公衆衛生学部およびメディカルスクール准教授。

瞑想と先端科学を結びつけ、禁煙、ダイエット、依存症や不安症の克服などのためのプログラムを開発し、その改善と普及に努めている。国立衛生研究所や米国心臓協会などとの共同研究をおこない、米国オリンピックチーム、政府高官、ビジネスリーダーへの指導経験もある。

タイム誌（2013年健康分野の新発見トップ100）、ビジネスウィーク誌、フォーブス誌、CBC（60 Minutes）、BBC、NPR、アルジャジーラなど、さまざまなメディアが注目する「セルフ・マスタリー」の権威。2016年にTEDでおこなった講演「悪い習慣を断ち切るシンプルな方法」の再生回数は1600万回を超えた。前著『あなたの脳は変えられる――「やめられない！」の神経ループから抜け出す方法』（ダイヤモンド社）は15カ国語で出版されている。

■訳者紹介

井上大剛（いのうえ・ひろたか）

翻訳者。訳書に『初心にかえる入門書』（パンローリング）、『インダストリーX.0』（日経BP）、『ウィンストン・チャーチル　ヒトラーから世界を救った男』（共訳、KADOKAWA）など。

2022年8月3日　初版第1刷発行

フェニックスシリーズ⑬⑨

精神《せいしん》科《か》医《い》が実践《じっせん》するマインドフルネストレーニング
――習慣を変えるための3つのギア

著　者　ジャドソン・ブルワー
訳　者　井上大剛
発行者　後藤康徳
発行所　パンローリング株式会社
〒160-0023　東京都新宿区西新宿7-9-18　6階
TEL 03-5386-7391　FAX 03-5386-7393
http://www.panrolling.com/
E-mail　info@panrolling.com
装　丁　パンローリング装丁室
組　版　パンローリング制作室
印刷・製本　株式会社シナノ

ISBN978-4-7759-4273-4

好評発売中

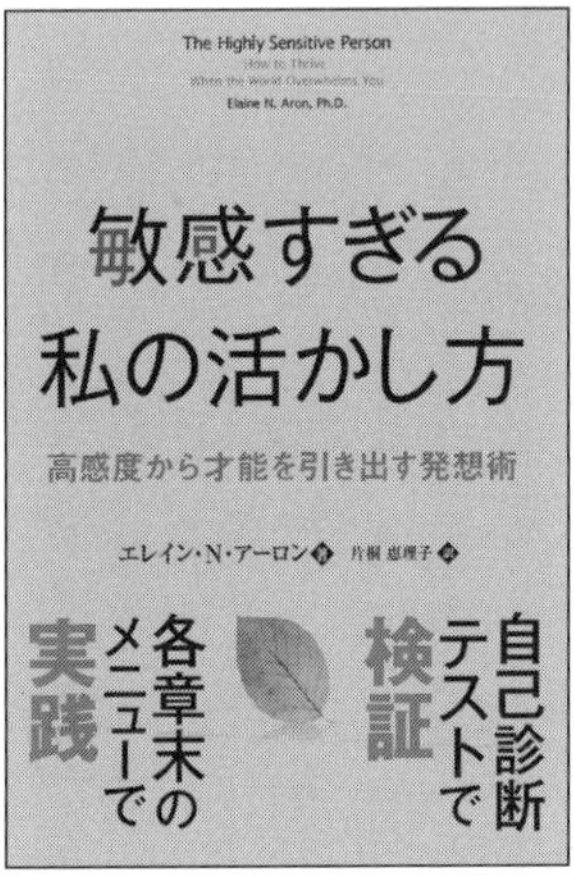

敏感すぎる私の活かし方
高感度から才能を引き出す発想術

エレイン・N・アーロン【著】
ISBN 9784775942376　432ページ
定価：本体 1,800円＋税

ひといちばい敏感で、神経質、臆病、引っ込み思案と思われているHSPのために

生きにくさを感じがちな過敏で繊細な人びとには、天賦の才能が隠されていることが多い。そんなHSPが、周囲の人たちの理解を得ながら、より良く生活していくためには、どのように考え行動するといいのだろう。自身もHSPである著者が、幸せになるための考え方を多くの研究や体験を元に紹介する。

オプティミストはなぜ成功するか【新装版】
ポジティブ心理学の父が教える
楽観主義の身につけ方

マーティン・セリグマン【著】
ISBN 9784775941102　384ページ
定価：本体 1,300円＋税

前向き（オプティミスト）＝成功を科学的に証明したポジティブ心理学の原点

本書には、あなたがペシミストなのかオプティミストなのかを判断するテストがついている。自分がペシミストであることに気づいていない人もいるというから、ぜひやってみてほしい。「楽観主義」を身につければ、ペシミストならではの視点をもちながら、オプティミストにだってなれる。